3일 만에 읽고,
평생 가슴에 남는

재밌는 성경

3

3일 만에 읽고, 평생 가슴에 남는

재밌는 성경

글 김영진 그림 김천정

3 예수와 복음 그리고 편지

마태복음에서 요한계시록까지

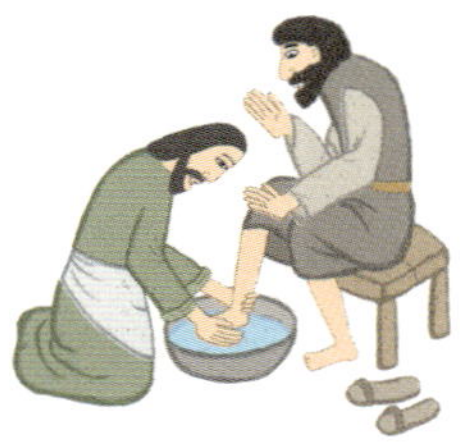

성서원

| 머리말 |

『3일 만에 읽고, 평생 가슴에 남는 재밌는 성경』을 쓰게 된 이야기

나는 성경책을 만드는 사람이다. 성경책에 잘 디자인된 아름다운 옷을 입히거나, 또는 우리말로 새롭게 번역하여 읽기 쉬운 내용으로 다듬어 성경책을 발행하기도 했다. 그렇게 성경책 만드는 일을 45년 동안 줄곧 해 왔다. 지금까지 성서원에서 만든 성경책을 권수로 계산하여 한 줄로 쌓아올린다면 100층 높이 초고층 건물이 여러 채 생겼을 것이다. 이처럼 신비롭고 아름다운 성경책의 마을, 그 마을에 45년 동안 살았던 것은 내게 큰 축복이다.

"성서원에서 만든 성경책을 읽고 교회에 다니게 되었다.", "성서원에서 만든 성경책이 너무 예뻐 가방에 넣고 다니며 항상 읽고 힘을 얻는다.", "친구에게 성서원에서 만든 성경책을 선물했더니 너무 좋아하더라." 등등. 이런 말을 들으면 성경책을 발행하고 보급하는 일이 가슴 뿌듯했다. 하나님의 은혜와 사랑에 크게 감사했다.

어린이 잡지 『새벗』을 300호, 400호, 500호 넘게 발행했다. 새벗 문고도 100권까지 냈다. 1978년에는 기존의 성경책을 쉽게 풀어 옮긴 『현대어 성경』을 출간했다. 2012년에 『현대어 성경』을 개정하여 내놓은 『쉬운말 성경』도 독자들의 큰 사랑을 받고 있다.

또 성경 전체인 1,189장을 4연 4행의 시와 산문으로 써서 국민일보에 10년 넘게 연재했다. 그것을 묶어 성경 시집과 산문집을 내기로 했다. 성경 시집은 일목요연하게 정리되어 좋았다. 그런데 산문집은 마음먹은 대로 스토리텔링이 되지 않았다. 오래 고민하다가 성경의 장절을 무시하고, 어린이를 포함하여

남녀노소 누구나 소설처럼, 드라마처럼 읽고 보기에 쉽고 편하고 흥미진진한 『재밌는 성경』을 꾸미기로 작정했다.

'쉽고 간결하고 맛깔스러운 문장으로 성령님이 뭇 영혼에 전하려는 목소리를 재밌고 흥미로운 이야기로 만들자.', '누구나 하나님의 사랑의 품에 안기고 싶고, 예수님과 더불어 친구하고 싶은, 감동을 일으킬 만한 간결하고도 잘 정리된 그런 흥미진진한 이야기 성경책을 써 보자.' 이런 마음으로 기도하면서 한 줄, 한 줄 성경의 이야기를 쓰기 시작했다.

그렇게 작업한 세월은 뼈를 깎는 듯한 고통의 시간임과 동시에 은혜가 넘치는 행복한 시간이었다. 하나님의 말씀과 함께한 매일매일의 순간순간이 얼마나 기뻤는지 모른다. 아침부터 저녁 늦게 잠자리에 누울 때까지 성경 말씀에 푹 젖어 살았다. 성경을 모두가 재미있게 읽을 수 있도록 쉽고도 흥미로운 문장으로 다듬고 기도하는 일로 보내는 시간은, 내 인생에서 가장 은혜롭고 행복한 날들이었다.

성경책은 이야기책이었다. 하나님에 관한 이야기, 사람들에 관한 이야기였다. 사랑과 미움, 순종과 반역, 진실과 타락, 회개와 눈물, 모략과 갈등, 열정과 패기 등이 한데 엉켜 소용돌이치는 드라마틱한 이야기였다. 성경은 매일매일 텔레비전에서 보는 드라마였다. 오늘도 신문을 펼치면 만나게 되는 인물들이 성경책 속에서 집을 짓고 나라를 세워 아옹다옹 살아가는 흥미로운 이야기가 있는 집이었다.

『재밌는 성경』을 꾸미는 동안, 그것과 더불어 작업한 『시와 찬송이 있는 성경』까지, 무려 20년을 성경의 집에서 살았다. 그 긴 세월 동안 성서원의 내 작은 방에서 성경 내용을 이야기로 만들며 외롭게 생활했다. 그러나 그곳은 다만 글을 쓰고 기도하는 장소일 뿐, 내 영은 타임머신을 타고 2천 년 전, 아니 더 멀리 3,500년 전의 성경 드라마 속의 다양한 인물과 함께 어울려 지낸 가슴 벅찬 세월이었다.

마침내 창세기부터 여호수아까지 46개 이야기, 사사기부터 말라기까지 65개 이야기, 마태복음부터 요한계시록까지 64개 이야기, 모두 175개의 알기 쉽고 흥미진진한 재밌는 성경 이야기를 꾸몄다. 『크리스천투데이』에 『재밌는 성경』을 수년 연재하면서 여러분과 함께 그 이야기를 나누기도 했다.

미국의 제16대 대통령 에이브러햄 링컨은 학교 교육도 제대로 받지 못했지만, 오직 성경 한 권으로 대통령까지 되었다. 링컨은 이렇게 말했다. "하나님이 나에게 주신 최대의 선물은 성경이다. 인간이 바라는 모든 것은 성경 속에 다 있다." 정말 그랬다. "성경 속에 모든 것이 다 있다."라는 그 사실을, 이 책을 쓰면서 나 역시 진실로 깨닫게 되었다. 이것이 한국 교회의 성도들에게 고백할 수 있는 나의 결론이다.

『3일 만에 읽고, 평생 가슴에 남는 재밌는 성경』이 더욱 아름답고 알차고 흥미진진한 성경책이 될 수 있었던 것은, 나의 이야기를 한눈에 쏙 들어오게 하는 탁월한 일러스트들이다. 가슴을 울리는 비유적이고 상징적인 일러스트

로 성경의 속살에 한 걸음 더 다가가게 해주신 김천정 화백에게 깊은 감사를 표한다.

끝으로 이 책을 통해 성경 속의 이야기들을 소설이나 드라마처럼 재미있고 흥미롭게 읽고 보는 가운데, 하나님의 구원을 체험하고 아브라함 같은 믿음을 다지며 요셉처럼 높은 비전을 꿈꾸기를 바라면서, 이 땅의 어린이들과 청소년들을 비롯하여 남녀노소 모든 이에게 이 책을 바친다.

성경의 원저자이신 성령님! 감사합니다.

2016년 부활절

| 차례 |

3

예수와 복음 그리고 편지

마태복음에서 요한계시록까지

3
예수와 복음 그리고 편지
마태복음에서 요한계시록까지

신약성경 | 약자표

마 마태복음	고후 고린도후서	딤전 디모데전서	벧후 베드로후서
막 마가복음	갈 갈라디아서	딤후 디모데후서	요일 요한1서
눅 누가복음	엡 에베소서	딛 디도서	요이 요한2서
요 요한복음	빌 빌립보서	몬 빌레몬서	요삼 요한3서
행 사도행전	골 골로새서	히 히브리서	유 유다서
롬 로마서	살전 데살로니가전서	약 야고보서	계 요한계시록
고전 고린도전서	살후 데살로니가후서	벧전 베드로전서	

갑자기 벙어리가 된 제사장

기다리고 기다리며 창 3:15 ; 사 9:6 ; 미 5:2

구약과 신약 사이 400여 년을, 아니 더 까마득한 과거로 돌아가 2000여 년 전 그들의 조상 아브라함 시대 이후부터 이스라엘의 후손들은 특별한 한 인물의 출현을 기다릴 수밖에 없는 운명이었다. 더 거슬러 올라가면 인류의 발상지인 에덴에서 하나님은 약속하셨다. '여자의 후손'이 태어나 사탄의 머리를 깨뜨린다고. 역시 그리스도의 출현을 예고한 대목이다.

그들의 기다림은 침략자들에 의해 늑탈당하고 속박되어 신음하는 괴로운 시기에 한결 절실하였다. 하나님이 보내시는 구세주가 그들 가운데 오셔서 그 모든 고통스러운 상황에서 구원하시고 아픈 상처를 치유, 참 평안과 행복을 주시리라 믿기 때문이다. 그러므로 그리스도에 대한 예언의 연구도 깊어졌다.

그리스도가 태어나기 7세기 전에 예언자 이사야는 '그는 전능하신 하나님, 영존하시는 아버지, 평강의 왕'이라고 묘사하였으며, 동시대의 예언자 미가는 '이스라엘을 다스릴 왕의 근본은 상고에, 태초에'라고 밝힘으로써 이사야와 더불어 그 신분이 하나님임을 언급하였고, 베들레헴에서 태어난다고 출생지까지 적시하였다. 유다 지파, 즉 다윗의 혈통에서 태어난다는 점도 예언되었다.

기다리고 기다리던 구세주가 드디어 이 땅에 태어날 때가 임박하였다.

천사의 예고 눅 1:5–23

예루살렘 주변의 한 산간 마을에 늙은 제사장 부부가 살고 있었다. 무엇 하나 부족할 것 없는 가정이었지만, 그들 부부는 늘 마음 한구석이 텅 비어 있었다. 그들 사이에는 아이가 없었기 때문이었다. 제사장인 사가랴와 그의 아내 엘리사벳은 이제 너무 나이가 들어 아기를 갖는다는 것은 꿈도 꿀 수 없는 처지였다.

어느 날 사가랴는 제사장으로서 일을 할 차례가 되어 성전에 올라갔다. 성소에 들어가서 제단 위에 향을 피우는 것이 그의 할 일이었다.

사가랴가 향을 피우는데, 제단 오른쪽에서 환한 빛이 비추었다. 놀란 사가랴의 눈에 천사의 모습이 보였다. 그는 두려운 나머지 입을 열 수가 없었다.

"두려워하지 말아라. 하나님께서 너의 간절한 기도를 들으셨다. 네 아내 엘리사벳이 아들을 낳을 것이니, 아기의 이름을 요한이라고 하여라. 그는 주님이 보시기에 큰 인물이 될 것이다. 그는 포도주나 다른 술을 일체 입에 대지 않을 것이며, 어머니 뱃속에서부터 성령으로 충만할 것이다. 그는 많은 유대인들을 그들의 주 하나님께로 돌아오게 할 것이다. 그는 백성들로 하여금 주님을 맞아들일 준비를 하게 할 것이다."

사가랴는 천사의 말을 믿을 수가 없었다. 그는 더듬거리면서 말했다.

"…저는 늙었습니다. 제 아내도 늙었습니다. 제가 그 말을 어떻게 믿을 수가 있겠습니까?"

그러자 천사가 말했다.

"나는 하나님을 모시는 가브리엘이다. 이 기쁜 소식을 네게 전하라고 나를 보내신 분은 바로 하나님이시다. 네가 내 말을 믿지 않았으니, 내 말이 현실로 이루어질 때까지, 너는 입이 열리지 않아 말을 못하게 될 것이다."

밖에서 기도하면서 기다리던 사람들은 제사장이 오랫동안 나오지 않자 모두들 이상하게 생각하고 있었다.

마침내 사가랴가 밖으로 나왔다. 그러나 그는 아무런 말도 할 수가 없었다. 천사가 말한 대로 벙어리가 되었기 때문이었다. 그는 손짓을 해가면서 천사를 만났다고 알렸지만, 제대로 전달할 수가 없었다.

메시아 예고와 세례 요한의 출생

처녀를 방문한 천사 눅 1:26–38

사가랴가 벙어리가 되고, 그의 늙은 아내 엘리사벳이 천사의 말대로 임신을 한 지 6개월쯤 되었을 때였다. 북쪽 갈릴리 지방의 작은 마을 나사렛에 살고 있는 엘리사벳의 친척인 마리아에게 천사가 나타났다. 마리아는 다윗의 혈통인 유다 지파의 요셉이라는 남자와 결혼하기로 되어 있는 처녀였다. 천사가 말했다.

"마리아여, 두려워하지 말아라. 하나님께서 너에게 놀라운 은혜를 내리셨다.

마리아는 천사의 말을 듣고 놀라서 몸을 떨면서도, 그 말이 도대체 무슨 뜻인지 궁금해졌다.

"너는 이제 곧 임신하여 아들을 낳게 될 것이니, 아기 이름을 예수라고 하여라. 그는 위대한 분이 될 것이며, 지극히 높으신 분의 아들이라 불릴 것이다. 주 하나님께서는 그에게 그의 조상 다윗의 왕위를 잇게 하실 것이다. 그는 야곱의 집을 영원히 다스릴 것이며, 그의 나라는 끝없이 이어질 것이다."

마리아는 너무 놀라 어찌할 바를 몰랐다.

"하지만 처녀인 제가 어떻게 아기를 가진단 말입니까?"

"성령께서 네게 임하실 것이다. 장차 태어날 아기는 지극히 높으신 하나님의 아들이시다. 믿어지지 않거든 네 친척 엘리사벳을 만나 보아라. 엘리사벳은 임신한 지 여섯 달이 되었다. 그녀는 임신할 연령이 지난 늙은 여자가 아니었느냐? 하나님의 말씀은 무엇이든 다 이루어진다."

마리아는 제사장 사가랴와는 달리 천사의 말을 그대로 믿었다.

"저는 주님의 종입니다. 당신이 말씀하신 대로 이루어질 줄로 믿습니다."

그러자 천사가 마리아에게서 떠났다.

늙은 부인과 처녀에게 일어난 기적 눅 1:39-56

마리아는 이 놀라운 사실을 홀로 숨기고 있기가 너무나 벅찼다. 그렇다고 아무에게나 알려져도 안 되는 일이었다. 약혼 중에 있는 처녀가 임신을 하는 것은 명백히 간음죄로 여겨질 것이 뻔했다.

마리아는 천사의 말대로, 일단 예루살렘 근처에 사는 엘리사벳을 찾아가 보기로 했다. 한 번도 임신한 경험이 없는, 더구나 이미 임신 연령이 훨씬 지난 엘리사벳이 임신 6개월째라면, 마리아 또한 자신에게 일어날 일을 더욱 더 확신할 수 있을 것이었다.

마리아는 엘리사벳을 만나기 위해 길을 떠났다. 엘리사벳은 남편이 벙어리가 된 게 마음이 아팠지만, 그보다는 평생 소원이었던 아기를 갖게 된 기쁨이 훨씬 더 컸다.

마리아의 인사를 받는 순간, 엘리사벳은 자기 뱃속에서 아기가 기뻐하면서 움직거리는 것을 분명히 느낄 수 있었다. 마리아의 이야기를 들은 엘리사벳은 그 모든 것이 하나님께서 하시는 일임을 믿을 수 있었다. 엘리사벳이 큰 소리로 말했다.

"마리아야, 너는 여인들 가운데서 큰 복을 받았구나. 네 태중에 있는 아기도 복을 받았구나. 내 주님의 어머니께서 나를 찾아 주시다니, 이 얼마나 영광스러운 일인가! 네가 인사하는 소리를 듣자마자, 내 태중의 아기가 기뻐서 뛰놀았다. 너는 정말 축복받은 여인이다!"

두 여인은 장차 태어날 아기와 하나님의 약속에 대해 시간 가는 줄 모르고 이야기를 나누었다. 마리아는 그곳에서 석 달을 머물다가 엘리사벳이 만삭이 되었을 때 집으로 돌아갔다.

세례 요한의 출생 눅 1:57-80

마리아가 돌아가고 한 달쯤 지난 후, 엘리사벳이 아들을 낳았다. 동네가 발칵 뒤집히는 경사였다. 당시의 관습대로 아이가 태어난 지 여드레가 되는 날 할례를 하고, 아이의 이름을 짓기 위해 가까운 친척들이 그 집에 모였다.

"아버지의 이름을 따서 사가랴로 하는 게 가장 좋지 않겠습니까?"

친척 한 사람이 사가랴를 보며 말했다. 옆에 앉은 엘리사벳이 얼른 말했다.

"아닙니다. 요한이라고 지어야 합니다."

"네에?"

모두들 의아해하는 표정이었다.

"아니, 사가랴의 집안에는 요한이라는 이름이 없는데 그게 무슨 소리요?"

답답해진 사가랴가 손짓으로 서판書板을 달라고 하였다. 그때까지도 그는 입이 열리지 않아서 꼼짝없이 벙어리 신세였다. 서판이 그의 앞에 놓이자, 그가 서판에 아기의 이름을 썼다. '요한.'

친척들은 모두 믿어지지 않는다는 표정이 되었다. 모두들 멍하니 서판의 이름을 바라보고 있을 때, 열 달 동안이나 벙어리로 지내던 사가랴가 드디어 말을 하기 시작했다.

"이 아이는 지극히 높으신 이의 예언자입니다. 주님이 오실 길을 예비할 것입니다. 이제 사람들은 주님으로부터 죄를 용서받고 구원을 받게 될 것입니다."

그 일로 온 동네 사람들이 두려워하였고, 소문이 널리 퍼져 나갔다.

마리아의 약혼자 요셉의 꿈 마 1:18-25

엘리사벳의 집에서 돌아온 마리아는 점점 배가 불러왔다. 처녀가, 더구나 약혼한 남자가 있는 처녀가 그 약혼자와 육체 관계도 맺은 일이 없이 임신을 하였으니, 끔찍한 사건이 아닐 수 없었다. 간음죄를 저지른 사람은 돌로 쳐 죽이도록 정해져 있었다. 그렇지 않더라도 가문의 수치요, 당사자로서는 얼굴을 들고 다닐 수 없는 일이었다.

그러나 마리아로서는 임신 사실을 수치로 느끼지도 않았고, 숨길 필요도 없었다. 그것은 거부할 수 없는 하나님의 뜻이요 섭리였다.

마리아는 조용히 집안에 머물며 태어날 아기를 위하여 기도하고 찬송하면서 하나씩 출산 준비를 하였다.

한편 약혼자인 요셉은 마리아의 임신 소식을 듣자, 한동안은 몹시 불쾌하고 분노하여 잠을 이룰 수가 없었다. 이건 용서할 수 없는 명백한 배신이며, 율법을 범한 무시무시한 죄가 아닌가. 이제 나는 도대체 어떻게 대응해야 한단 말인가. 감정대로라면 당장이라도 고발을 해서 처형을 받게 하고 싶지만, 그러기에는 아직 어린 마리아의 인생이 너무 가혹하지 않은가. 배신감과 분노는 시간이 흘러감에 따라 연민으로 바뀌는가 하면, 연민은 또다시 분노와 증오로 바뀌곤 했다. 요셉은 마침내 결심했다.

'그래, 결혼을 포기하자. 조용히 마음을 가라앉히고, 그녀를 깨끗이 잊어버리자.'

이렇게 결론을 내린 요셉은 그날 밤, 다른 날과는 달리 쉽게 잠이 들었다. 꿈속에서 천사가 나타나 말했다.

"다윗의 자손 요셉아!"

요셉이 반응할 사이도 없이 천사가 말을 이었다.

"마리아와의 결혼을 꺼리지 말아라. 마리아는 성령으로 아기를 밴 것이다. 아기를 낳거든 이름을 예수라고 하여라. 그는 인류를 죄에서 구원해 줄 것이다."

꿈이었다. 너무나도 선명한 꿈이었다. 그는 망설이지 않고 마리아와 결혼을 했다.

세상에 한 번도 없었던 거룩한 밤

마구간에서 태어난 메시아 눅 2:1–7

로마는 기원전 753년에 도시국가로 탄생하였다. 초기의 왕정王政이 실패하고 오랜 공화정共和政을 유지해 오다가 기원전 27년에 첫 번째 황제가 탄생하였다. 저 유명한 율리우스 카이사르가 바로 그 사람이다.

황제가 된 그는 로마의 속국들에 인구 조사령을 내렸다. 인구를 정확하게 조사를 해야 세금을 제대로 거둘 수 있기 때문이었다. 사람들은 모두 자신들이 태어난 본적지에 가서 호적을 등록해야 했다.

요셉은 만삭이 되어 가는 마리아를 나귀에 태워 먼 길을 떠났다. 북쪽 나사렛 마을에서 중부의 산정도시山頂都市 예루살렘의 남쪽 약 7km에 위치한 베들레헴은 요셉의 선조들이 대대로 살아온 땅이었다. 다윗 왕도 그곳에서 태어나, 그 비옥한 들판에서 양을 치는 목자로 소년 시절을 보냈다.

요셉과 마리아가 도착했을 때, 작은 마을 베들레헴은 많은 사람들로 붐비고 있었다. 예루살렘에 이르는 길목이어서 여관이 몇 개 있었지만, 이미 만원이었다. 여행자들 중에는 요셉처럼 호적에 등록하기 위해 베들레헴에 온 사람들이 적지 않았다.

"이거 야단났군. 방을 구해야 되는데…."

길가에서 잠을 잘 수도 없는 노릇이 아닌가. 요셉은 여관 종업원을 붙잡고 하소연했다.

“저는 괜찮지만, 아내가 만삭이라 몸을 누일 곳이라도 있어야 합니다.”

“방은 이미 다 찼고, 마구간이라도 괜찮으시다면….”

요셉은 서둘러 마구간을 빌렸다. 마리아는 마른 풀로 덮인 자리에서 그날 밤, 아기를 낳았다. 마리아는 강보로 아기를 싸서 빈 말구유에 뉘었다. 초라한 마구간은 금세 성스러운 장소로 변했다. 마리아와 요셉의 마음에는 기쁨이 차올랐다.

경배하는 목자들 눅 2:8–21

그날 밤, 베들레헴의 비옥한 들판에는 양떼를 지키는 목자들에게 대낮의 햇빛보다 더 밝은 빛이 비췄다. 태양보다 밝은 눈부신 빛이었다. 그렇게 밝은 빛을 본 적이 없는 목자들은 모두 어리둥절해졌다. 그 밝음 속에 천사가 나타났다. 목자들은 어찌나 놀랍고 두렵던지 기절할 지경이었다.

“무서워 말아라. 나는 모든 사람에게 기쁜 소식을 전하려고 왔다. 오늘 밤 다윗의 고향 베들레헴에 세상을 구원하실 그리스도가 태어나셨다. 갓난아기는 강보에 싸여 구유에 누워 있다. 너희는 그분을 뵙게 될 것이다.”

천사의 말이 끝나자마자 수많은 천사가 하늘을 덮을 듯이 나타나더니 하나님을 찬양하는 노래를 불렀다.

‘지극히 높은 곳에서는 하나님께 영광이요,
땅에서는 주님이 기뻐하시는 사람들에게 평화로다.’

목자들은 넋을 잃었다. 양떼도 잊고 있었다. 눈부시게 밝으면서도 아름다운 그 빛, 천사들의 고운 자태와 천상의 맑은 노랫소리에 목자들은 정신을 잃을 지경이었다.

천사들이 사라지자, 목자들도 정신을 차렸다.

"이러고 있을 때가 아냐. 어서 베들레헴으로 가서 구유에 누인 아기를 찾아보자."

목자들은 베들레헴을 향해 발걸음을 재촉하였다. 여행자 부부가 마구간에서 아들을 낳았다는 소문이 어느새 마을에 퍼져 있어서 목자들은 이제 막 아기가 태어난 마구간을 쉽게 찾을 수 있었다.

과연 천사가 알려 준 그대로 아기가 구유에 누워 있었다. 목자들은 장차 세상을 구할 분이신 아기 앞에 엎드려 경배하였다. 마구간을 나선 그들은, 만나는 사람마다 아름다운 천사가 나타나서 전해 준 하나님의 말씀을 이야기하면서 하나님을 찬양했다.

아기가 태어난 지 여드레째 되는 날, 마리아와 요셉은 아기의 이름을 천사가 일러 준 대로 '예수'라고 지었다.

별의 인도를 따라 마 2:1-8

그 무렵 예루살렘에는 보기 드문 일이 벌어졌다. 여러 마리의 낙타와 함께 외국인 여행자들이 그곳에 나타난 것이다. 낙타에 타고 있는 세 사람의 신분은 복장과 기품으로 보아 예사 신분이 아니었다. 그들은 오랜 시간에 걸쳐 아주 먼 길을 온 듯 지쳐 보였다. 사막을 통과한 게 분명하였다.

그들은 별을 연구하는 박사들로, 멀리 동방에서 오는 길이었다. 그들은 어느 날 밤하늘에서 아직껏 보지 못했던 특별히 큰 별 하나를 발견하였다. 그런 별이 나타난 것은, '위대한 왕, 왕 중 왕이라 할 위대한 왕'이 세상에 태어난다는 뜻이었다. 크고 빛나는 그 별은 따라오라는 듯 서서히 서쪽을 향해 움직이기 시작하였다.

박사들은 값진 선물을 마련한 후, 낙타를 타고 여행을 떠났다. 더운 낮에는 잠을 자고 밤이 되어 시원해지면 별을 따라 여행을 계속했다. 그리하여 마침내 예루살렘까지 오게 된 것이다.

그들은 길가의 구경꾼들에게 물었다.

"유대인의 왕으로 태어나신 분이 어디 계십니까? 우리는 먼 동방에서 그분의 별을 보고 그분에게 경배하러 왔습니다."

그 말은 들은 사람들 중 한 명이 즉각 헤롯 왕에게 달려가 보고했다. 헤롯은 로마에 의해 팔레스타인을 다스리는 왕으로 임명된 분봉왕이었다. 헤롯은 즉시 그들의 정체를 파악하라고 명령했다.

장차 왕이 될 아기가 태어났으며, 그 아기에게 경배하기 위해 멀리 동쪽의 페르시아 땅에서 박사들이 찾아왔다는 보고를 받은 헤롯 왕은 긴장했다. 자신의 아들도 아닌 사람이 유대의 왕이 된다니, 그것이 무슨 뜻인가?

'그렇다면, 반역을 일으켜 왕이 될 위험한 인물이 태어났다는 뜻인가?'

생각이 여기에 이르자 헤롯 왕은 정신이 번쩍 들었다. 그는 곧 박사들을 궁중으로 불러오게 하였다.

헤롯이 박사들에게 물었다.

"그 별이 처음 나타난 때가 언제요?"

헤롯의 물음에 손님 중 한 사람이 대답하였다.

"일 년이 조금 더 됩니다. 별에 대해 연구하느라 시간이 지체되었습니다."

다른 손님이 말했다.

“별이 이동을 시작한 건 우리가 출발하기 조금 전이었습니다. 우리는 우리를 인도하던 별이 예루살렘에 이르자 사라져서 더 이상 어디로 가야 할지, 아니면 예루살렘에서 그 아기를 찾아야 되는지 난감하게 되었습니다.”

동방의 손님이 말했다.

“염려 마시오. 우리 서기관 학자들에게 알아 보면 될 것이오.”

헤롯은 즉시 학자들을 소집시켰다. 예언서와 율법서를 연구하는 서기관 학자들이 헤롯에게 말했다.

“그리스도께서는 베들레헴에서 태어나실 것입니다. 성경에는 ‘유대 땅 베들레헴아, 너는 결코 유대의 고을 중에서 가장 작은 고을이 아니다. 네게서 한 다스리는 자가 나와 내 백성 이스라엘의 목자가 될 것이다.’라고 쓰여 있습니다.”

헤롯은 심각해져서 동방에서 온 박사들에게 말했다.

“베들레헴에서 태어날 것이라고 합니다. 우리 서기관 학자들의 의견이오.”

“베들레헴이 어딥니까?”

“아주 가까운 남쪽이오. 한 시간 정도면 가는 거리지요.”

헤롯은 동방 박사들에게 이렇게 당부했다.

“베들레헴에 가서 아기를 찾거든, 돌아가는 길에 나에게 꼭 알려 주시오. 나도 가서 그 아기에게 경배를 해야지요.”

손님들은 왕의 친절과 호의에 감사하고, 반드시 그렇게 하겠다고 약속한 후 길을 떠났다.

헤롯의 핍박과 아기 예수의 피난

영아 학살 명령 마 2:9–18

헤롯 왕궁을 나온 동방 박사들은 한결 마음이 놓였다. 어둡기 전에 도착할 수 있는 가까운 거리인 데다가, 마을의 이름까지 알았으니 아기를 찾는 건 문제가 아니었다.

"엇? 저 별을 보시오! 별이 다시 나타났소!"

일행 중 한 명이 손을 들어 하늘을 가리키며 기뻐했다. 모두들 하늘을 바라보았다. 과연 그 별이었다. 그 별이 다시 남쪽으로 그들을 인도하였다.

"우리가 찾아가는 분은 유대인들의 문헌에 의하면 그들의 이름으로 메시아, 우리가 좀 알고 있는 헬라어로는 그리스도라 하였소. 세상의 구세주, 영원한 왕이라니 그분을 뵙는 것만으로도 영광 중의 영광이 될 것입니다."

그들은 모두 흥분하여 발걸음을 빨리 하였다. 아직 일몰 전인데도 그 별은 홀로 찬란한 빛을 내뿜고 있었다. 오랜 여행에 지친 그들이었지만, 몸이 날듯이 가벼워졌다.

얼마 안 가서 그들은 별의 인도에 따라 베들레헴에 도착했다. 그들은 아기 예수를 보고는, 준비해 온 유향과 몰약과 황금을 예물로 바쳤다.

날이 어두워졌으므로 그들은 베들레헴에서 하룻밤을 보내기로 했다. 바로 그 밤에 천사가 나타나서 그들에게 말했다.

"헤롯에게는 가지 말아라."

짧지만 단호한 명령이었다. 그들은 다음날 아침 일찍 그들이 떠나온 먼 나라로 발걸음을 옮겼다. 그러나 헤롯 왕에게는 들르지 않고, 다른 길을 택했다.

그날 밤, 마리아의 남편 요셉도 꿈을 꾸었다. 천사가 나타나서 말했다.

"헤롯 왕이 아기를 죽이려고 한다. 어서 일어나 아기와 마리아를 데리고 이집트로 피신하여라. 내가 돌아오라고 할 때까지 그곳에 있어라."

잠에서 깬 요셉은 지체할 수가 없었다. 그는 급히 마리아를 깨워, 떠날 준비를 하게 하였다. 짐을 꾸리고, 아기가 춥지 않도록 강보로 잘 싸서 품에 안았다. 날이 채 밝기도 전에 그들은 베들레헴을 떠나 남쪽 길로 접어들었다. 완만한 내리막길이 계속되었다. 이집트는 그들의 여행 속도로 이레나 여드레쯤 걸릴 것이다.

다음날 오후, 예루살렘 왕궁의 헤롯은 안절부절못하고 서성거리고 있었다. 동방에서 왔다는 박사들에게서 아무런 소식이 없었기 때문이다. 그는 시위대장을 불러 베들레헴에 동방에서 온 사람들이 아직 머물고 있는지 알아 오라고 하였다. 저녁 늦게야 보고가 들어왔다. 그들은 이른 아침 길을 떠났다는 것이다.

"감히 나와의 약속을 어기다니…."

왕은 화가 나서 식식거렸다. 시위대장이 말했다.

"그들이 어느 길로 갔든 추격대를 보내면 찾을 수 있을 것입니다."

헤롯은 한동안 침묵하다가 미친 사람처럼 버럭 소리쳤다.

"다 죽여라. 베들레헴 아기들을 다 죽여 버려! 젖먹이 사내아기들은 다 죽여라. 그러면 왕이 된다는 그 아기도 죽게 되겠지. 그들이 별을 처음 발견한 것이 1년 조금 전이라고 하였으니 두 살 아래의 사내아이들은 다 죽여야 한다."

베들레헴에서는 통곡소리가 터져 나오기 시작했다. 일찍이 예언자 예레미야가 말한 대로 자식을 잃은 어미들의 눈물이 베들레헴을 적셨다.

나사렛 사람 예수 마 2:19–23

베들레헴의 아기들이 죽어가고 있는 동안, 아기 예수는 이집트에서 엄마 품에 안겨 지내고 있었다. 얼마 후, 베들레헴에 엄청난 비극을 가져왔던 헤롯도 목숨이 다해 죽었다. 헤롯이 죽자, 천사가 요셉의 꿈에 나타나서 말했다.

"아기와 어머니를 데리고 이스라엘 땅으로 돌아가라. 아기의 목숨을 노리려던 자들이 죽었다."

요셉은 짐을 꾸려 나귀에 싣고 마리아와 예수를 태운 후 다시 북쪽을 향해 먼 길을 떠났다. 돌아가는 길은 마음이 한결 가벼웠다.

요셉은 예수의 출생지이면서 조상들의 고향인 베들레헴에 정착해서 살기로 하였다. 하지만 예루살렘이 가까워지자 생각을 바꾸지 않을 수 없었다. 헤롯 왕의 뒤를 계승한 그의 아들 헤롯 아켈라오 왕이 아버지를 능가하는 학정을 벌이고 있다는 소문이 들려왔기 때문이다.

그들이 망설이고 있을 때, 이번에도 꿈에 천사가 나타나 지시하였다.

"너희가 살던 갈릴리의 나사렛으로 가라."

북부의 나사렛, 요셉과 마리아가 살던 마을, 그곳은 헤롯 아켈라오의 통치지역이 아니라 그의 동생 헤롯 안디바가 통치하는 지역이었다.

예수는 나사렛에서 어린 시절을 보냈다. 훗날 사람들은 예수를 지칭할 때 '나사렛 예수'라고 하였다. 예수라는 이름이 많았기 때문에 구별하기 위해 그 사람의 출신 지명을 앞에 붙인 것이다. 그러나 이런 칭호는 우연이 아니다. 일찍이 여러 예언자들이 메시아에 대하여 '나사렛 사람'이라 불릴 것을 예언한 바 있기 때문이다.

실종된 소년, 그는 누구인가

성전聖殿은 내 아버지의 집 눅 2:40–52

나사렛의 예수는, 다른 소년들과 마찬가지로 열두 살 때까지 회당에 가서 율법을 공부하였다. 목수인 아버지를 도와 나무도 운반하고, 대패질도 하고 망치질도 하였다. 예수는 쑥쑥 자라났다. 용모도 아름다웠고, 또래의 아이들이 다 따를 정도로 지혜로웠다.

유대의 소년들은 열두 살이 되면 어른 대접을 받았고 큰 명절로 지키는 유월절 행사에 참가해야 했다. 예수도 열두 살이 되자 부모님을 따라 예루살렘으로 가서 유월절을 보내기로 했다. 나사렛에서 예루살렘까지는 약 100km나 되는 먼 거리였다.

유월절의 예루살렘은 인파로 뒤덮인다. 팔레스타인 지역의 모든 남자들은 물론 여자들도 모여들고, 먼 타국에 살고 있는 유대인들도 긴 여행을 마다하지 않고 모여들기 때문이다. 시골 아이들에게는 그야말로 눈이 휘둥그레지는 장면이었다.

유월절 축제는 7일 동안 계속되었다. 먼 먼 옛날 모세에 의해 이집트를 탈출한 사건을 기념하여 지키는 축제였

다. 해방의 기쁨을 누리며 하나님의 은혜에 감사하는 행사였다.

축제가 끝나자 사람들은 그들의 거주지로 끼리끼리 이동하기 시작했다. 나사렛 사람들도 한 무리를 이루어 이동하였다. 그 앞뒤에는 방향이 같은 사람들이 역시 무리를 이루어 대화를 나누며 이동하였다. 아이들은 아이들대로 장난을 치며 뛰어다녔다. 그 와중에 웬일인지 예수가 눈에 띄지 않았다.

"예수가 없어요."

마리아의 근심어린 눈빛에 요셉이 긴장하며 주변을 향해 외쳤다.

"예수야! 예수야!"

예수는 어디에서도 모습을 찾을 수 없었다. 요셉과 마리아는 황망히 발걸음을 돌려 다시 예루살렘으로 향했다. 그들은 만나는 사람들에게 예수의 특징들을 설명해 주며 혹시 본 적이 없는지를 물었으나 허사였다.

예루살렘에는 아직 많은 사람들이 붐볐다. 성전을 다 돌아다녀 보고 탐문해 보았지만 허사였다. 그렇게 사흘이 지났다. 이젠 찾기를 포기해야 할 지경에 이를 만큼 지치고 힘들었다. 그들 부부는 마지막으로 그들이 출입할 수 있는 성전의 구석구석까지 살피다가 예수를 발견하였다. 너무나 뜻밖의 광경이 그들의 눈앞에 펼쳐지고 있었다. 소년 예수는 나이 지긋한 율법학자들과 한자리에 앉아 율법에 대해 토론하고 있었다. 소년의 탁월한 율법 지식에 학자들은 경이로워하는 표정이 역력하였다. 예수는 학자들에게 얼른 대답할 수 없는 어려운 질문을 하기도 했고, 학자들의 어려운 질문에 놀라울 정도로 지혜로운 답변을 하기도 했다. 그들 앞으로 마리아가 나서서 말했다.

"예수야, 아버지와 내가 너를 찾느라 얼마나 애를 태웠는지 아니?"

반가움과 책망이 섞인 말이었다. 그러자 예수가 대답했다.

"왜 나를 찾으셨습니까? 내가 내 아버지의 집에 있어야 한다는 것을 모르셨습니까?"

오히려 당당한 반응이었다. 예수는 하나님을 두고 자기 아버지라고 말했지만, 요셉과 마리아는 그 말뜻을 잘 알아듣지 못했다.

예수는 부모를 따라 나사렛으로 돌아왔다.

광야에서 외치는 소리

엘리야인가 그리스도인가 마 3:1-12 ; 막 1:1-8 ; 눅 3:1-17 ; 요 1:19-28

소년 예수를 잃어버렸던 사건으로부터 18년 정도가 흘렀다. 그 무렵, 요단 강 하류의 광야에서는 요한이 사람들을 모아 놓고 하나님의 말씀을 전하고 있었다. 그는 낙타 털옷을 두르고 허리에는 가죽띠를 맨 채 광야에서 메뚜기와 들꿀을 먹고 산다고 했다.

죄를 회개하라고 외치는 요한의 말에 따라, 자기 죄를 뉘우치고 요한에게 세례를 받는 사람들이 많아져 갔다.

요한은 예수보다 여섯 달 먼저 늙은 제사장 사가랴와 엘리사벳 사이에 태어난 아들이었다. 예수의 모친 마리아와 가까운 친척의 아들이니, 예수와 친척인 셈이다.

예수는 이제 서른 살의 건장한 체격을 갖춘 목수였다. 그도 광야에서 외치는 사람이 있다는 소문을 들었다. 그 외치는 사람의 모습은 마치 예언자 엘리야를 상기시킨다고 했다.

"죄악의 길에서 돌아서라. 도끼가 이미 나무뿌리에 닿았으니, 좋은 열매를 맺지 않는 나무는 다 찍혀 불 속에 던져질 것이다."

요한은 몰려드는 사람들에게 요단 강에서 회개의 세례를 베풀었다.

"예언자 엘리야가 되살아난 것 같지 않은가?"

"그럴 리는 없겠고, 어쩌면 우리가 기다리던 메시아인지도 몰라."

세례를 주는 요한의 이름은 빠른 속도로 퍼져나갔다. 더 많은 사람들이 전국에서 몰려들어 회개의 세례를 받았다.

"요한? 요단 강에서 회개의 세례를 준다?"

마침내 예루살렘의 종교 지도자들이 긴장하였다. 일시적이려니 했는데 날이 갈수록 지지자가 늘어가고 영향력이 커져 갔기 때문이다.

"그를 조사해 보아야 되겠군요. 그가 어떤 사람인지 알아 오시오."

예루살렘의 종교 지도자들이 파송한 조사원들이 요한에게 갔다.

"당신이 우리가 기다리던 그리스도인가요?"

"아니오."

요한의 대답은 간단명료하였다.

"그럼 예언자 엘리야인가요?"

"아니오."

"그럼 누구입니까? 예루살렘의 대제사장을 비롯한 제사장들과 율법학자들이 당신의 정체를 알아 오라고 우리를 보냈습니다. 그러니 대답을 하십시오."

요한은 담담하게 대답하였다.

"나는 주님의 길을 예비하려고 광야에서 외치는 자일 뿐이오. 내 뒤에 그리스도가 오십니다. 그분은 저보다 몇 배나 훌륭하신 분이십니다. 나는 그분의 신발 끈을 풀어 드릴 자격조차 없는 사람이오. 그분은 손에 키를 들고 타작마당의 곡식을 까불러 알곡은 모아 곳간에 들이고 쭉정이는 불에 태우실 것입니다."

요한과 그리스도 마 3:13-17 ; 막 1:9-11 ; 눅 3:21-22 ; 요 1:29-34

요한의 활동은 계속되었다. 점점 더 많은 사람들이 전국에서 찾아왔다. 그들은 요한의 회개를 외치는 설교에 무릎을 꿇었고, 요단 강으로 내려가 회개의 세례를 받았다. 사람들이 긴 줄을 섰다.

세례가 한참 진행 중일 때, 요한은 자기 앞에 선 한 남자를 보고는 몸을 움직일 수가 없었다. 세례를 받기 위해 온 그 사람에게 요한은 세례를 줄 생각도 잊은 채 한동안 넋 나간 사람처럼 그를 바라볼 뿐이었다. 친척 아우 예수였다.

"내게 세례를 주시오."

예수가 부드럽게 말했다. 사람들이 이상하다는 듯 바라보고 있었다. 요한은 다른 때와는 다른 말투로 겸손히 말했다.

"아닙니다. 저는 당신에게 세례를 줄 수 없습니다. 내가 당신에게 세례를 받아야 합니다."

그러자 예수가 부드러운 음성으로 말했다.

"지금은 내가 하자는 대로 하시오. 우리가 이렇게 하여야 하나님의 뜻을 따르는 것이니까요."

그제야 요한은 예수의 요청에 따라 세례를 주었다. 그가 물에서 올라올 때 홀연히 성령이 비둘기 같은 모습을 하고, 눈부신 빛으로 그 사람의 머리 위에 내리면서 하늘에서 소리가 들려왔다.

"이 사람은 사랑하는 나의 아들이요, 내 마음을 기쁘게 하는 아들이다."

이 얼마나 경이로운 장면인가. 요한은 물론 모든 사람이 놀라움을 금할 수 없었다. 그때까지는 요한이 '자신은 그리스도를 맞이할 준비를 하기 위해 온 사람'이라고 외쳤지만 사람들은 실감하지 못하고 있었다. 사람들은 넋을 잃고 그 남자를 주목하였다. 요한이 사람들을 향해 감격에 찬 목소리로 외쳤다.

"여러분, 이분이 바로 내가 말한 그리스도이십니다. 세상 죄를 지고 가실 하나님의 어린 양입니다. 나도 내 뒤에 오실 분이 어떤 사람인지 모르고 있었습니다. 그러나 성령이 비둘기 같이 내리는 사람이 바로 그리스도라고 내게 말씀해 주신 적이 있어서 이제 확실히 알게 되었습니다. 나는 물로 세례를 주었으나 이분은 성령으로 세례를 주실 것입니다. 이분이야말로 하나님의 아들이십니다."

사탄의 유혹과 예수의 제자들

세 가지 시험 마 4:11–11 ; 막 1:12–13 ; 눅 4:1–13

세례를 받으신 예수는 성령의 인도에 따라 광야로 갔다.

요단 강 서편의 광야는 황무한 땅이다. 나무도 없는 산이 절벽을 이루다시피 하였고, 들판은 제대로 자라는 풀 한 포기 없이 크고 작은 바위와 돌들이 거친 모습을 드러내고 있다. 전갈이나 독사, 야생의 짐승들이 간혹 모습을 드러내는, 그야말로 황량한 땅이다.

예수는 그곳에서 홀로 금식하며 기도하였다. 금식 기도는 40일 동안 계속되었다.

사탄이 예수 앞에 나타난 것은 금식 기도가 끝난 직후였다. 사탄은 예수의 정체를 누구보다도 잘 알고 있었다. 사탄은 그가 가진 모든 능력과 교활한 수작으로 예수를 유혹하려고 마음먹었다. 예수를 넘어뜨리기만 하면 세상은 영원히 자기의 차지가 될 것이다. 에덴 동산의 아담과 하와가 자신의 유혹에 졌듯이 하나님의 아들이라는 이 예수도 넘어뜨릴 수 있을 것이다. 하지만 사탄은 예수의 정체 또한 너무나 잘 알고 있었다. 그가 하나님의 아들로서 흠잡을 데 없이 완전한 존재이며, 사람들을 죄와 죽음에서 구하려고 이 세상에 왔다는 것도 잘 알고 있었다. 그러니 세상 사람들을 죄와 사망에서 구원하지 못하도록 자신이 막지 않으면, 에덴에서의 성공이 모두 허사가 되고 만다.

사탄은 예수가 몹시 허기진 상태라는 점을 가장 먼저 이용해야겠다고 마음먹었다. 40일 동안 음식을 입에 대지 않았으니, 얼마나 주려 있겠는가? 예수는 아마도, 광야에 굴러다니는 돌멩이만 보아도 빵이 연상되어 군침이 넘어갈 것이다. 사탄은 예수에게 접근하여 속삭였다.

"당신이 정말 하나님 아들이라면, 이 돌들이 빵이 되게 하여 배를 채우구려. 몹시 배가 고플 테니 말이오."

예수는 그를 거들떠보지도 않으며 의연하게 대답하였다.

"하나님은 사람이 빵으로만 사는 것이 아니라고 하셨다. 사람은 하나님의 입에서 나오는 모든 말씀으로 사는 것이다. 사람에게 필요한 것은 무엇보다도 하나님의 말씀이다."

사탄은 처음부터 만만치 않은 상대임을 절감했다. 하지만 포기할 수 없었다. 예수가 하나님의 말씀으로 대응하니 나도 이번에는 하나님의 말씀을 들이대어 보리라. 그는 예수를 예루살렘의 성벽과 성전 벽이 하나로 이루어진 꼭대기로 이끌어 갔다.

"당신이 하나님의 아들이라면 뛰어내려 보시오. 성경에는 '주께서 네가 어디를 가든지 천사를 보내어 너를 보호할 것이니, 천사들이 너를 붙잡아 돌부리에도 채이지 않게 할 것이다.'라고 기록되어 있지 않소?"

거기에서부터 까마득히 내려다보이는 기드론 골짜기까지는 수백 미터가 될 것이다.

"성경에는 '주 너의 하나님을 시험하지 말라.'고 기록되어 있소."

예수의 대답에 사탄은 주춤하였으나, 여기서 물러서면 안 된다고 다짐하였다. 제 3의 방법은 더 강렬한 유혹이어야 할 것이다. 그는 예수를 높은 산 정상으로 이끌었다. 그곳에서는 세상의 모든 나라가 한눈에 내려다보였다.

"당신이 알고 있듯이 세상의 모든 나라의 권세와 영광은 나의 것이오. 당신이 만약 나에게

엎드려 절을 한다면, 나는 세상 전부를 당신에게 줄 수 있소."

예수는 더 참을 수 없다는 듯 사탄을 직시하며 단호하게 명령하였다.

"사탄아, 물러가라. 성경에는 '너희 주 하나님을 두려워하고 그분만을 섬기라.'고 이르지 않았느냐?"

사탄은 움찔하더니 슬금슬금 물러갔다. 예수는 지쳐 있었다. 40일을 금식하였으니 몸을 가누기도 어려웠다. 그러나 사탄이 물러가자마자, 하늘에서 천사들이 내려와 예수를 부축하며 도왔다.

다섯 명의 첫 번째 제자들 요 1:35-51

그 무렵에도 요한은 요단 강에서 사람들에게 세례를 주는 일을 계속하고 있었다. 불의를 참지 못하는 그는 당시 갈릴리 지방을 통치하는 헤롯 대왕의 둘째 아들 헤롯 안디바를 향해 거침없이 독설을 퍼붓곤 했다. 군주를 공개적으로 비난하는 것은 죽음을 각오하지 않으면 할 수 없는 일이었다.

"백성의 머리가 되는 왕은 도덕적으로 모범을 보여야 하는데도, 헤롯 안디바 왕은 왕비를 버리고 동생의 아내 헤로디아와 정을 통하고 있습니다. 하루빨리 죄를 회개해야 합니다. 죄는 왕이라고 해서 비켜가는 것이 아닙니다. 회개하시오. 모두 회개하시오. 이미 그리스도가 이 땅에 오셨으니 지체하지 말고 회개하시오."

사람들은 그의 설교에 자극과 충격을 받는 헤롯 안디바가 그를 해치지나 않을까 걱정했다.

"저 사람을 보라."

갑자기 세례 요한이 손짓을 하였다. 함께 있던 그의 두 제자, 갈릴리 호수의 어부 안드레와 그와 함께 어부 생활을 하는 요한이 스승의 시선을 뒤좇았다. 큰 키에 깡마른 예수가 지나가고 있었다. 스승 요한이 하나님의 아들이라고 소개한 바로 그 사람 예수가 지나가는 중이었다.

"하나님의 어린 양이시다."

세례 요한이 덧붙였다.

"저분을 만나보고 싶습니다."

어부 요한이 말했다.

"저도요."

안드레도 덩달아 나섰다.

"따라가 보거라."

세례 요한은 쾌히 허락해 주었다. 요한과 안드레는 예수를 놓치지 않기 위해 잰 걸음으로 스승 곁을 떠났다. 예수는 그들이 부지런히 자기를 따라오는 것을 보았다. 그래서 잠시 걸음을 멈추고 물었다.

"내게 무엇을 원하시오?"

"선생님의 거처가 어디신지요?"

예수는 그들의 마음을 읽고 있었다.

"따라오도록 하시오."

그날, 예수는 두 사람에게 많은 이야기를 하였다. 모세의 율법과 예언자들의 글에서 곧잘 인용되곤 하는 내용이었지만, 안식일마다 회당에 가서 듣는 교훈이나 해석이 아니었다. 예수의 지혜로운 말 한마디 한마디에 마음이 열렸다. 넘쳐나는 기쁨으로 그들은 시간 가는 줄을 몰랐다. 세례 요한의 공격적이고 도덕적인 설교와 달리, 예수의 말은 맑은 영혼의 소리였다. 그들은 하루를 그곳에서 보냈다. 두 사람은 예수의 제자가 되었다.

안드레는 형 시몬을 찾아 나섰다. 형을 찾아 그가 만난 새 스승 예수를 소개하고 싶었다.

"형님!"

멀리서 시몬을 본 안드레가 달려가 반갑게 소리쳤다.

"형님, 우리가 메시아를 만났어요. 요한과 내가 말예요."

"뭐? 메시아라면 구세주를 만났다는 거냐?"

"그럼요. 형님도 만나 보세요. 그분이 구세주라는 것은 우리에게 세례를 준

요한 선생님도 지적하셨어요."

시몬도 세례 요한의 말을 분명히 들었다. 사람들이 구세주에 대해 수군거리는 소리도 들었다. 민심은 세례 요한에게서 새로 나타난 구세주라는 사람에게 기울고 있었다.

"그렇다면 같이 가 보자."

두 사람은 부지런히 예수의 거처로 갔다. 예수는 기다리기라도 한 듯 베드로를 맞이하며 이렇게 물었다.

"당신이 요한의 아들 시몬이오?"

어부 요한으로부터, 그리고 안드레로부터 그들 집안에 대해 들어서 이미 알고 있었기 때문이었다. 특히 어부 요한은 예수의 어머니인 마리아의 조카여서, 예수와 이종형제이기도 하였다.

"시몬, 당신을 앞으로는 베드로라 부를 것이오."

예수는 시몬의 이름을 바꾸어 주었다.

다음날, 예수는 세 사람의 갈릴리 제자들과 함께 갈릴리로 떠나려고 했다. 그때 역시 갈릴리 사람인 빌립을 만났다. 빌립은 세 제자가 이미 다 알고 있는 동네사람이었다. 예수는 그를 소개 받자 빌립에게 말했다.

"나를 따르도록 하시오."

세 사람은 그동안 있었던 이야기를 네 번째로 제자가 된 빌립에게 자랑하듯 들려주었다. 네 사람은 아주 기분이 좋았다.

"선생님, 제 친구가 근처에 있는데 데려오고 싶습니다. 잠시 기다려 주십시오."

빌립은 그렇게 말한 다음, 부지런히 달려가서 나다나엘을 만났다. 빌립은 흥분해서 말했다.

"나다나엘, 잘 만났어. 널 찾고 있었어."

"왜?"

"굉장한 분을 만났거든. 모세가 율법에 기록하였고 예언자들이 예언서에 기록한 분을 만난 거야. 우리가 기다려 오던 메시아를 만났어. 나사렛에서 오신 예수님이 바로 그분이야."

흥분해서 말이 빨라진 빌립에게 나다나엘은 냉소적인 반응을 보였다.

“괜히 흥분하지 말아라. 나사렛에서 메시아가 오셨다고? 나사렛에서 메시아가 나신다는 예언이 어디 있어? 베들레헴이지.”

“여러 말 할 거 없어. 날 따라와 봐. 직접 만나보면 알아. 후회 없을 테니 어서 나를 따라와.”

빌립이 앞장서자 나다나엘도 뒤를 따랐다. 빌립이 저렇게 흥분한 사람이라면 어디 얼굴이나 보자는 생각이었다. 빌립은 앞서 가면서 세례 요한이 이미 구세주로 지목한 그 사람이라고 설명해 주었다.

예수는 그를 보자마자 말했다.

“당신은 거짓이 조금도 없는 순수한 이스라엘 사람이오.”

나다나엘은 놀라지 않을 수 없었다.

“초면인데요, 저를 어떻게 아십니까?”

“빌립이 당신을 찾아가기 전에 당신은 무화과나무 아래에 있었소. 그렇지 않소? 나는 당신이 어떤 사람인지 이미 알고 있었소.”

나다나엘도 빌립도 놀랐다. 나다나엘은 과연, 무화과나무 아래에 앉아 있었기 때문이다.

“선생님….”

나다나엘의 태도가 금세 바뀌었다.

“선생님은 진정 하나님의 아들이십니다. 이스라엘의 왕이십니다.”

예수는 그를 바라보며 말했다.

“무화과나무 아래에 앉아 있는 것을 내가 보았다고 해서 나를 믿으시오? 앞으로 더 큰 일을 보게 될 것이오. 하늘이 열리고 하나님의 천사들이 하늘과 나 사이를 오르내리는 것도 보게 될 것이오.”

예수가 처음 만난 갈릴리 사람들은 예수의 부름을 받고 온 것이 아니라 그들의 발로, 또는 서로 서로 소개를 받고 찾아온 사람들이다. 그들은 예수의 친구요 제자로 남은 생애를 예수와 함께 하였다.

최초의 기적과 배척당한 예수

기쁨이 더해진 혼인 잔치 요 2:1–11

예수가 몇 안 되는 제자와 함께 광야를 떠나 갈릴리로 돌아온 지 사흘째 되는 날, 나사렛 인근의 마을 가나에서 결혼식이 있었다. 가나는 나사렛에서 가까운 마을이어서 늘 왕래가 빈번하였다. 신랑은 예수의 어머니 마리아의 친척의 아들이었다.

많은 손님이 초대되었다. 오랫동안 집을 떠나 있던 예수도 친구들과 함께 초청되었다. 손님들은 신랑 신부를 축하해 주고, 신랑 집에서 먹고 마시며 즐겼다. 잔치가 며칠씩 계속되는 경우도 흔했다.

신랑 집은 많은 손님들로 붐볐다. 모두들 포도주에 취해 흥겨워했다. 여기저기서 웃음소리가 터져나오고, 음식을 더 주문하는 소리들이 들려왔다. 심부름 하는 하인들도 눈코 뜰 새 없이 바빴다.

"큰일났습니다. 포도주 항아리가 비었습니다."

하인의 보고였다. 아직도 손님이 많고 많은데 포도주가 바닥이 나다니! 주인은 기가 막혀 마리아에게 걱정을 털어놓았다.

"이를 어쩌지? 갑자기 어디서 포도주를 구해 온담…."

마리아도 난감하였다. 잔칫집의 흥겨운 분위기와 밀려오는 손님들의 추세로 미루어 보아 아직도 큰 항아리 몇 단지 정도의 포도주는 필요할 것 같았다. 포도주가 이토록 빨리 바닥날 줄을 몰랐단 말인가.

마리아는 걱정스러운 얼굴로 손님들을 둘러보다가 저쪽에서 아들 예수를 보았다. 저 비범한 아들, 사람의 모습일 뿐 실제로는 하나님의 아들인 예수에 대해 마리아보다 잘 아는 사람은 세상에 없다.

"예수야."

마리아는 은근히 아들을 불렀다.

"이 집에 포도주가 떨어졌단다."

예수는 말뜻을 알아들었다.

"그러나 어머니, 아직은 내 때가 아닙니다."

마리아는 아들의 말을 들으려 하지 않고 하인을 불러 세웠다. 아들이 자기 부탁을 들어줄 것을 믿었기 때문이다.

"이분이 너에게 무슨 말씀을 하시든 시키는 대로 하여라."

예수는 마리아의 얼굴을 바라보다가 하인에게 지시하였다.

"여섯 개의 저 돌항아리마다에 물을 가득 채우게."

물이 두 통씩 들어가는 큰 용량의 돌항아리였다. 항상 맑은 물을 담아두어 손님이 오면 흙먼지 묻은 발과 손을 씻을 수 있게 하는 물항아리였다. 여섯 개의 항아리에 물을 다 채우려면, 최소한 열두 번은 왕복하여야 한다. 하지만 하인들은 알 수 없는 위엄에 눌린 듯 군소리 없이 돌항아리 가득가득 물을 길어다 채웠다.

"이제 이 물을 그릇에 떠서 잔치를 주관하는 사람에게 가져다 주시오."

잔칫집 음식 등을 책임지고 지휘하는 사람이 하인들이 가져온 물을 맛보았을 때, 물은 어느새 포도주로 변해 있었다. 하인들은 그 포도주가 어떻게 생긴 것인지 알고 있었지만, 그 사람

은 포도주가 어디서 난 것인지를 알지 못했다.

"아니, 이렇게 맛있는 포도주가 이제야 나오다니!"

그는 의아한 듯 신랑을 찾았다.

"누구나 처음에는 가장 좋은 포도주를 내놓았다가 손님들이 취한 다음에는 값싼 것을 내놓는 법인데, 아직까지도 이렇게 좋은 포도주가 남아 있다니 놀랍군요!"

신랑은 영문을 몰랐지만 기분이 좋았다.

예수의 첫 번째 기적은 결혼식 하객들을 기쁘게 하였다. 제자들은 문득 "더 큰 일을 보게 될 것"이라고 나다나엘에게 하신 예수의 말씀을 떠올렸다.

나사렛 사람들 눅 4:14-30 ; 마 13:53-58 ; 막 6:1-6

예수에 대한 소문은 빠르게 번져 갔다. 요단 강에서 세례를 받은 이들은 이미 예수에 대해 알고 있었지만, 가나의 결혼 잔치에서 있었던 기적은 예수를 더욱 더 유명하게 만들었다. 제자를 데리고 다닌다는 사실도 나사렛 사람들에게는 경이롭게만 여겨졌다. 목수 요셉의 아들이 그토록 놀라운 사람이라니, 나사렛 사람들은 아무래도 믿을 수가 없었다.

안식일이 왔다. 안식일이면 늘 그랬듯이, 예수는 제자들과 함께 회당으로 갔다. 예수가 낯선 제자들과 함께 모습을 드러내자 나사렛 회당은 웅성거렸다. 예수는 다른 회당에서처럼 가죽 두루마리로 된 이사야의 예언서를 펼쳐 한 부분을 읽어 내려갔다.

"주의 영이 나에게 임하셨다. 가난한 자들에게 복음을 전하고자 주께서 내게 기름을 부으셨기 때문이다. 주께서는 나를 보내셔서 포로로 붙잡힌 이들에게는 자유를 선포하게 하시고, 앞 못 보는 이들은 다시 보게 하시고, 억눌린 사람은 다 풀어주게 하시며, 주의 은혜의 해를 선포하게 하셨다…."

예수는 두루마리를 만 다음 시중 드는 사람에게 돌려주고는 자리에 앉았다. 사람들은 예수를 주목하였다. 긴장감이 흘렀다.

"지금 내가 읽은 이 말씀이 여러분 앞에서 성취되었습니다."

그들은 무슨 뜻인지 얼른 간파하지 못했다. 물론 예수의 선언을 그대로 받아들인 사람도 몇 사람은 있었다. 그러나 대부분의 사람들은 예수가 가나의 잔칫집에서 행한 것처럼 어떤 기적을 보여주었으면 하는 기대감을 갖고 있었다.

"예수가 그리스도라는 소리야?"

"그런 것 같군."

"목수 요셉의 아들이 그리스도라고? 그렇다면 기적이라도 보여줘야지…."

그때 예수가 입을 열었다.

"여러분은 '가버나움에서 행했다는 기적을 여기에서도 한번 해보시오'라고 말하고 싶은 표정들이구려."

그들은 잠자코 예수를 주목했다.

"예언자는 자기 고향에서 환영받지 못하는 법입니다. 예언자 엘리야도 긴 가뭄으로 기근이 들었을 때 고향 사람이 아니라 시돈 땅의 사렙다 과부를 도와주었을 뿐입니다. 엘리사 역시 이스라엘에 나병환자가 많았으나 수리아 사람 나아만만을 고쳐 주었을 뿐입니다."

사람들은 모욕을 당한 듯 분노를 느꼈다. 여기저기서 벌떡 일어서더니 약속이라도 한 듯 앞으로 달려나가 난폭하게 예수를 끌어당겼다. 그들은 예수를 밖으로 끌어내더니 벼랑으로 끌고 가서 아래로 밀쳐 떨어뜨리려고 했다. 벼랑에서 떨어진다면, 누구라도 죽고 말 것이다. 험악한 사태였다. 그러나 한동안 끌려가던 예수는 한순간 몸을 돌려 성난 군중들 사이를 헤집고 반대 방향으로 향했다. 아무도 막지 못했다. 그저 넋놓고 지켜볼 뿐이었다.

성전 정화와 거듭남의 진리

예수의 의분義憤 요 2:13–22

유월절이 가까워지자 예루살렘을 향하여 길을 떠나는 이들이 많아졌다. 예수도 제자들과 함께 예루살렘으로 갔다.

유월절이면 예루살렘은 초만원을 이루어 북적거렸다. 축제의 중심 무대는 성전이었다. 유월절이 되면 사람들은 두 가지를 하나님께 바친다. 1년에 한 번 모든 유대인 성인이 성전에 내는 세금과 제사에 쓰이는 희생제물이다.

성전세는 1인당 반 세겔이었다. 세겔화는 로마가 통치하는 세계에서 일상적으로 통용되는 화폐가 아니었기 때문에, 성전에 와서 환전을 해야 했다. 희생제물로는 보통 흠 없는 1년 된 숫양을 바쳤다. 소나 비둘기 역시 흠이 없는 것으로 바쳐야 했다.

성전은 마치 시장터를 방불케 하였다. 환전상들이 진을 쳤고, 장사꾼들의 호객 소리가 어지러울 지경이었다. 환전상들은 엄청난 폭리를 취했다. 양을 사는 사람들에게도 정상 가격보다 훨씬 비싸게 팔았다. 두 가지 모두 바가지 요금이었다. 하지만 멀리서 오는 예배자들은 이것저것 짐이 많았기 때문에 어린 양을 흠없이 데리고 온다는 것이 감당하기 어려운 일이어서, 아무리 비싸도 성전 앞에서 구할 수밖에 없었다.

성전 마당에 들어선 예수는 이런 광경을 묵묵히 바라보았다. 이건 성전이 아니다. 하나님의 집이 아니다. 시장이다. 시장도 정상적으로 거래되는 시장이 아니라 도둑과 강도들의 소굴이다. 예수는 의분이 치밀어 올랐다. 이곳은 내 아버지의 집이 아닌가. 이토록 더럽혀지는 것을 방치할 수는 없는 일이다.

예수는 노끈을 구해다가 긴 채찍을 만들었다. 그는 그것을 손에 들고 소리쳤다. 짐승과 사람의 소리로 어지러운 가운데, 그의 우람한 목소리가 성전 뜰에 울려퍼졌다.

"내 아버지의 집을 장사하는 곳으로 만들지 말라."

예수는 채찍을 휘둘러 환전상의 책상을 엎고, 양과 비둘기와 소들을 밖으로 내쫓았다.

"당신이 무슨 권리로 이러는 거요? 우린 제사장님의 허락을 받았단 말이오."

장사꾼 중 하나가 거세게 항의하였다.

"성전이 당신 아버지의 집이라고 했소? 그렇다면 증거를 보이시오."

여기저기서 호응하는 소리가 들려왔다.

"이 성전을 허물어 버리시오. 내가 사흘 동안에 다시 일으켜 세우겠소. 그것이 증거요."

너무 어처구니없다는 표정으로 누군가가 말했다.

"이보시오 젊은이, 이 성전은 당신도 알겠지만 46년이나 걸려서 지어진 것이오. 사흘 동안에 당신 혼자 다시 세운다고? 하하하."

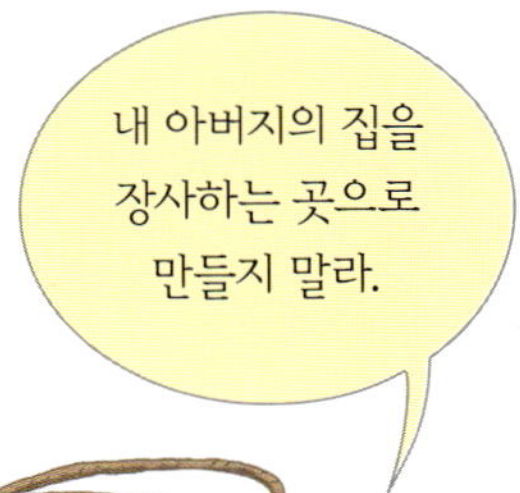

그는 예수의 말을 오해한 것이다. 예수가 말한 '성전'은 '자기 자신'을 가리킨 말이었다. 그들이 자신을 죽일 것이며, 그러나 사흘 만에 부활할 것임을

예언한 것이었다. 그로부터 2년이 지난 후, 그 일은 실제로 예루살렘에서 일어났다. 사람들은 훗날에야 그의 말뜻을 이해할 수 있었다.

은밀한 면담 요 3:1–21

유월절 축제가 열리는 7일 동안 예수는 제자들과 함께 예루살렘에 머물면서 군중 앞에서 설교를 하고, 많은 병자를 고쳤다. 만지기만 해도 병자가 나았을 뿐만 아니라, 만지지 않고서도 병을 낫게 하셨다. 그리하여 예수가 하나님의 아들임을 믿는 이들이 점점 더 많아졌다.

세례 요한의 제자들 중에도 예수를 찾아오는 사람이 늘었다. 세례 요한이 '나는 땅에서 난 사람이고 예수는 하늘에서 온 사람'이라면서 '그분이 그리스도시다'라고 거듭 말하였기 때문이다.

"나는 그분이 오신다는 것을 알리기 위해 이 세상에 온 것에 지나지 않습니다. 나는 그분이 오신 것을 진심으로 기쁘게 생각합니다. 나는 땅에서 태어났지만 그분은 하늘에서 보내신 분이십니다. 하나님은 그분을 우리들에게 보내어 하나님의 말씀을 우리들에게 전해 주십니다. 아버지이신 하나님은 그분을 사랑하십니다. 하나님의 아들을 믿지 않는 사람은 영원한 생명을 얻을 수 없을 뿐만 아니라 영원히 하나님의 심판을 받아야 합니다."

세례 요한은 그리스도가 세상에 등장한 이상 자기의 역할은 끝났다는 것을 공공연히 선포했다.

예수가 가는 곳마다 사람들이 모였다. 그들은 율법학자들에게서 들을 수 없었던 독특한 설교에 관심을 기울였고, 여러 가지 기적을 체험하거나 볼 수 있었다. 유월절의 예루살렘은 마치 예수를 위한 무대 같았다.

어느 날 밤, 은밀하게 예수를 찾아온 사람이 있었다. 그는 명성이 자자한 율법학자요, 율법을 준수하는 것으로 유명한 바리새파의 니고데모였다.

그는 유대 사회의 저명 인사였다. 최고 재판소인 예루살렘 산헤드린의 70명으로 구성된 재판관 중 한 사람이기도 했다. 지금까지 예수를 따르는 사람들은 일부 예루살렘 시민들과 여러 지방에서 온 평범한 사람들이었다. 유명 인사들은 체면 때문에 마음속으로는 원해도 군중 가운데 나타나기를 꺼려하였다. 그러므로 니고데모 같은 상류층 사람이 예수를 따르기란 어려운 일이었다.

니고데모가 어둠 속에서 낮게 말했다.

"나는 선생님을 하나님께서 보내신 분으로 알고 있습니다. 그렇지 않다면 어떻게 그런 기적들을 일으킬 수 있겠습니까."

예수도 나직하게, 그러나 힘주어 말했다.

"내 말을 잘 들으시오. 하나님 나라는 거듭 태어난 사람만 갈 수 있습니다. 새로 태어나지 않으면 하나님 나라를 볼 수 없습니다."

니고데모는 예수의 말을 알아들을 수가 없었다.

"선생님, 거듭 태어난다는 것이 무슨 뜻입니까? 늙은 사람이 어떻게 다시 태어납니까? 어머니 뱃속에 다시 들어갈 수는 없지 않습니까?"

그러자 예수가 부드럽게 말했다.

"거듭난다는 것은 물과 성령으로 다시 태어나는 것을 말하오. 육체는 육체를 태어나게 하지만, 영은 영을 태어나게 합니다. 그러니 '다시 태어나야 한다'는 내 말을 이상히 여기지 마시오. 당신은 학자이지만 내가 하늘나라 일을 말하고 있으니 어찌 알아듣겠소. 하늘에서 온 사람만 하늘에 대해 말할 수 있소. 하나님이 나를 세상에 보내신 것은 나로 말미암아 세상이 구원을 받게 하려는 것이오. 나를 믿는 자는 심판을 받지 않소."

예수는 자기가 하나님의 아들이며, 나무에 높이 달리게 된다는 것도 말해주었다.

니고데모는 도무지 이해가 되지 않는 내용들을 곱씹으며 무거운 발걸음으로 집으로 돌아갔다.

사마리아 여인과 왕의 신하

사마리아 여인의 기쁨 요 4:3–42

유월절 축제가 끝나자 예수는 갈릴리로 돌아가기로 했다. 갈릴리로 가려면 옛 북왕국 이스라엘의 수도였던 사마리아를 지나가야 했다.

사마리아에는 이스라엘의 조상인 야곱이 판 우물이 있었다. 동네에서 조금 떨어진 곳에 있는 야곱의 우물은, 아직도 귀하게 사용되고 있었다. 예수는 그 우물가에서 쉬고 있었다. 제자들은 먹을 것을 구하려고 마을로 내려갔다.

그때 한 여인이 홀로 물을 길러 왔다. 한낮이라 대개는 집 안이나 나무 그늘에서 더위를 피해 낮잠을 자는 시간이었다. 가장 인적이 없는 한적한 시간대에 여인 혼자 물을 길러 온다는 것은, 그 여인이 마을에서 소외되고 있다는 증거였다. 예수는 물을 긷는 여인에게 말했다.

"나에게 물을 좀 주시오."

여인은 남자를 보자 조금은 불쾌한 표정이었다. 낯선 남자여서가 아니라 그 남자가 사마리아 사람이 아니라는 것을 직감으로 알아차렸기 때문이었다. 산전수전 다 겪으며 살아온 듯한 여인이 심드렁하게 말했다.

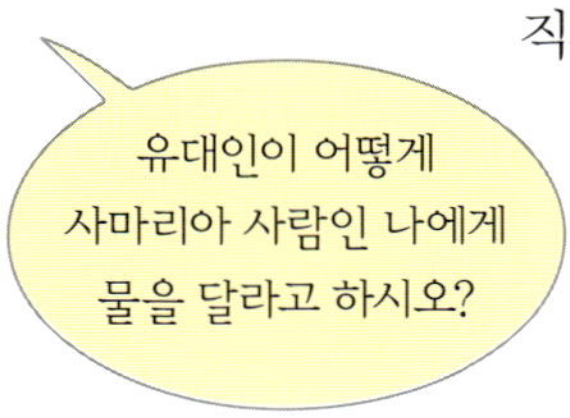

"유대인인 당신이 사마리아 사

람인 내게 어떻게 물을 달라고 하시죠?"

충분히 예상된 반응이었다. 예수는 입가에 웃음을 띠며 대답하였다.

"네게 물을 청하는 이가 누군지를 알았다면 당신은 오히려 나에게 생수를 청했을 것이고, 나는 당신에게 생수를 주었을 것이오."

여자는 의아한 듯 예수를 빤히 바라보며 말했다.

"이 우물은 깊고, 당신에겐 두레박도 없습니다. 어떻게 저에게 생수를 길어 주신다는 말입니까?"

"이 우물물을 마시는 사람은 곧 다시 목이 마를 것입니다. 하지만 내가 주는 물을 마시는 사람은 영원히 목마르지 않을 것이오. 내가 주는 물은 그 사람 안에서 계속 솟아나서 영원한 생명에 이르게 할 것이기 때문이오."

"선생님, 그 물을 제게 주십시오! 그러면 다시는 목마르지도 않고, 물을 길러 여기까지 올 필요도 없게 되지 않겠습니까?"

"가서 당신 남편을 불러 오시오."

"저에게는 남편이 없습니다."

그러자 예수가 여인에게 말했다.

"그건 맞는 말이오. 당신은 남편 다섯이나 있었고, 지금 함께 살고 있는 남자도 사실은 당신 남편이 아닙니다. 그러니 남편이 없다는 당신 말이 맞소."

여인은 놀라지 않을 수 없었다.

"선생님이야말로 예언자이십니다."

처음 만난 사람이 자신의 과거를 소상히 알고 있으니 어찌 놀라지 않을 수 있으랴. 이 사람이 정말 하나님의 예언자라면, 여인에게는 간절히 묻고 싶은 것이 있었다.

"그러니 말씀해 주십시오. 우리는 조상 대대로 저 산에서 예배를 드려 왔습니다. 그런데 유대인들은 반드시 예루살렘에서만 예배를 드려야 된다고 합니다. 어

떤 게 맞습니까?"

"예배는 장소의 문제가 아니오. 하나님은 영이시므로 신령과 진정으로 예배를 드려야 하오. 하나님께서는 그렇게 예배를 드리는 자를 찾고 계시오. 지금이 그렇게 예배드릴 때요."

여인은 이 남자가 대단한 분이라는 것을 알아챌 수 있었다.

"나는 메시아가 오시리라는 것을 알고 있습니다. 그분이 오시면 모든 것을 알게 해주시겠지요?"

"내가 바로…."

예수는 여인을 응시하며 말을 이었다.

"당신과 말하고 있는 내가 바로 그리스도요."

여인은 얼마나 놀랐는지, 물동이를 버려둔 채 마을로 달려갔다. 그리고는 외쳤다.

"내가 살아온 과거사를 다 아는 분이 있습니다. 그분이 바로 그리스도이십니다. 나를 따라오세요. 그리스도를 만나려면 날 따라오세요."

사람들이 여인을 앞세워 우물가로 몰려왔다. 예수는 마을에서 돌아온 제자들과 함께 있다가, 자기를 만나러 온 사람들에게 하나님 나라에 대해 이야기해 주었다. 그들은 자기 동네에 묵으면서 좀더 가르쳐 달라고 간청하였다. 예수는 이틀을 사마리아에 머물며 많은 사람에게 구원의 복음을 전하였다.

교통의 요충지 가버나움 요 4:46-54

나사렛 사람 예수의 이름은 순식간에 번져 나갔다. 예루살렘의 유월절 축제에 왔던 사람 치고 그 이름을 모르는 사람은 거의 없게 되었다. 성전 마당에서의 폭력적인 거친 행동과 누구도 제압할 수 없었던 그 당당한 권위, 율법학자들에게서는 들어볼 수 없었던 신비한 하늘나라 메시지, 그리고 여러 불치병자들의 치료…. 예수의 행적은 단연 화젯거리였다.

그에 대한 소문은 갈릴리 호수 북쪽에 위치한 가버나움에도 파다하였다.

가버나움은 갈릴리 지방에서 가장 큰 성읍이었다. 주민들 대부분은 어업과 농업과 상업에 종사하는 평범한 사람들이었지만, 동서양의 문물이 교차하는 요충지였다.

가버나움에 살고 있는 왕의 고위 신하 중 한 사람의 가정에 불행이 닥쳐왔다. 어린 아들이 병들어 삶과 죽음의 갈림길에 서 있었다. 온갖 약을 다 써 보았지만 병은 낫지 않았다. 아버지의 사랑과 돈과 명예와 권력도 병 앞에서는 속수무책이었다.

사마리아에서 이틀을 묵은 후 갈릴리로 온 예수의 소문이 그 신하의 귀에도 들어갔다. 예수가 가나에 머무르고 계시다는 이야기를 들은 신하는, 한 줄기 희망을 품게 되었다.

'그분을 뵐 수 있다면, 우리 아이의 병이 낫게 될지도 모른다.'

그는 그대로 있을 수가 없었다. 왕의 신하는 체면을 접어두고 길을 재촉하였다. 그분을 만나면, 그분을 만나기만 하면, 내 아들의 병을 고칠 수 있으리라. 나귀를 끄는 하인은 흠뻑 땀에 젖었다. 32km나 되는 길이어서 새벽 동틀 무렵에 길을 떠나 정오 무렵에야 가나에 도착했다.

작은 마을이라서 예수를 찾기란 어렵지 않았다. 그는 자기보다 훨씬 젊은 평민에게, 귀족의 신분과 왕의 신하라는 체면을 생각할 겨를도 없이 호소하였다.

"가버나움에서 왔습니다. 어려운 부탁입니다만, 함께 가버나움에 가셔서 죽어가는 제 아들을 고쳐 주십시오."

예수는 그의 신분을 금방 알아차렸다.

"멀리서 오셨군요. 집으로 돌아가시오. 당신 아들이 살아났습니다."

"살아났다구요? 살아났다고 하셨습니까!?"

믿어지지 않아서가 아니라, 너무나 기쁘고 감격해서 되뇌인 말이었다. 그는 예수의 그 말을 확실히 믿을 수 있었다. 그때가 오후 한 시경이었다.

지체할 필요가 없었다. 죽어가던 아들이 나은 모습을 보고 싶었다. 얼마나 애절하게 아들의 치료를 위해 동분서주하였던가. 용하다는 의원은 아무리 멀어도 다 찾아가 보았고, 좋다는 약은 안 써 본 것이 없었다. 그런데도 전혀 효험이 없었다. 그런데 살아났다고 한다.

가나에서 가버나움은 완만한 내리막길이라서 발걸음이 훨씬 가벼웠다. 기쁜 마음으로 가니, 피로감도 없었다. 나귀도 즐거운 듯 발걸음이 가볍고, 주인을 잘 섬기는 하인들 역시 뛰다시피하였다. 그렇게 절반 넘게 갔을 무렵 마주 오던 하인과 만났다.

"주인어른, 도련님께서 완전히 회복되셨다는 소식을 전하려고 이렇게 달려 나왔습니다."

"그때가 언제였느냐?"

하인이 신난다는 듯 말했다.

"오후 한 시경입니다."

주인도 함께 갔던 하인도 할 말을 잃었다. 예수가 아들의 병이 나을 것이라고 하던 바로 그 시각이었기 때문이었다.

"기적이다, 기적! 그분은 분명 그리스도이시다!"

주인이 감격하여 외쳤다. 고관의 집안에는 오랜만에 웃음꽃이 피어났다.

가버나움에서 일어난 일

선한 로마군 백부장 눅 7:1–3

가버나움은 갈릴리 호수 근처에 있는 아름다운 마을이었다. 작은 마을이었지만 교통의 요충지여서, 그곳에서 일어난 일은 빠른 속도로 동서남북으로 번져갔다.

나사렛 사람들은 예수를 믿지 않았지만, 가버나움 사람들은 예수를 환영하였다. 그의 능력과 그의 가르침에 열광하였다. 예수가 있는 곳이면 언제 어디든 사람들이 모여들었다. 병자들도 많이 고쳤다. 그런 소문이 퍼져 나가면서 예수는 아주 바쁜 나날을 보냈다.

정복자 로마의 가버나움 주둔군은 백부장이 지휘하는 부대였다. 100인의 부하를 거느린 가버나움의 백부장은 원래 마음씨가 착했다. 가버나움 사람들과 가급적 친하게 지내려고 회당을 지을 때도 적극 협력하여 칭송을 받았으며, 지도급 인사들인 장로들과도 친분을 유지하고 있었다.

그는 며칠 전 믿어지지 않는 놀라운 소식을 들었다. 헤롯 안디바 왕의 신하 중 한 명의 아들이 죽을 병에 걸렸지만 갑자기 회복되었는데, 그것도 의사나 약으로 고친 게 아니라 나사렛 사람 예수가 하룻길이 족히 되는 저 서쪽의 가나에서 가버나움에 누워 있는 그 아이를 고쳤다는, 거짓말 같은 이야기였다. 그도 그 신하의 아들이 죽어간다는 소식은 알고 있었다. 그러던 차에 가버나움에 온 예수가 여러 병자를 고쳤으며 기막힌 설교를 한다는 소문을 듣게 되었다. 백부장은 큰 호감을 가졌지만, 유대인들이 모이는 일은 로마에 대항하는 투쟁으로 비화될 위험성을 배제할 수 없어 예의 주시하는 중이었다. 그러나 예수에 관한 모든 정보는 그가 경계 대상이 아니라 대단히 존경스러운 훌륭한 인물이라는 쪽으로 기울고 있었다.

그때 백부장의 집에서 일하는 하인이 그가 보는 앞에서 갑자기 쓰러졌다. 로마군 군의軍醫를 불러 진찰하였더니 중풍이라고 했다. 상태가 나빠서 곧 사망하거나, 깨어난다 해도 반신불수가 불가피하다고 했다.

"고칠 수 없다는 소리군."

"그렇습니다, 백부장님."

의사는 자기 탓이라도 되는 듯 미안해하였다.

"그러면…."

백부장은 잠시 망설였다. 가버나움에서 주목받고 있는 예수를 초청하면 어떨까? 예수가 신하의 아들을 살린 것이 사실이라면 죽을지도 모르는 저 하인을 고치는 것도 충분히 가능하지 않을까? 백부장은 그런 생각을 떨쳐버릴 수 없었다. 그는 친분을 맺고 있는 마을의 장로들에게 하인을 보내어 전하게 했다.

"나사렛 사람 예수에게 부탁하여 내 하인을 고쳐 주도록 해주시기 바랍니다."

감동적 믿음 눅 7:4–10 ; 마 8:5–13

그로부터 몇 시간 후 예수가 가버나움에 들어섰다. 사람들이 그의 뒤를 따르고 있었다. 그때 가버나움 사람들에게 잘 알려진 장로 두 사람이 예수에게 다가왔다.

"부탁이 있습니다."

그들은 정중하였고 진지하였다.

"가버나움에 주둔하는 로마군 백부장의 하인이 중풍으로 쓰러졌는데, 위독합니다. 백부장은 선생님이 오셔서 그 하인을 고쳐 주셨으면 합니다."

옆에 있던 다른 장로가 덧붙였다.

“백부장은 우리 민족을 사랑합니다. 그는 우리 회당도 지어 주었습니다. 비록 이방인이지만 그의 간청을 들어줄 만해서 우리가 이렇게 나섰습니다.”

“그렇다면 가서 고쳐 주어야지요.”

장로들이 길을 안내하려고 앞장섰다. 이방인, 그것도 정복자 로마군 백부장의 부탁을 들어주러 가는 길이라 사람들의 호기심이 자극되었다.

백부장의 집이 저만치 보이는 지점에 이르렀을 때였다. 그 집에서 사람이 달려 나오더니 예수 앞에 하인처럼 겸손한 자세로 섰다.

“백부장님께서는 선생님이 자기 집에 들어오시는 것을 감당할 수 없다고 하십니다. 이스라엘 사람들은 이방인의 집에 들어가지 않는다는 사실을 미처 생각지 못한 불찰을 용서해 달라면서, 그냥 계신 곳에서 말씀만 해주셔도 하인이 나을 것이라고 하였습니다. 자기에게도 부하가 있어서 가라고 하면 가고 오라고 하면 오는데, 선생님께서도 말씀만 하시면 될 거라고 하셨습니다.”

예수는 그 심부름꾼을 그윽히 바라보다가 주위 사람들이 다 알아들을 만큼 큰 소리로 말했다.

“내가 이스라엘 사람들 중에서도 이만한 믿음을 본 적이 없소.”

감격한 음성이었다.

“가시오. 백부장이 믿은 대로 될 것이라고 전하시오.”

심부름꾼이 백부장의 집으로 들어가 예수의 말을 전했을 때, 그 하인은 이미 회복되어 있었다. 예수가 말한 그 시각에 병이 나았던 것이다.

베드로의 집 기적 마 8:14-15 ; 막 1:29-31 ; 눅 4:38-39

어느 안식일, 예수는 가버나움 회당에서 가르친 후 베드로의 장모가 심한 열병으로 고통스러워한다는 말을 듣고 그리로 갔다. 열병은 치사율이 매우 높은 위험한 병이다. 예수는 방에 누워 신음하는 환자의 손을 잡았다. 예수의 사랑과 능력이 그의 손에서 환자에게 전달되었다. 예수가 나이 많은 그 여인을 일으키자 언제 열병이 걸렸었느냐는 듯 자리에 일어나 앉았다. 무서운 열병이 한 순간에 완치된 것이다.

여인은 조금도 불편하거나 아픈 데가 없이 그 길로 주방으로 갔다. 고마운 손님에게 무엇이든 대접하고 싶어서였다.

너의 죄는 용서되었다 마 9:1-8 ; 막 2:1-12 ; 눅 5:17-26

가버나움과 주변 마을에서는 모이기만 하면 예수의 이야기로 꽃을 피웠다. 그들은 예수라는 사람이 말 한 마디로 무슨 병이든 고친다는 사실을 의심할 수 없었다. 어두운 골방에서 은밀하게 꾸며진 이야기가 아니라, 대낮에 허다한 목격자들 앞에서 병이 나은 사람이 많았기 때문이다.

예수가 가버나움의 어느 집 안에 있을 때였다. 친구들이 중증의 중풍병자 하나를 데리고 왔다. 그러나 어찌나 사람이 많은지, 그 집 안에 발을 들여놓을 수가 없었다. 환자를 들것에 얹어 운반해 온 네 친구는 한동안 실망으로 맥이 빠졌다. 예수를 만나기가 하늘의 별따기 아닌가.

"포기할 순 없지. 우리가 얼마나 힘들여 여기까지 왔는데…."

그러자 다른 친구가 나섰다.

"우리가 힘든 게 문제가 아니라 이 친구를 이대로 다시 데리고 가는 게 문제 아냐? 그러니 수단 방법 가리지 말고 예수님께 이 친구를 데려다 주어야 해. 꼭 나아서 가야지."

"맞아. 건강한 몸으로 가야 해. 예수님을 어떻게 만날 건지 방법을 궁리해 보자."

그러나 집 안에 빼곡하게 들어찬 사람들의 틈을 비집고 방으로 들어간다는 것은 불가능한 일이었다.

"저기, 저 지붕으로 올라가는 계단을 이용하자."

한 친구의 제안에 다른 친구가 가닥을 잡았다는 듯 말했다.

"지붕을 뚫어. 나중에 고쳐 주면 되잖아. 먼저 사람이 살고 보아야지."

그곳 지방의 집들은 거의 단층집이었고, 지붕이 평평했다. 더운 여름 밤에는 지붕 위에 올라가 잠을 자기도 했다. 그들은 병자를 들것에 실은 채 조심조심 계단을 올라갔다.

그들은 병자를 내려놓고는 지붕을 뜯기 시작했다. 그리고는 병자가 누워 있는 담요 귀퉁이를 밧줄로 묶고, 밧줄을 조금씩 풀어 병자를 아래로 내려 보내기 시작했다. 그리하여 병자는 예수 바로 앞으로 보내졌다.

예수는 어떻게든지 친구를 구하려고 한 사람들의 우정에 감동을 받았다.

"당신의 죄가 용서되었소."

환자를 향한 예수의 첫마디였다.

그 방 안에 있던 사람들 중에는 바리새인들과 서기관 학자들도 끼여 있었다. 그들은 예수가 마치 하나님처럼 '죄가 용서되었다'고 말한 것을 듣고는 화가 났다. 그들은 수군거렸다.

"죄를 용서하는 것은 하나님만이 할 수 있는 일이 아닌가? 이건 명백한 신성모독이야. 안 그런가?"

"저 사람이 무슨 권리로 저런 말을 하지?"

그들은 나직하게 속삭였을 뿐이었지만, 예수는 그들의 속마음을 다 알고는 부드럽게 말했다.

"내가 저 환자에게 당신의 죄가 용서 받았다고 말하는 것과, 당신의 병이 나았으니 일어나 들것을 챙겨 들고 집으로 가라고 말하는 것 중 어느 것이 쉽겠소?"

강한 거부감으로 수군거리던 사람들은 예수를 빤히 바라볼 뿐 대꾸하지 못하였다.

"당신들은 나에게 죄를 용서할 권한이 없다고 생각하지요? 내게 땅에서 죄를 용서할 권한이 있음을 보여주겠소."

그리고는 중풍병자를 향해 말했다.

"일어나 들것을 챙겨가지고 집으로 가시오."

그러자 옴짝달싹 못하고 누워 있던 중풍환자가 거짓 환자였던 것처럼 자리를 털고 일어나 앉더니, 아무렇지도 않은 듯 자리에서 일어나더니 걸어 나가는 것이었다. 이 광경을 지켜본 사람들은 모두 놀라지 않을 수 없었다. 크게 뜬 눈들이 서로의 얼굴을 바라보다가 두려운 눈빛으로 예수를 주목하였다. 그들의 눈빛은 서로 말하고 있었다.

'저분은 하나님과 똑같아! 틀림없이 그리스도야!'

죄인의 친구요 안식일의 주인

세리稅吏와 죄인의 친구 마 9:9–13 ; 막 2:13–17 ; 눅 5:27–32

예수는 갈릴리 호숫가에서 군중을 향하여 설교한 후, 가버나움 큰 길로 들어섰다. 거기에는 통행세를 징수하는 세관이 있었다. 예수는 갑자기 발걸음을 멈추더니 세관에 앉아 있는 마태를 바라보면서 말했다.

"이제부터는 나를 따르도록 하시오."

친구를 부르듯 다정스러우나 거부할 수 없는 위엄이 서려 있었다. 마태는 자신도 모르게 엉거주춤 일어서더니 이내 그의 사무실을 떠나 예수를 따라나섰다.

마태도 예수를 알고 있었다. 직접 만난 적은 없지만, 가버나움에 살고 있는 베드로와 요한과 안드레 등이 예수의 제자가 되었다는 소식은 이미 들어서 잘 알고 있었다. 숱한 병자를 치유한 것도 이미 알고 있었다. 하지만 마태가 오늘 더욱 더 놀란 것은, 이스라엘의 모든 사람들이 죄인 중에서도 중죄인으로 간주하는 자신을, 세리인 자신을 친구처럼 불러준 점이었다.

마태는 의아했고, 당황했고, 그리고 감동했다. 예수의 뒤를 따르며 마음이

벅차올랐다. 그는 그날부터 들뜬 마음으로 예수를 따랐다.

어느 날, 마태는 예수와 그의 제자들을 집으로 초대하여 식사를 대접하였다. 세리의 집이라는 이유로 초대받은 사람들이 꺼림칙해할 것 같아 망설였으나, 예수는 흔쾌히 허락했다.

그날 예수는 세리들은 물론 죄인으로 취급받는 이방인들과 함께 식사를 함께 했다. 바리새파 사람들은 이것을 알고는 예수의 제자들에게 말했다.

"정말 이해가 안 되네. 당신 선생이라는 사람은 어째서 저런 사람들과 어울리는 거요?"

바리새인들은 세리와 창녀를 세상에서 가장 더러운 죄인으로 간주했다. 예수는 바리새인의 말을 듣고 직접 대답하였다.

"건강한 사람에겐 의사가 필요하지 않소. 의사는 병든 사람에게 필요한 법이오. 나는 의인을 부르러 온 것이 아니라 죄 많은 사람들을 부르려고 온 것이오."

내가 안식일의 주인 마 12:1–14 ; 막 2:23–3:6 ; 눅 6:1–11

날이 갈수록 예수는 바리새인들에게 위험한 존재로 비쳐졌다. 자신이 하나님이라도 되는 양 죄를 용서한다고 말하고, 죄인 중의 죄인인 세리를 제자로 택하고, 심지어는 안식일도 지키지 않는 경우가 적지 않았기 때문이었다. 바리새인들로서는 도저히 받아들일 수 없는 일들이었다.

어느 안식일이었다. 안식일은 금요일 해지는 시각부터 다음날 해지는 시각까지였다. 율법에는 그날을 거룩하게 지키라고 되어 있었다. 일하지 말고 쉬라고 되어 있는 율법에 대해 바리새인들은 시행세칙을 만들어 놓고 지키고 있었다. 사실, 어떻게 하루를 보내는 것이 거룩하게 보내는 것인지, 일을 하지 않는 범위는 어디까지인지 막연한 경우가 적지 않았다. 그래서 하나님이 주신 모법에 사람이 만든 시행세칙을 첨부하여 지켜 온 셈이었다.

안식일에 예수는 제자들과 함께 걷고 있었다. 마침 밀밭 사이를 지나게 되었다. 제자들이 앞장서서 길을 열었다. 그런데 어떤 제자가 밀 이삭을 손으로 잘랐다.

“저건 명백하게 안식일 법을 어긴 거야. 안식일에 곡식을 자르다니….”

“따져야 해. 못 본 체 할 일이 아닌 중대사야.”

결국 그들 중 한 명이 예수에게 항의하듯 물었다.

“지금 보셨지요? 당신의 제자가 안식일에 해선 안 되는 일을 하는 걸….”

예수는 고개를 끄떡이고 말했다.

“사람이 안식일을 위하여 있는 게 아니라 안식일이 사람을 위하여 있는 것이오.”

바리새인들이 어정쩡하게 바라보고 있을 때 예수가 말을 이었다.

“나는 안식일의 주인이오.”

그것은 곧 ‘내가 하나님’이라는 말이었다.

예수와 일행은 회당으로 들어갔다. 마침 거기 한쪽 손이 오그라든 사람이 있었다. 바리새파 사람들은 예수를 고발할 구실을 찾으려고 이렇게 물었다.

“안식일에 병을 고쳐 주는 것이 타당한 일입니까?”

“여러분에게 만약 양이 한 마리 있는데 안식일에 구덩이에 빠졌다면 어떻게 하겠소? 안식일이라고 해서 양을 내버려 두겠소? 말할 나위도 없이, 양을 구덩이에서 건질 것이오. 사람이 양보다 더 귀하지 않소? 그러니 안식일에 선한 일을 하는 것은 법에 어긋나지 않소.”

예수는 이어 손이 오그라든 사람에게 말했다.

“그 오그라든 손을 내미시오.”

그는 마음이 편치 않았지만, 손이 낫기를 간절히 바랐으므로 얼른 손을 내밀었다. 그러자 즉시 오그라든 손이 펴졌다.

바리새인들은 더 이상 예수를 용납해서는 안 된다고 생각하였다. 공공연히 율법을 어기는 이런 사람은 차라리 죽여 없애는 것이 낫지 않겠는가? 예수의 인기가 하늘을 치솟듯 높아가는 것과 비례하여 율법도 그만큼 경시되고 파괴되리라. 바리새인들은 그렇게 생각했다.

부름받은 예수의 12 제자들

베드로가 하루에 경험한 두 가지 기적 눅 5:1-11 ; 마 4:18-22 ; 막 1:16-20

갈릴리 호수는 밤이 되면 어부들의 세상이 된다. 낮보다 밤에 고기가 더 잘 잡히기 때문이다.

갈릴리의 어부들은 호수에서 밤을 보낸다. 지난밤에도 베드로와 요한과 야고보 등은 배 두 척을 나란히 띄우고 그 사이에 그물을 내렸다. 하지만 먼 동이 훤히 터올 때까지, 웬일인지 한 마리의 물고기도 잡지 못했다. 그 호수에서 고기잡이로 잔뼈가 굵은 그들로서는 도저히 이해할 수 없는 결과였다.

아침이 되자 극도의 피로감이 엄습해 왔다. 그들은 맥없이 호숫가에 앉아 찢어진 그물을 손질하고 있었다. 누구도 입을 열지 않았다.

그때 예수가 다가왔다. 꽤 많은 사람들이 이른 아침부터 그 뒤를 따르고 있었다.

"베드로, 당신의 배를 좀 빌리겠소. 내가 탈 테니 조금 띄워 주시오."

예수가 배에 오르자 베드로는 묵묵히 호숫가에서 배를 조금 밀어 넣었다. 예수는 뱃머리에 서서 호숫가의 사람들을 향해 설교를 시작하였다. 청중이 시야에 잘 들어오는 구도였다. 베드로 등은 어망의 손질을 대충 마무리한 후, 그 자리에 앉아 예수의 말에 귀를 기울였다. 호수 동편의 언덕 위로 떠오른 해가 눈이 부셨다. 오늘도 건조하고 뜨거운 하루가 될 것이다.

설교를 마친 예수가 다시 베드로를 불렀다. 베드로는 얼른 다가가서 배를 끌어다가 호숫가에 대었다. 예수가 배에서 내리며 귀를 의심케 하는 말을 하였다.

"깊은 데로 가서 오른편에 그물을 내리고 고기를 잡으시오."

당황한 베드로는 예수의 얼굴을 보더니 가까이에 있는 사람들을 둘러보았다. 그들도 예수의 그 말을 들었다. 해가 떠오를 때가 되면 어부들은 그물을 거두게 마련이다. 그런데 이제 와서 깊은 곳으로 가서 그물을 내리라니! 베드로는 누구보다도 갈릴리 호수와 거기 살고 있는 고기들의 종류와 생리를 잘 아는 어부였다.

'선생님이 내륙에서 목수로 살아온 분이니 뭘 모르시는군.'

그는 잠깐이지만 그런 생각을 하였다. 그러면서 예수의 얼굴을 보았다. 그의 말에 불응하면 선생님의 체면이 훼손될 것이다. 하지만 그가 일으킨 기적들이 번개처럼 머리를 스쳐갔다. 그는 전능하신 분이 아닌가.

"예, 선생님. 우리는 밤새도록 수고하였으나 물고기 한 마리 잡지 못하였습니다. 그러나 선생님의 말씀대로 깊은 곳으로 가서 그물을 내리겠습니다."

베드로는 다시 그물을 싣고 깊은 곳을 향해 노를 저었다. 베드로는 적당한 위치에서 배를 멈추고 그물을 던졌다. 원을 그리며 수면에 닿은 그물을 잠시 응시하던 베드로가 그물을 당기기 시작했다. 손바닥으로 감지되고 팔뚝으로 전해지는 힘, 그물에 가득 찬 생명체의 몸부림이 온몸으로 전달되어 왔다. 간신히 그물을 끌어올렸다. 그물이 터질 지경이었다. 호숫가 사람들이 놀라 소리

치며 갈채를 보냈다.

그는 하루에 두 가지 기적을 경험하였다. 밤새도록 그물을 내려도 한 마리의 물고기도 잡지 못한 것이 기적인데, 해가 떠오른 아침에 던진 그물에 그물이 터질 지경으로 많은 고기가 잡힌 것이다.

신바람이 난 베드로는 계속해서 그물을 던졌다. 번번이 그물이 가득 찼다. 마치 물고기 떼가 대기하고 있다가 그물 속으로 몰려 들어오는 것 같았다. 배는 잠깐 사이 물고기로 그득했다. 그는 호숫가를 향해 소리쳤다.

"요한, 배를 가지고 와!"

요한이 동생 야고보와 함께 배를 저어 왔다. 고기잡이는 계속되었다. 사람들은 그 자리에서 떠날 줄을 몰랐고, 두 배는 이내 만선이 되었다.

"주님!"

고기를 잔뜩 싣고 호숫가로 온 베드로는 신이 나기는커녕 오히려 침울해 보였다. 그는 배에서 내리자마자 예수 앞에 무릎을 꿇었다.

"주님, 제게서 떠나 주십시오. 저는 너무나 죄 많은 사람입니다."

베드로의 표정은 두려움으로 뒤덮였다. 예수는 아마도 자신의 깊은 곳에 은폐된 죄도 낱낱이 보고 계시리라.

"베드로, 두려워 마시오. 당신은 사람을 낚는 어부가 될 것이오."

베드로와 요한과 야고보는 만선의 고기를 그대로 둔 채, 발걸음을 옮기는 예수의 뒤를 따랐다.

열두 제자 막 3:13–19 ; 눅 6:12–16

예수를 따르는 무리가 날로 늘어났다. 수많은 환자들을 치유해 주고, 심지어는 예로부터 천형天刑으로 불리는 문둥병자도 그의 능력 앞에서는 순식간에 깨끗해졌다. 귀신들린 사람이 예수 앞에 가면 귀신이 그의 몸에서 나갔고, 자연조차도 그의 명령에는 순종했다. 그의 입에서 흘러나오는, 세상의 학문과 지식을 초월하는 하나님 나라의 메시지는 건조기에 내리는 단비처럼 사람들의 마음을 적셨다.

어느 날 예수는 홀로 산으로 올라가, 아무도 없는 곳에서 밤을 지새우며 기도하였다. 할 일은 많고 시간은 충분치 않았다. 그러므로 따르는 무리 중에서 제자들을 선택하여 자신을 대신하여 일하게 할 필요가 있었다.

날이 밝자 산에서 내려온 예수는 따르는 무리 중에서 자기의 뜻대로 열둘을 선택하였다.

베드로	충동적이고 열정적이며 활동적인 어부. 원래는 시몬이었으나 예수가 바꾸어 준 이름이다.
안드레	베드로의 동생이며 갈릴리 호수의 어부.
요한	세베대와 살로메를 부모로 둔 부유한 집 아들이며 어부. 과격한 성격으로 '보아너게(우레의 아들)'라는 별명도 있다.
야고보	요한의 형제로 어부. 제자 중 똑같은 이름이 한 명 더 있어 '큰 야고보'라고도 한다.
빌립	베드로와 고향 사람.
바돌로매	나다나엘과 동일인.
마태	레위라고도 불린다. 가버나움 세관의 세리 출신.
도마	디두모라고도 불렸다.
야고보	알패오와 마리아의 아들. 세베대의 아들 야고보와 구별하기 위해 '작은 야고보'라고도 한다.
시몬	과격한 극단적인 애국적 국수주의 단체인 열심당 당원.
유다	'다대오'라는 불린 야고보의 아들.
유다	가룟 지방 출신.

산상의 은혜로운 설교

사랑에 근거한 하나님의 법 마 5:1–12 ; 눅 6:20–26

그날은 한결 많은 사람이 예수를 따랐다. 밭에서 일하던 농부도, 집에서 일하던 주부도, 뛰놀던 아이들도 모여들었다. 병자도, 지체장애자도 있었다. 노인도 있고 청년도 있었다. 모두들 예수를 보고 싶어하였다.

예수는 군중들에게 하나님의 사랑을 전해주고 싶었다. 그러나 워낙 사람이 많은 데다가 계속 늘어나고 있어서 마땅한 장소를 잡을 수가 없었다.

예수는 산으로 올라갔다. 높은 곳에서 낮은 쪽을 향하여 말하면 사람들이 모두 그를 지켜볼 수가 있을 것이다. 갈릴리 호수 서북편의 야산에 오르자, 가버나움과 호수가 한눈에 들어왔다. 예수가 높은 곳에 자리를 잡고 서자 군중들은 그 아래쪽에 자리를 잡았다.

"마음이 가난한 사람은 복이 있습니다. 하늘나라가 그들의 것입니다. 슬퍼하는 사람은 복이 있습니다. 그들은 위로를 받을 것입니다. 온유한 사람은 복이 있습니다. 그들은 땅을 차지할 것입니다. 의로움에 주리고 목마른 사람은 복이 있습니다. 그들에게는 흡족할 날이 올 것입니다. 자비를 베푸는 사람은 복이 있습니다. 하나님이 그들에게 자비를 베푸실 것입니다. 마음이 깨끗한 사

람은 복이 있습니다. 그들은 하나님을 뵐 것입니다. 평화를 위하여 일하는 사람은 복이 있습니다. 그들은 하나님의 자녀라 불릴 것입니다. 올바른 일을 하다가 박해받는 사람은 복이 있습니다. 하늘나라가 그들의 것입니다. 나를 따른다는 이유로 모욕당하고 박해받고 터무니없는 말로 비난받는다면 오히려 행복해하고 즐거워하십시오. 그들이 받을 큰 상이 하늘에 마련되어 있습니다. 옛 예언자들도 이같이 박해를 받았다는 것을 생각하십시오."

헤아릴 수 없이 많은 사람들 위로 우람한 그의 목소리가 부드럽게 울려 퍼졌다.

율법의 완전한 해석 마 5:21–48 ; 눅 6:27–36

"살인이 무엇이오? 죽여야만 살인이오? 그렇지 않소. 마음에 미움을 품어도, 죽인다고 욕을 해도, 그것은 이미 살인한 것이오. 간음은 또 뭐지요? 불륜관계만이 간음인가요? 아닙니다. 마음에 음욕을 품은 것만으로도 이미 간음죄를 저지른 것이오. 눈이 죄를 짓게 하면 차라리 뽑아버리고, 손이 죄를 짓게 하면 차라리 그 손을 잘라 버리시오. 온전한 몸으로 지옥에 가는 것보다는 눈이나 손 하나 없는 상태로나마 천국에 가는 것이 훨씬 좋기 때문이오."

청중은 긴장하였다. 모세의 율법과 비교되지 않을 정도로 엄격한 예수의 법, 그것이 하나님의 법이라고 예수는 말하였다.

"나는 모세의 율법과 예언자들이 쓴 책을 없애러 온 것이 아니오. 없애러 온 것이 아니라 완성하러 왔습니다. 내가 진정으로 여러분에게 말합니다. 천지가 없어지더라도 율법은 일점 일획도 없어지지 않고 다 이루어질

것입니다. 아무리 하찮은 계명이라도 어기거나 어기도록 남을 가르치는 사람은, 하늘나라에서 가장 작은 사람이 될 것이오. 그러나 하나님의 율법을 가르치고 그 율법에 순종하는 사람은 하늘나라에서 큰 사람이라고 대접받을 것입니다.

모세의 율법에는 '눈에는 눈으로, 이에는 이로'라고 되어 있습니다. 그러나 내 말을 들으시오. 아무리 악한 사람에게도 보복하지 마시오. 보복은커녕 오른쪽 뺨을 때리면 왼쪽 뺨도 때리게 하시오. 용서하시오. 그것이 사랑이오. 일곱 번씩 일흔 번이라도 용서하시오. 하나님께서 그러기를 원하십니다. 억지로 오리를 가자고 하면 십리를 가 주시오. 달라는 사람에게는 주고, 꾸고자 하는 사람에게는 거절하지 마시오. 원수를 사랑하시오. 왜냐하면 하나님이 그들도 사랑하시기 때문이오. 여러분이 미워하는 사람에게도 하나님은 해를 비춰 주시고, 비를 내려 주시지 않습니까."

잔잔한 파도가 청중의 마음을 흔들고 있었다. 유명한 율법학자도 이렇게 가르친 적은 없었다.

"나를 사랑하는 사람을 사랑하는 건 누가 못하겠습니까. 그런 일은 하나님도, 율법도 모르는 그런 사람들도 하는 것이오. 하나님의 온전하신 뜻을 따른다면 원수도, 핍박하는 자도 사랑해야 합니다."

구제와 기도의 지침 마 6:1–6

"내가 누구를 도와주었다고 말하지 마시오. 좋은 일 하는 걸 사람들에게 알리지 마시오. 아무도 모르게 해야 하나님의 상을 받게 되오. 나의 오른손이 구제하는 걸 나의 왼손이 모를 정도로 은밀하게 하시오. 하나님은 그 은밀함을 다 보고 계신다는 걸 알아야 합니다. 기도도 마찬가지입니다."

기도는 그들의 생활의 일부다. 하루 세 차례 기도를 하도록 정해져 있고, 그 외에도 문제가 있거나 필요하다면 기도를 하게 되어 있다.

"골방에 들어가 문을 닫고 기도하시오. 은밀하게 기도하시오. 사람들에게 기도하는 모습을 보이려고 할 필요가 없습니다. 기도는 하나님께 하는 것이지 사람들에게 보이기 위한 것이 아니지 않습니까. 이말 저말 많이 하는 기도는 필요치 않습니다. 하나님께서는 기도하기 전에 이미 알고 계시기 때문입니다. 금식기도를 할 때도 마찬가지입니다. 금식을 한다는 티를 내지 마시오. 표가 안 나게 얼굴도 깨끗이 씻고 머리도 잘 다듬으시오. 기도의 응답은 사람이 주는 게 아니라 하나님이 주시는데, 하나님은 은밀한 가운데 보시고 들으십니다."

주의 기도문 마 6:9–13 ; 눅 11:2–4

"이렇게 기도하시오."

예수는 간략하면서도 마땅히 기도할 내용을 제시하였다.

"하늘에 계신 우리 아버지, 아버지의 이름이 거룩히 높임을 받으시며 아버지의 나라가 임하게 하소서. 아버지의 뜻이 하늘에서 이루어진 것같이 땅에서도 이루어지게 하소서. 우리에게 날마다 필요한 양식을 주시고 우리가 우리에게 죄지은 자를 용서하겠으니, 우리의 죄 또한 용서하소서. 우리를 유혹에 빠지지 않게 하시고 악에서 구하소서. 나라와 권세와 영광이 영원토록 아버지의 것입니다. 아멘."

의식주衣食住 문제 마 6:25–34 ; 눅 12:22–34

"사람들은 의식주 문제를 가장 심각하게 생각합니다. 생존 문제이니 그럴 수 있습니다. 그러나 내 말을 들으시오. 목숨이 음식보다 중요한가요? 의복이 몸보다 중요합니까? 저기 날아다니는 새들을 보시오. 파종도 않고 수확도 하지 않고 창고도 없지만 하나님께서 먹이시지 않소. 여러분은 새보다 귀한 존재들입니다. 염려한다고 키가 한 치라도 커지는 법은 없습니다. 입을 것에 대해서도 염려하지 마십시오. 저기 핀 아름다운 백합화를 보시오. 저절로 자라고 피지 않소. 솔로몬 왕을 생각해 보시오. 부귀영화와 권세를 누리면서 이 세상에서 가장 비싼 좋은 옷을 입었으나, 과연 저 아름다운 백합화 한 송이만 한가요? 오늘 피었다가 내일 아궁이에 던져질 꽃들도 하나님께서 이렇게 잘 돌보아 주시는데 하물며 사람에게는 어떻게 하시겠는가 생각해 보시오. 다 믿음이 없는 탓에 근심하고 걱정하는 것입니다. 그러므로 무엇을 입을까 무엇을 먹을까 염려하지 마시오. 하늘에 계신 아버지께서는 여러분에게 무엇이 필요한지 너무나도 잘 알고 계십니다. 하나님의 나라를 어떻게 이룰까, 하나님께서 원하시는 바른 일을 어떻게 실천할까 고민하면서 그분을 생활의 중심에 모시고 사십시오. 그러면 그분은 여러분에게 이 모든 것을 더불어 주실 것이오."

누구에게도 비판할 자격은 없다 마 7:1–5 ; 눅 6:37–42

"누구든지 남에게 비판 받는 건 싫은 일입니다. 그러면서 왜 남을 비판하지요? 비판 받지 않으려면 비판하지 않아야 합니다. 자기 눈에는 들보가 들어 있으면서 남의 눈에 들어 있는 티를 비난하는 건 옳지 않습니다."

기도는 응답된다 마 7:7–11 ; 눅 11:9–13

"아들이 빵을 달라고 하는데 돌을 줄 부모가 어디 있습니까? 생선을 먹고 싶다고 달라는데 뱀을 줄 사람이 어디 있습니까? 아무리 악한 사람이라도 자기 자녀에게는 좋은 것을 주려고 애쓰는데, 하물며 하늘에 계신 아버지께서 구하는 사람에게 어찌 좋은 것을 주시지 않겠습니까? 그러므로 구하시오. 그러면 주십니다. 찾으세요. 찾게 됩니다. 문을 두드리세요. 문이 열립니다."

열매를 보면 나무를 안다 마 7:15-29 ; 눅 6:43-49

"가시나무에서 포도를 딸 수는 없습니다. 엉겅퀴에서는 무화과를 따지 못합니다. 좋은 나무는 좋은 열매를, 나쁜 나무는 나쁜 열매를 맺습니다. 좋은 열매를 맺지 않는 나무는 찍혀져서 불에 던져지고 맙니다. 사람도 이와 같아서 그의 열매를 보고 그가 어떤 사람인지 알 수 있습니다. 입으로만 주여 주여 한다고 천국에 들어가는 것이 아닙니다. 하나님의 뜻대로 사는 사람이 천국에 들어갑니다. 사람들이 나는 주님의 이름으로 귀신을 쫓아냈다거나, 주님의 이름으로 예언자 노릇을 했다거나, 주의 이름으로 많은 권능을 행하였다고 내게 말할지라도, 내가 분명히 말해 둡니다. 나는 그들에게 '나는 당신들을 전혀 알지 못하니, 물러가시오.'라고 말할 것이오."

예수는 오랫동안 쉬지 않고 말했다. 태양이 중천을 훨씬 지나고 있었다.

"결론적으로…."

예수는 청중을 주욱 둘러보며 말을 이었다.

"내가 말한 대로 사는 사람은, 그 집을 반석 위에 지은 지혜로운 사람과 같아서 비바람이 휘몰아쳐도 든든하게 서 있을 것이오. 하지만 내 말을 듣고도 실천하지 않은 사람은 모래 위에 집을 지은 미련한 사람 같아서 조금만 비바람이 쳐도 그 집이 무너질 것이오."

거기 모인 많은 사람들은 예수의 가르침이 머리 지식에서 나온 것이 아니라 하늘에서부터 오는 것임을 한결같이 느끼고 있었다. 율법 교사들이 가르치는 것과는 달리 마음에 큰 울림이 왔기 때문이다.

믿음, 생명, 소망의 사역

버림받은 비천한 나병환자 마 8:2-4 ; 막 1:40-45 ; 눅 5:12-16

산에서 내려오자 여전히 많은 무리가 뒤따랐다. 그런데 한 사람이 유별나게 그 무리에 끼어들지 않고 저만치 거리를 둔 채 따라오고 있었다. 거리가 있는데도 매우 남루하여 한눈에 걸인임을 알아볼 수 있었다. 그가 사람들에 접근하지 않는 것을 보면 아마도 나병환자일 것이다. 나병에 걸리면 가족과 마을에서 격리되어 성 밖의 일정한 장소에서 살아가야 했다. 비천하고 괴로운 인생이었다.

그는 나병환자였지만, 소망을 지니고 있는 환자였다. 예수를 만나기만 하면 이 혹독한 병을 고칠 수 있으리라는 믿음이 있는 사람. 어떻게든지 그를 만나기만 하면, 이 두터운 족쇄를 벗어던질 수 있으리라. 기회를 보아 예수에게 다가갈 작정이었지만, 모두가 그의 접근을 방해할 것이다. 율법에 따르면 그렇게 하는 것이 마땅한 일이었다. 하지만 다시는 이런 기회가 오지 않을 수도 있다. 그는 다짜고짜 예수 앞으로 달려가 길을 막았다. 그리고 엎드려 절하면서 애원하였다.

"주님, 주님이 원하시면 저를 깨끗하게 하실 수 있으십니다. 저를 살려 주십시오."

예수는 거리낌 없이 그 남루한 사람에게 손을 얹어 주었다. 주변 사람들의 눈살이 찌푸려졌다. 그들의 율법은 나병환자에게 손을 대지 못하도록 금하고 있다.

"내가 원하니, 깨끗해지시오."

바로 그 순간이었다. 똑바로 바라볼 수 없을 정도로 혐오감을 일으키던 나병환자의 피부가 새하얗게 변한 것은.

"아무에게도 말하지 말고 제사장에게 가서 보이도록 하시오."

나병의 진단도, 완치 여부를 판단하는 것도 제사장의 몫이었기 때문에 제사장에게 가라고 한 것이다.

죽은 자를 살리다 눅 7:11–17

나사렛에서 남동쪽 9km에 자리한 나인 성은 갈릴리 지방에 속했다. 어느 날 예수가 제자들과 함께 나인 성 성문 가까이 이르렀을 무렵, 성에서 나오는 장례식 행렬과 마주쳤다. 죽은 자의 관을 앞세운 행렬 속에서 가슴이 미어지도록 우는 한 여인이 있었다. 아들 하나를 보고 살아오다가 그 아들을 잃은 과부 어머니의 슬픔이 오죽하랴.

"그만 우시오."

딱하게 여긴 예수가 여인에게 다가가 부드럽게 말했다. 여인이 얼굴을 들었다. 낯선 젊은이가 염려하는 눈빛으로 자기를 보고 있었다. 그 남자의 뒤로는 낯선 사람들이 시야에 들어왔다. 자기에게 말해 준 남자의 뒤를 따르는 사람들이 분명하였다. 일순간 소문으로 들어온 예수라는 사람이 아닐까 하는 생각이 스쳤다. 그러나 말할 기회가 없었다. 예수가 앞으로 몇 걸음 나가서 관 옆에 멈추더니 관 위에 손을 얹었다. 행렬은 그 자리에 멈추어 섰다.

"청년아, 내가 네게 말한다. 일어나라!"

죽은 자를 향한 명령이었다. 사람들은 너무나 의아해서 입도 열지 못한 채 지켜보고 있었다. 그들 역시 저 사람이 온갖 병을 고친다는 나사렛 사람 예수

일지도 모른다고 생각했다. 가나에서, 가버나움에서, 예수와 기적은 마치 동의어처럼 번져나갔기 때문이다.

예수의 말이 떨어지자마자 놀라운 일이 벌어졌다. 관 뚜껑을 두드리는 소리가 났고, 관은 즉각 바닥에 내려졌으며, 사람들은 즉시 뚜껑을 열었다. 그 안에 산 자가 있다는 확실한 사실이 밖으로 전달되었기 때문이다.

죽었던 청년이 몸을 일으켰다. 마치 산 사람을 관 속에 넣어 두었던 것 같았다. 청년은 먼저 어머니를 불렀고, 예수는 그 어머니에게 당신 아들이 살아났다는 것을 표정으로 알렸다.

이 광경을 목격한 사람들은 큰 두려움으로 하나님께 영광을 돌리며, 하나님께서 위대한 예언자를 우리에게 보내주셨다고 하였다. 어떤 사람은 '하나님께서 사람의 모습으로 우리 앞에 계신 거야!'라고, 벅찬 감동으로 외쳤다.

죽은 자를 살린 기적으로 인해 예수의 소문은 더 빠르게 더 멀리 확산되었다.

풍랑을 꾸짖으니 마 8:23-27 ; 막 4:35-41 ; 눅 8:22-25

예수는 갈릴리를 무대로 계속 활동했다. 예수가 있는 곳이면 어디든 사람들이 몰려들었다.

예수는 사람들에게 알아듣기 쉽도록 비유를 들어 천국과 하나님에 대해 가르쳤다. 그날도 해가 지려 하는데도 사람들은 흩어져 갈 생각이 없는지 예수 주변에 머물러 있었다.

"저쪽으로 건너가자."

예수가 갈릴리 호수의 남동쪽을 가리켰다. 곧 배가 준비되었고, 예수와 제자들만 배에 올랐다.

그러자 다른 사람들도 몇 척의 배에 타고 예수의 배를 따랐다. 예수는 피곤한지 뱃고물을 베고 누웠고, 물결에 흔들리며 이내 잠이 들었다.

얼마 안 가서 제자들은 긴장하기 시작했다. 어부들도 섞여 있었지만 그들도 불안해 보였다. 배가 지나칠 정도로 흔들렸기 때문이다. 바람이 세차게 불어왔고, 파도가 일렁거렸다. 심상찮은 풍랑이었다. 날은 어두워 가는데 거친 물결이 배를 때리며 안으로 넘쳐 들어와 제자들의 옷을 적셨다. 노를 젓는 제자들은 힘에 부쳐 노에 매달린 모습이고, 겁에 질린 제자들은 이런 비상 사태에서도 여전히 깊은 잠에 빠져 있는 예수가 이해되지 않을 뿐만 아니라 원망스럽기까지 하였다.

갈릴리 호수를 무대로 살아온 어부들도, 이렇게 거친 풍랑은 처음이었다. 호수는 최심부가 60여 m나 되고, 남북의 길이가 21km 정도, 동서의 폭은 가장 넓은 곳이 13km 가까이 되어, 면적이 166km^{2}에 달한다. 수면은 서쪽의 지중해 해수면보다 210m나 낮았다. 북으로 해발 2,800여 m에 육박하는 헤르몬 산이 발원지인데, 맞은편에는 레바논 산맥이 솟아 있어 그 두 산의 협곡이 갈릴리 호수로 이어져 요단 강과 그 남부의 사해를 지나 멀리 남단의 아카바 만에 이른다. 홍해와 만나는 깊은 골짜기인 셈이다.

특수한 지형과 호수의 위치상 내륙인데도 예고 없이 돌풍이 일어나는 경우가 적지 않았으나 이토록 무서운 바람과 풍랑은 처음이었다. 제자들은 모두 사색이 되었다.

"선생님을 깨워. 다 죽겠어. 배에 물도 들어오고…."

한 제자가 공포에 질려 절규하듯 소리쳤다.

"주님, 우리가 죽겠습니다. 일어나셔서 우리를 구원하소서!"

제자들이 예수를 흔들어 깨웠다. 소란에 잠이 깨어 일어난 예수는 제자들을 둘러보며 말했다.

"왜 이렇게 무서워들 하는가? 아직도 믿음이 없는가?"

예수는 지체하지 않고 바람과 풍랑을 향하여 마치 하인을 꾸짖듯 명령하였다.

"잠잠하라. 고요하라."

그러자 즉시 바람이 잠들고 풍랑은 고요해졌다.

제자들은 눈이 휘둥그레져서 예수를 바라볼 뿐 누구도 감히 입을 열지 못했다. 잠시 후 누군가가 독백하듯 중얼거렸다.

"저분이 누구시기에 바람과 바다도 순종한단 말인가!"

제자들은 예수에게서 풍랑보다 더 큰 두려움을 느꼈다. 예수, 그들의 스승, 저 분은 과연 누구인가. 하나님이 아니고서야 어떻게 바람과 파도에게 잠잠하라고 명령을 할 수 있단 말인가.

귀신과 돼지 마 8:28–34 ; 막 5:1–20 ; 눅 8:26–39

배는 예수가 지시한 대로 호수 건너편인 가다라('거라사'라고도 함)에 닿았다. 예수와 제자들은 배에서 내려 걷다가 얼마 후 걸음을 멈추었다. 옷이 걸레처럼 남루하고 머리는 몇 달씩 감지 않아서 멧돼지 털 같고, 얼굴 역시 전혀 씻지 않은 듯 더럽기 짝이 없는 두 사람이 예수 앞으로 오더니 엎드려 절을 하는 것이었다.

두 사람은 그곳 일대에서 모르는 사람이 없을 정도로 유명했다. 공동묘지에 살면서 큰 소리를 질러대기 일쑤였고, 힘이 장사 이상이어서 아무도 당해낼 수가 없었다. 무서워서 그곳을 지나다닐 수 없는 주민들이 힘이 센 장정들을 보내어 쇠사슬로 묶고 쇠고랑을 채워 보았으나 허사였다. 사납게 몸부림치면서 쇠사슬을 끊었고, 쇠고랑을 깨뜨려 던져버렸다. 더 굵은 쇠사슬을 사용해 보았지만 그것도 허사였다. 엄청난 힘을 누구도 당해낼 수 없었다. 그러한 그들이 예수가 배에서 내리는 모습을 보고는 앞으로 달려와서 그 앞에 무릎을 꿇은 것이다.

"지극히 높으신 하나님의 아들 예수여…."

잔잔한 호수에 파도라도 일으킬 것 같은 큰 목소리에 제자들은 놀라서 움찔했다. 거지 중에서도 상거지 모습에다, 옷 사이로 노출된 피부는 돌 같은 것으로 심하게 자해한 흔적이 뚜렷했다. 누구에게서도 볼 수 없었던 소름끼치는 눈빛, 땅을 흔드는 고함소리 같은 말소리는 모든 사람을 질리게 하였다. 그러나 예수는 태연한 모습으로 명령하였다.

"더러운 귀신아, 이 사람들에게서 나오라."

미친 두 사람의 큰 목소리에 비하면 터무니없이 낮은 목소리였다. 그러나 주변 사람들은 다 들을 수 있을 만큼 단호한 소리였다.

"나와 당신과 무슨 상관이 있습니까? 부탁이니, 하나님 앞에 맹세하고 나를 괴롭히지 마소서."

차라리 애원이었다.

"네 이름이 무엇이냐?"

두 사람 속에 있는 귀신을 향한 물음이었다.

"우리는 군대입니다. 우린 숫자가 많습니다. 제발 여기서 우리를 쫓아내지 마시고 그냥 살게 해주십시오."

그러나 예수의 의지는 단호했다. 그들 속에 떼지어 살고 있는 군대귀신을 그들에게서 쫓아내겠다는 예수의 뜻은 확고했다. 귀신들도 알아챈 듯 다시 애원하였다.

"차라리 우리를 저 돼지에게 들여보내 주십시오."

그리 멀지 않은 산비탈에서 돼지 떼가 풀을 뜯어먹는 모습이 보였다. 2천여 마리쯤은 되었다.

"그렇게 하여라."

예수의 허락이 떨어지는 순간, 기이한 광경이 연출되었다. 떼지어 있던 돼지들이 갑자기 미친 듯이 비탈로 내리달아 호수로 곤두박질치는 것이었다. 돼지들의 몸부림치는 자살이라고나 할까. 순식간에 2천여 마리의 돼지가 갈릴리 호수 남동쪽 수면에 떨어져 죽었다. 그것만 놀라운 것이 아니었다. 떼귀신이 들려 있던 두 사람은

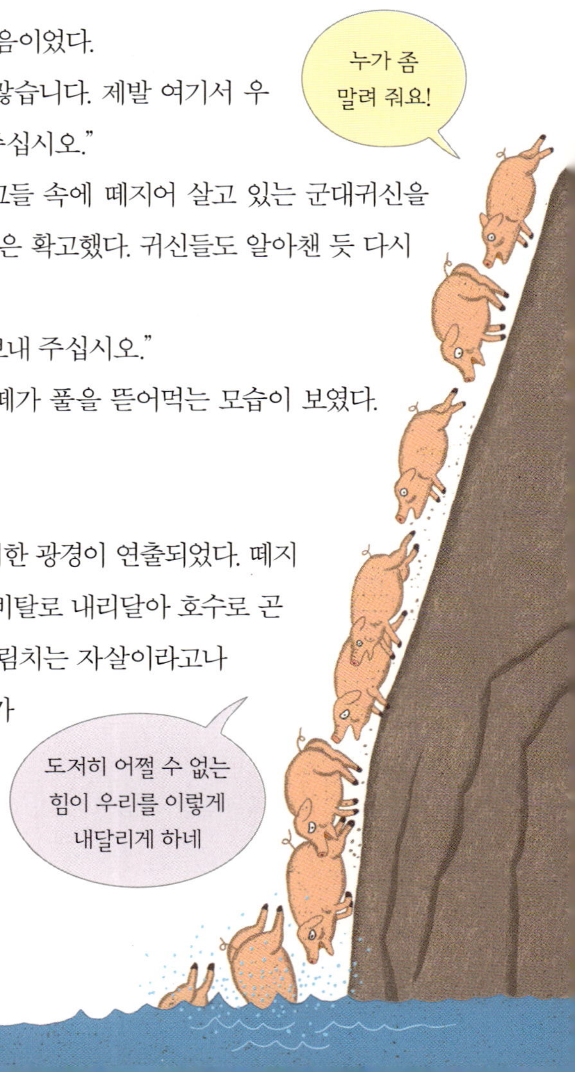

우리가 언제 미쳤었냐는 듯 멀쩡한 모습으로 변하였다.

정말 기절할 듯 놀란 사람들이 또 있었다. 산비탈에서 돼지를 치던 사람들이었다. 돼지 떼가 몰살되는 광경도 놀랍고, 사납게 미친 두 사람이 제정신으로 돌아온 것도 놀랍고, 이렇게 만든 예수라는 사람은 너무나 두려웠다. 그들은 미친 듯이 마을로 달려갔다. 그리고는 그들이 경험한 일들을 소리쳐 알렸다. 사람들은 도무지 믿어지지 않는다는 표정이었지만, 저 호들갑 떠는 증인들의 겁먹은 얼굴과 떨리는 말소리를 들으니 의심할 수가 없었다. 결국 잠깐 사이에 많은 이들이 그들을 따라 현장으로 달려갔다.

그들은 그리로 가면서 의견의 일치를 보았다. 귀신을 쫓아낸 그 사람을 그대로 방치해서는 안 되겠다고. 이미 2천여 마리의 돼지를 잃었는데, 앞으로 또 무슨 일이 생길지 모른다. 그들은 예수 일행을 만나자 정중하게 간청하였다.

"제발 부탁입니다. 우리 고장에서 떠나 주세요."

예수는 대답 없이 돌아섰다. 예수가 다시 배에 오르려 하자 귀신 들렸던 두 사람이 간청하였다.

"우리도 따라가겠습니다. 허락하여 주십시오."

"안 되오."

예수는 배에 올라 말을 이었다.

"당신들은 가족에게 돌아가시오. 가서 주께서 당신들을 불쌍히 여기시어 은혜를 베풀어 주셨다고 이야기해 주시오."

열두 살 소녀의 죽음 마 9:18–26 ; 막 5:21–43 ; 눅 8:40–56

가버나움 회당은 그 고장에 주둔하게 된 로마군 백부장의 적극적인 도움으로 새로 지어진 건물이었다. 회당장은 회당의 대표요 그 고장의 어른이다. 그는 회당에서 예수를 만난 적이 있고, 더구나 손이 오그라든 사람을 고쳐 주는 장면을 직접 목격하였다. 가버나움 회당장 야이로는 그 후에도 끊임없이 예수에 대한 소문을 듣고 있었다. 그는 예수에게 두려움과 존경심을 동시에 품고 있었다. 백부장 하인의 중풍을 치료한 이야기, 헤롯 안디바 왕의 신하의 아들을 치료한 이야기 등은 경이로웠다. 그는 분명 예사 사람이 아니었다.

그는 예수가 돌아오기를 기다리고 있었다. 예수가 하나님이 보내신 위대한 예언자라는 사실은 의심의 여지가 없었다. 어쩌면 사람의 모습으로 오신 하나님, 바로 그분일지도 모른다. 그러나 하나님에 대해 가장 많이, 그리고 깊이 안다는 바리새파의 서기관들이나 율법학자들 대부분이 예수를 율법 파괴자요 이단자인 양 간주하고 있어 회당장의 입장에서는 예수를 공개적으로 지지할 수가 없는 형편이었다. 하지만 그는 어제부터 예수를 간절히 기다리고 있었다. 열두 살짜리 어린 딸이 병들어 누웠는데, 급격히 악화되어 금방이라도 죽을 것 같았다. 그는 예수에게 희망을 걸고, 예수가 나타났다는 소식이 들려오기만을 기다리고 있었다.

"그가 왔습니다."

하인 하나가 마당으로 들어서며 안절부절못하는 회당장에게 보고하였다. 주인이 짧게 되물었다.

"어디냐?"

야이로는 급히 하인을 앞세우고 예수가 있는 곳으로 갔다. 떼귀신을 쫓아낸 거라사에서 돌아온 예수는 호숫가의 군중 앞에 서 있었다. 회당장은 위신이고 체면이고 다 잊은 듯 자기를 알고 있는 많은 사람들 앞에서 예수의 발아래에 엎드렸다.

"제 어린 딸이 죽게 되었습니다. 저의 집으로 가셔서, 딸에게 손을 얹어 주십시오. 제발 거절하지 말아 주십시오."

"일어나시오. 나와 함께 집으로 갑시다."

흔쾌하게 하락한 예수에 앞서서 회당장이 걸음을 재촉하였다. 촌음을 다투는 위기였다. 그러나 많은 사람들 때문에 속도를 낼 수 없었다. 앞과 뒤와 옆으로 온통 사람들이 에워싸고 있어서 쉽사리 전진할 수 없었다.

설상가상으로 예수의 걸음을 멈추게 하는 사건이 일어났다. 12년이나 하혈下血이 계속되어 고통 속에서 살아온 한 여인이 끼어든 것이다. 여인은 병을 고치려고 12년 동안 수많은 의사를 찾아다녔고 좋다는 약을 다 써 보았으나 효과가 없었다. 많지도 않은 재산만 사라졌다. 여인이 군중 속에 끼어들어 허락도 없이 예수의 옷자락에 손을 댄 것이다. 사람이 너무 많아 자기에게 기회가 올 수 없다는 판단도 섰지만, 그보다는 여인만의 부끄러운 병을 고쳐 달라고 말할 용기가 나지 않았다. 그녀는 아무도 모르게 슬쩍 예수의 옷을 만졌다. 그렇게라도 하면 이 몹쓸병이 나을 것이라고 믿었다. 그녀의 확신대로였다. 손을 댄 순간, 여인은 흘러내리던 피가 근원에서부터 말랐다는 사실을 몸으로 느낄 수 있었다.

그 순간 예수가 발걸음을 멈추며 말했다.

"내 옷에 손을 댄 사람이 누구요?"

주변 사람들은 저마다 나는 아니라고 머리를 저었다.

"주님, 지금 이렇게 사람들이 많으니 누구의 손이든 닿을 수 있지 않겠습니까?"

그러나 예수는 주변을 둘러보며 말했다.

"아니오. 지금 내 몸에서 능력이 빠져나갔소."

예수만이 느끼는 감지 능력이었다. 여인이 숨길 수 없음을 알아채고 도둑질하다 들킨 사람처럼 잔뜩 움츠러든 채 예수 앞으로 나와 엎드려 자신이라고 고백하였다. 예수는 그녀를 책망하지 않았다.

"당신의 믿음이 당신을 낫게 하였소. 두려워하지 말고 평안히 가시오. 당신은 건강하게 살아갈 것이오."

시간이 지연되는 게 조바심 난 야이로는 그렇다고 재촉할 수도 없어 지켜볼 수밖에 없었다. 여인이 그곳을 떠나자 그들은 다시 야이로의 집을 향해 움직이기 시작했다. 바로 그때 야이로의 집에서 달려온 하인이 황급히 말했다.

"따님이 죽었습니다. 예수님을 모시고 갈 필요가 없어졌습니다."

"두려워하지 말고 믿기만 하시오."

하인의 소리를 옆에서 들은 예수가 회당장에게 말했다.

"그러면 당신 딸이 살아날 것이오."

예수는 포기하지 않고 회당장의 집으로 향했다. 회당장은 예수의 말에 용기를 얻어 부지런히 발걸음을 옮겼다.

집 앞에 도착하자 이미 죽음의 분위기가 풍겨 나왔다. 동네 사람들이 모여들어 집 안이 붐볐으며, 슬픈 노래가 연주되고 있었다. 곡소리가 흘러나왔다. 의심의 여지없이 초상집, 그대로였다.

집 안으로 들어선 예수가 주위를 둘러보며 말했다.

"울지 마시오. 아이는 죽은 것이 아니라 자는 것이오. 소란을 피우지 마시고, 다들 밖으로 나가시오."

잠든 아이가 깨지 않도록 배려하는 듯한 말투였다. 죽음을 확인한 사람들이 그 소리에 노골적으로 비웃었다. 그러나 예수는 사람들을 다 내보낸 다음 소녀의 부모와 세 제자, 베드로와 요한과 야고보만 데리고 소녀가 앓다가 죽어 있다는 방으로 들어갔다.

침상 위에는 조금 전까지도 심한 고열로 얼굴이 붉게 달아올랐던 소녀가 누가 보아도 창백한 주검으로 누워 있었다. 소녀는 숨을 쉬지 않았다. 두 손은 가슴에 가지런히 포개어져 있었다. 이 명백한 주검 앞에서 예수는 조금도 주저하지 않고 시신의 손을 잡더니 부드럽게 말했다.

"소녀야, 일어나라!"

나인 성 과부의 죽은 아들이 살아났던 것처럼, 소녀의 영혼이 돌아왔다. 마치 푹 자고 깨어난 소녀처럼 맑은 눈으로 사람들을 바라보던 소녀가 일어나 앉았다.

"아이에게 먹을 것을 주시오."

여러 날 동안 제대로 먹지 못해 매우 배가 고플 아이에게 당장 필요한 것은 맛있는 음식이었다.

그날 밤, 회당장 야이로의 집안에는 훈훈한 기운이 감돌았다. 사람들은 죽었다가 살아난 소녀를 에워싸고 주 예수를 찬양하며 이야기꽃을 피웠다.

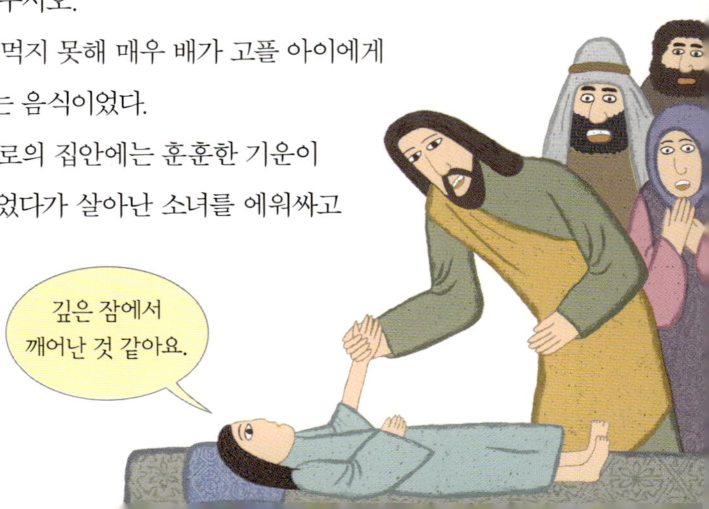

살로메의 춤과 세례 요한의 최후

열두 제자의 파송 마 10:1-15 ; 막 6:7-13 ; 눅 9:1-6

예수는 복음을 널리 전파하기 위해 열두 제자를 전국 각지로 보내기로 하였다. 예수는 그들에게 귀신을 쫓아낼 능력과 병 고치는 능력을 주었다. 이 두 가지 능력을 사용하면서 하늘나라의 복음을 전하면 그 효과가 클 것은 자명한 일이었다. 예수를 따르는 수많은 군중들도 대부분은 예수의 이 두 가지 능력 때문이었다. 그러한 능력은 또한, 천국에 대한 복음이 하나님으로부터 온 것임을 입증하는 방편도 되었다.

제자들에게 두 가지 능력을 주면서, 예수는 세 가지 지침을 주었다. 제자들이 반드시 지켜야 할 행동강령 같은 것이었다.

첫째는 여행을 위하여 아무것도 갖고 다니지 말라는 것이다. 돈도, 빵도, 지팡이도, 갈아입을 두 벌 옷도 금하였다. 병을 고쳐 주면 감사의 사례를 할 사람도 있겠지만, 그런 경우에도 그 돈을 받아서는 안 된다. 돈주머니를 소지해서는 안 된다고 한 것은 그것을 사전에 차단하기 위함이었다. 복음은 금전으로 거래될 수 없다. 복음 사역은 오직 믿음으로 할 것이다.

둘째는 어느 집에 들어가든 그 집에서 자라는 것이다. 집이 누추하다든가 불편하다는 이유로 잘 사는 집으로 옮길 생각을 말라는 지침이다. 어떤 상황이든 만족하고 감사하지 않으면 복음을 전하러 다닐 자격이 없다.

셋째는 어디서든지 복음을 거부하는 사람들을 만나거든 그곳에서 떠나라는 것이다. 성읍이면 그 성읍에서 나가고, 집이면 그 집에서 나가되, 떠날 때 문 밖에서 신발에 묻은 흙조차 떨어버리라고 하였다.

길을 떠난 제자들은 능력을 사용하고 지침을 준수하면서, 천국이 가까웠으니 회개하라고 복음을 전하였다. 그들이 가는 곳마다 귀신은 떠나가고 여러 종류의 병자들이 치유되는 기적이 나타났다.

예수와 그 제자들의 능력은 빠른 속도로 더 넓은 지역으로 확산되었다.

잔인한 공주 살로메 마 14:1–12 ; 막 6:14–29

예수와 제자들의 불가사의한 능력은 헤롯 안디바의 귀에도 들어갔다. 그는 아기 예수를 죽이기 위해 베들레헴의 두 살 이하 남자 아기를 모조리 죽이라고 학살 명령을 내렸던 헤롯 대왕의 아들이었다. 헤롯 안디바는 아버지가 죽으면서 나누어 준 한 부분의 영토를 다스리는 분봉왕으로 군림하고 있었다. 갈릴리 지방과 갈릴리 호수 남단의 동편 지역, 즉 요단 강 동편 지역인 데가볼리가 포함된 베레아 지방의 왕이 된 것이다.

그의 궁전은 두 곳에 있었다. 하나는 갈릴리 호수 남서쪽의 디베랴에 있었고, 다른 하나는 데가볼리 지방의 최남단인 사해의 북동쪽 끝부분에 위치한 마케루스에 있었다. 두 도시는 직선거리로 110km쯤 되었다. 그의 신하들은 갈릴리에도 있었고 마케루스에도 있었다. 마케루스는 갈릴리 호숫가에서 일어나는 일들에 대한 정보가 한 박자 늦을 수밖에 없었다.

헤롯 안디바 왕은 예수와 그의 제자들에 대한 이야기를 듣고는 크게 놀랐으며, 몹시 두려워하였다. 왜냐하면 그가 처형한 세례자 요한이 부활한 것처럼 느껴졌기 때문이었다. 죽은 요한이 더욱 더 강한 요한으로 다시 살아난 것만 같았다.

그는 사실 세례자 요한을 죽일 생각까지는 하지 않았다. 보고에 의하면 그는 예언자 같은 사람이었다. 그의 행위는 종교적인 것이었지, 정치와는 상관이 없었다. 그러던 어느 날 대단히 불쾌하고 난처한 보고가 들어왔다. 자신이 왕비를 쫓아 보내고 이복동생 헤롯 빌립의 아내 헤로디아를 빼앗아 왕비로 삼은 것을 요한이 공개적으로 비난했다는 보고였다. 백성에게 영향력이 큰 요한이 군중 앞에서 자신과 헤로디아의 부도덕한 관계를 비판하였으니 보고를 받고도 모른 체할 수가 없었다. 헤롯 안디바는 엘리야 같은 예언자를 박해하고 싶지 않았다. 그런데 정작 화가 나서 참을 수 없는 사람은 안디바와 부부로 지내는, 사실상의 왕비 헤로디아였다.

"요한이라는 그 미친 녀석을 당장 제거하지 않으면 왕실의 존립이 어려워질 겁니다. 왕과 왕비를 공개적으로 비난하는 인간이 버젓이 살아 있다면 왕실의 권위가 유지될 수 없습니다. 왕실을 모욕하면서도 활보하는 자가 있는데 어떤 백성이 왕을 두려워하겠습니까. 당장 처형하셔야 합니다."

왕비 헤로디아의 하늘을 찌를 듯한 분노를 달랠 길 없었다. 헤롯 안디바는 은근히 두려워하면서도 세례자 요한을 체포하여 마케루스 감옥에 가두었다. 헤로디아는 요한을 처형할 것을 재촉했지만, 헤롯 안디바는 죽이고 싶지 않아서 다독거렸다.

"지하 감방에 유폐되었으니 그는 살아 있으나 죽은 자나 마찬가지요. 말할 상대조차 없으니, 저대로 내버려 둡시다."

헤롯은 두어 번 요한을 불러내어 재판의 형식을 빌어 그의 말을 들었다. 그가 내린 결론은, 요한이 소문대로 엘리야 같은 예언자라는 것이었다. 그래서 그는 마음으로 다짐하였다.

'요한을 죽이는 건 안 돼. 난 그를 죽일 수 없어. 그는 틀림없이 하나님의 사람이야.'

그러나 얼마 안 되어 왕은 끔찍한 실수를 저지르고 말았다.

그날은 왕의 생일이었다. 왕은 전례대로 신하들과 천부장 이상의 고급 장교들, 귀족들을 마케루스의 왕궁으로 초대하여 연회를 베풀었다. 특히 아름다운 미모와 매력을 듬뿍 지닌 새 왕비를 환영하고 축하하는 의미도 포함되었으므로 어느 때보다 호화판 잔치를 벌였다. 고급 포도주와 춤추는 무희들로 연회는 시간이 흐를수록 흥을 더해 갔다.

음악과 술과 춤으로 여흥이 무르익었을 때였다. 무희들의 춤이 끝나면서 퇴장한 후 잠시 고요해진 무대에 살로메가 홀로 등장하였다. 새 왕비 헤로디아가 전남편 빌립에게서 낳은 공주였다. 공주의 속살이 보일듯 말듯 넘실거리는 의상과 열정적인 춤은 손님들의 숨을 죽이게 하였다. 청순하면서도 관능적인 몸놀림이 돋보였다. 살로메는 타고난 미모와 매력을 춤으로 마음껏 발산하고 있었다. 헤롯 안디바도 다른 사람들처럼 그녀에게 완전히 반해버리고 말았다. 아내의 전남편의 딸, 다시 말하자면 이복동생의 딸이니 조카딸인데도, 평소 보던 모습과는 너무도 달랐다. 그녀의 매력이 새삼 가슴을 두근거리게 했다. 그는 거나하게 취해 매우 기분이 좋았다. 살로메를 위해서라면 이 나라를 주어도 아까울 게 없다는 생각이 들 정도였다.

거센 풍랑을 연상시키는 듯한 그녀의 격렬한 춤이 끝나자 모두들 넋을 잃은 듯 바라볼 뿐이었다. 살로메는 가쁜 숨을 몰아쉬며 왕 앞에 가까이 다가갔다. 축하의 인사를 위해서였다.

"살로메, 과연 아름답구나. 여기 있는 모든 신하들과 귀족들이 너의 춤에 매료되어 박수치는 것도 잊은 것 같다."

어찌나 격렬한 춤이었던지 숨이 가라앉지 않아 축하의 인사도 못하는 살로메에게 왕은 거듭 치하를 보냈다.

"공주의 춤은 정말 대단하구나. 멋진 춤을 모두에게 선물해 준 공주에게 나도 무엇이든 주고 싶구나. 무엇을 주랴? 원하는 것을 말해 보아라. 그것이 무엇이든, 나라의 절반이라도 떼어 주겠다."

"잠시 시간을 주시면 소원을 말씀드리겠습니다."

"그야 어렵지 않지. 좀 생각해 보고 말해라. 달라는 것은 무엇이든 주마."

살로메는 어머니 헤로디아에게 가서 자문을 구하였다.

"어머니, 무얼 달라고 할까요? 무얼 달라고 하든 다 주실 것 같아요."

헤로디아는 의미 있는 미소를 입가에 보이며 속삭이듯 말했다.

"신하들 앞에서 약속했으니 반드시 네 소원을 들어주실 거다."

"그럴 것 같아요. 어머니, 무엇을 달라고 하죠?"

"왕실을 모독한 그 미친놈의 목을 달라고 하여라."

"세례 요한의 목을요?"

헤로디아는 말없이 고개를 끄떡였다. 살로메는 잠시 섬뜩하다는 생각을 하였으나, 이내 편안한 마음으로 돌아갔다. 내 어머니를 모독한 것은 곧 나를 모독한 것이라는 생각이 들기도 하였다.

살로메는 중얼거리며 다시 왕 앞으로 갔다.

"무엇이든 원하는 것을 주신다고 약속하셨죠?"

"물론이다. 여기 신하들과 귀인들이 다 들으셨다. 염려 말고 소원을 말하라."

"왕실을 모독하여 감옥에 갇힌 요한의 목을 잘라 쟁반에 담아 주십시오."

헤롯은 섬뜩하였다. 그 소리를 들은 모든 사람들이 크게 놀란 눈으로 살로메와 왕, 그리고 방금 그렇게 사주한 그녀의 어미 헤로디아에게 빠르게 옮겨갔다. 너무도 뜻밖이라 믿어지지 않는다는 눈빛들이었다.

왕은 어처구니가 없었다. 아직 미혼인 공주가 희귀한 보석이나 원할 줄 알았는데 예언자의 목을 잘라 달라는 잔인한 주문을 하다니….

그날의 주인공인 왕을 비롯하여 모든 손님들이 일순간에 술이 깬 듯 긴장했다. 식은땀이 등줄기로 흘러내리는 사람도 많았다. 그야말로 태풍 전야의 고요가 엄습하였다. 이제 모든 사람의 시선은 왕의 입술에 집중되었다. 왕은 과연 어처구니없는 그 소원을 들어줄 것인가?

왕은 난처하였다. 이럴 수도 저럴 수도 없는 진퇴양난이었다. 원치 않으면서도 예언자를 죽이는 왕이 되어야 하는가. 모두가 듣는 가운데 공언을 해놓고 그것을 뒤집어 신뢰를 잃는 왕이 되어야 하는가.

헤롯 안디바는 결단을 내렸다. 비웃음을 받는 왕이 될 수는 없었다. 스스로 권위를 무너뜨릴 수는 없는 일이었다. 왕은 근위대장을 불러 요한을 참수하여 그 목을 쟁반에 담아 오라고 명령을 내렸다.

잔치는 막을 내렸다. 신하들은 왕의 눈치만 살피고 있을 뿐이었다. 분위기는 침울했다. 무거운 침묵이 덮여 있었다.

드디어 살로메의, 아니 헤로디아의 소원이 이루어졌다. 병사가 쟁반을 들고 들어왔다. 부릅뜬 눈, 피범벅의 얼굴이 모든 남자를 매료시키고도 남는 살로메의 손에 넘겨졌다.

빵 다섯 덩이와 물고기 두 마리

기적적인 군중과 기적적인 음식 마 14:13-14 ; 막 6:30-34 ; 눅 9:10-11 ; 요 6:1-4

예수는 세례 요한의 제자들로부터 슬픈 소식을 들었다. 그의 제자들은 시신을 수습하여 장사지낸 뒤 그 사실을 예수에게 찾아와 보고하였다. 예수는 잠자코 보고를 듣고 있었지만, 자신의 죽음은 그보다 훨씬 참혹할 것이며, 그날이 그리 멀지 않다는 사실을 생각하고 있었다. 그리스도는 죽어야 한다. 이사야의 예언대로, 자신은 멸시를 받아서 사람들에게 버려질 것이다. 채찍에 맞아 찢어질 것이며, 가시와 창에 찔려 물과 피를 다 흘릴 것이다. 하나님께 징계를 받아 버림을 당한 것이라고들 말하리라. 침을 뱉으며 조롱하다가, 흉악한 죄수를 처형하듯 십자가에 못 박아 죽일 것이다.

그 무렵 복음을 전파하기 위해 두 명씩 짝지어 보냈던 제자들이 돌아왔다. 그들은 모두 크게 고무되어 보고하였다. 귀신이 떠나고, 온갖 병이 나았다고. 자신들에게서 예수가 행했던 능력이 나타났으니 흥분하지 않을 수 없는 일이었다. 그들은 경쟁적으로 경험담들을 털어놓았다. 길고 먼 여행에서 돌아온 피로감조차 느껴지지 않았다. 그러나 예수가 보기에 그들에게는 휴식이 필요해 보였다. 그러나 제자들이 돌아왔다는 소문을 들은 사람들이 자꾸만 모여들어 쉬기는커녕 식사를 할 겨를도 없었다.

"한적한 곳으로 가서 쉬도록 하여라."

예수는 제자들과 함께 배를 타고 건너편 벳새다로 노를 젓게 하였다. 하지만 호숫가의 사람들은 배의 방향을 따라 달리거나 잰 걸음으로 이동하고 있었다. 다른 방향으로 가던 사람들도, 심지어 부지런히 나흘을 걸어야 도착할 수 있는 예루살렘으로 향하던 사람들도, 배의 방향으로 따라가는 사람들을 따라 방향을 바꾸는 것이었다. 유월절 축제가 가까워지고 있는 터라 아주 먼 타국에서도 유대인과 유대교로 개종한 이방인들의 순례행렬이 예루살렘을 향하고 있는 때였다.

배의 방향을 따르는 숫자가 갈수록 늘어나고 있었다. 어느덧 호숫가 여기저기에 무리가 이루어졌다. 일하던 사람들도 일손을 놓고 따라나섰다. 아이들도 노인도 나섰다. 마을이 텅 비어가는 것 같았다. 이윽고 거대한 무리가 예수의 일행이 도착하기 전부터 벳새다 들판을 덮고 있었다. 이처럼 엄청난 군중이 동원령이나 홍보조차 없이 모인 예는 역사에 없을 것이다. 그것도 시골 목수 출신의 30대 청년 한 사람을 보기 위하여.

"삼천도 넘겠어."

제자 하나가 놀랍다는 듯 중얼거렸다.

"삼천이 뭐야. 사천은 되겠다."

"지금도 계속 꾸역꾸역 모여들고 있으니 다 모이면 육천이나 칠천도 모일 것 같군."

배에서 내린 제자들은 눈이 휘둥그레져서 사방을 둘러보며 감탄사를 주고받았다.

"아이들도 많이 따라왔군. 다른 게 기적인가. 이런 시골에서 이렇게 많은 군중이 한 자리에 모인다는 게 기적 중의 기적이지!"

"맞아. 호수 주변 마을 사람들 전부를 총동원해도 이보다는 적을 텐데…."

군중들의 숫자에 놀라고 있을 때가 아니었다. 예수는 당장 고통을 참지 못하는 환자부터 고쳐 주기 시작하였다. 그 많은 사람 중 병 없는 사람은 한 명도 없어 보였다. 거의 모두가 아픈 사람들이었다.

한적한 곳에서 쉬기 위해 길을 나섰던 것인데, 쉬기는 애당초 그른 일이었다. 사람들은 전혀 흩어질 기미를 보이지 않았다. 건강한 사람이든 치유된 사람이든, 어떻게든 예수와 가까운 위치를 확보하려고 은근히 밀고 당기는 형국이었다. 병도 병이지만 예수가 아니고는 이 세상 어떠한 학자나 지혜로운 자에게서도 들을 수 없는 놀랍도록 신비롭고 마음이 편해지는 천국 이야기를 듣고 싶었다.

빵 다섯 개와 물고기 두 마리 뿐인데 마 14:15-21 ; 막 6:35-44 ; 눅 9:12-17 ; 요 6:5-15

태양은 이미 중천을 넘었다. 예수는 많은 군중이 다 볼 수 있도록 가장 높은 지대로 올라서서 모두가 들을 수 있도록 목소리를 높였다. 남자 어른만 오천 명이 넘고, 아이들과 여자들을 포함하면 그보다 훨씬 많았지만 모두들 귀 기울여 경청하고 있었다. 제자들은 이제 참을 수 없을 만큼 배가 고파 왔다. 설교를 끝낸 예수에게 한 제자가 다가와 낮게 말했다.

"주님, 날이 저물었으니 이 사람들로 하여금 도시와 마을로 내려가서 음식을 사먹게 하는 게 좋겠습니다. 온종일 아무것도 먹지 않고 있었습니다."

"빌립…."

예수는 가까이 있는 제자의 이름을 불렀다.

"모두들 많이 시장할 텐데 이 많은 사람을 먹일 수 있는 빵을 사올 수 있을까?"

예수는 주변의 가버나움과 이웃 마을들을 다 찾아다녀도 그만한 빵을 구할 수 없다는 점을 누구보다 잘 알고 있었다. 그런데도 그렇게 물었던 것은 빌립의 믿음을 시험해 보고 싶었기 때문이었다. "주님, 어디서 그 많은 빵을 구하겠습니까? 그러나 주님은 이 모두에게 배불리 먹이실 수 있을 것입니다."라는 대답이 나오기를 기다렸던 것이다. 그러나 아니었다. 빌립은 이렇게 대답했다.

"주님, 이 많은 사람에게 조금씩이라도 먹이려면 이백 데나리온어치는 사야 할 것입니다."

2백 데나리온이라면 큰 돈이었다. 한 사람이 하루 종일 일해야 1데나리온을 벌 수 있는 정도였으니, 2백 데나리온이면 반년 이상을 일해야 벌 수 있는 돈이었다. 그만한 돈도 없거니와, 그만한 돈이 있다고 해도 그만큼의 빵을 사는 것은 불가능하다는 소리였다. 제자들은 줄곧 예수와 함께 살면서 수많은 기적을 보아 왔으면서도, 아직도 그가 무슨 일이든 할 수 있다는 것을 믿지 않았던 것이다.

그때 제자들이 생각하고 있는 것이란 고작 사람들을 마을로 내려보내 저마다 먹을 음식을 구하게 한다는 것뿐이었다.

베드로의 아우 안드레가 초라한 광주리 하나를 들고 다가왔다.

"한 소년이 준비해 온 음식입니다. 빵 다섯 덩이와 물고기 두 마리뿐이니, 있으나마나겠지만요."

예수는 잠자코 광주리를 받아들며 말했다.

"사람들을 끼리끼리 모여 앉게 하여라."

그때서야 제자들은 자신들의 스승에게는 불가능한 일이 없다는 것을 떠올렸다. 가나에서 있었던 결혼 잔치에서는 물을 포도주로 변화시킨 일도 있었지 않았던가. 제자들은 서둘러 50명 또는 100명 단위로 앉게 하였다. 그러고 보니 남자 어른만도 5천 명이나 되었다.

예수는 작은 도시락을 두 손에 들고 하늘을 우러러 감사 기도를 하였다.

"자, 이걸 나눠 주어라."

예수가 내어 준 음식은 다섯 덩이의 빵과 두 마리의 생선이 전부였으나 이미 믿음이 생긴 제자들은 지시대로 이행하였다.

예언자 엘리사의 기적이 연상되었다. 한 병뿐인 기름을 빈 항아리에 붓고 부어도 기름은 한 병 그대로 남아 있었다고 했던가. 입가에 미소가 절로 떠올랐을 가난한 과부의 모습이 생생하게 눈앞에 그려졌다. 과부는 마지막 한 병 남은 기름으로 수십 개의 빈 항아리를 가득가득 채웠다.

빵과 물고기는 이 무리 저 무리에게 나누어 주어도 여전히 그대로 있었다. 계속 나누고 또 나누었다. 마침내 5천 명이나 되는 어른들과 많은 아이들이 배불리 먹었다.

"모두 실컷 먹었는데도 음식이 남았습니다."

제자의 말에 예수가 일렀다.

"먹고 남은 것을 모두 거두도록 하여라."

먹고 남은 빵과 물고기를 거두어들이니 큰 광주리로 열두 개 분량이나 되었다. 군중 속에서 시끄러울 정도로 웅성거리는 소리가 났다.

"저분은 분명 하나님께서 보내주신다고 약속하신 예언자야! 지금 우리가 경험하였듯이 엘리야와 엘리사보다 훨씬 뛰어난 능력을 지니셨잖아."

"저분이야말로 우리의 왕이 되셔야 할 분이야. 백성을 배부르게 하는 왕이 최고지 뭐야. 안 그런가?"

"어떤 병이든 다 고치시고, 귀신도 쫓아내시고, 죽은 사람조차 살리시는 저분을 왕으로 세운다면, 로마 제국으로부터 독립을 하는 것은 물론이요 어떤 나라도 우리를 넘보지 못할 걸세."

"예수님을 우리의 왕으로, 우리의 왕으로 …."

점점 목소리가 높아갔다. 누가 선동해서가 아니라 모두들 저런 분이 왕이 되면 잘사는 나라가 될 게 틀림없으며, 100년 가까이 그들을 지배하고 세금을 늑탈해 가는 정복자 로마를 물리치는 것도 문제되지 않는다고 생각하였다. 호수를 뒤엎을 듯한 풍랑도 저분의 잠잠하라는 한마디 명령에 멈추었다고 하니, 저분은 세상 전체를 지배하고도 남을 분이 아니겠는가.

당장에라도 예수를 왕으로 추대할 분위기였다. 예수는 그러나 그 자리를 떠났다. 그의 나라는 이 땅에 속해 있지 않았다.

물 위를 걷는 두 사람

하나님 아들의 사명 마 14:22-23 ; 막 6:45-47

예수는 군중의 기대와 열광을 피해 홀로 산으로 올라가면서, 제자들에게 먼저 배를 타고 가버나움으로 가라고 하였다. 그가 산으로 간 것은 기도하기 위해서였다. 고요한 밤에 한적한 곳에서 아버지 하나님과 은밀하게 대화를 나누기 위해서였다.

이내 날이 저물었다. 사방이 고요한 어둠에 잠겼다. 30대 초반의 젊은 그는, 백성의 기대와 인기가 높아질수록 자신의 생명이 단축된다는 점을 잘 알고 있었다. 유대 사회의 이른바 지도층 인사들은 그의 등장에 불안해질 것이다. 성전 제사를 담당하면서 백성의 대표적 어른으로 자리매김되어 있는 대제사장과 사두개파 사람들, 율법에 관해 사법경찰권을 갖고 있는 바리새파의 학자 등 지도급 인사들은 온갖 기적을 행하며 새로운 교훈으로 백성의 지지와 인기가 점증하는, 혜성처럼 등장한 예수를 향해 시기와 질투의 시선을 보낼 것이다. 그것은 그의 생명을 단축시킬 요인이 될 것이 뻔하다.

물론 죽음이 두려운 것은 아니었다. 그가 온 것은 사실 죽기 위해서였다. 이 백성과 온 인류의 죄를 대신 속죄하기 위해 자기 자신을 제물로 바치기 위해 세상에 온 것이다. 그는 이 땅에 사람의 형상으로 온 하나님의 아들로서 전에도 없었고 후에도 없을 하나님의 구원 프로그램을 하나님의 뜻과 계획에 맞게 이 땅에 펼쳐야 했다. 바로 그것을 위해 조용히 기도하려는 것이었다.

기도하는 동안 어둠이 덮였다. 그러자 고요를 깨고 바람소리가 일었다. 어둠에 잠긴 갈릴리 호수가 격랑으로 춤추게 될 것을 예고하는 바람소리였다.

두려운 풍랑 마 14:24-33 ; 막 6:48-52 ; 요 6:16-21

그 시각, 호수에는 풍랑이 일기 시작했다. 풍랑은 시간이 흐를수록 거세어졌다. 어부들이 고기잡이를 시작한 지 얼마 되지 않았는데, 위험이 닥쳐오고 있었다. 별도 달도 구름에 가려 수면은 짙은 어둠뿐이었다. 그리 멀지 않은 곳이라 천천히 노를 저어 여유롭게 갈 수 있었는데, 사정이 급변했다. 배가 나아갈 줄을 몰랐다. 배가 가고자 하는 방향에서 바람이 불어왔기 때문이다. 배는 요동쳤다.

밤이 깊어갔다. 배는 전진하지 못하고 제자리에 머물다시피 하였다. 아무리 힘껏 노를 저어도 바람과 파도에 막혀 꿈쩍도 하지 않았다. 몇 시간이 흘렀는데도 제자리를 벗어나지 못하니 제자들은 지치고 말았다. 극도의 두려움에 휩싸여 아무도 입을 여는 사람이 없었다. 이제 한두 시간 후면 날이 밝아올 것이다. 그들은 모든 방법과 노력을 포기할 수밖에 없었다. 불보다 무서운 물이 그들을 당장이라도 집어삼킬 듯 무섭게 일렁거렸다.

"저게 뭐야?"

그때였다. 누군가가 공포에 질려 외쳤다. 모두들 두리번거렸다. 무엇을 보았기에 저토록 두려운 목소리인가. 그러나 이내 그들 모두는 겁먹은 표정이 되었다. 지금까지는 풍랑의 두려움이었으나 전혀 새로운 두려움이 엄습해 왔다. 수면 위에 허여멀건 물체 하나가 그들을 향해 움직여 오고 있었다. 가까워질수록 사람의 형체가 드러났다. 어둠의 파도 위를 걸어오는 하얀 물체는 그들 모두에게 유령으로 느껴졌다. 물 위로 걸어오는 유령, 소름끼치는 장면이었다. 유령의 하얀 옷자락이 바람에 휘날렸다. 제자들이 공포에 질린 신음소리를 내질렀다.

"유령이다! 사람 살려!"

"안심하여라. 나다, 나!"

귀에 익은 목소리였다. 스승 예수의 목소리.

모두들 또 한 번 놀라지 않을 수 없었다. 누구보다도 베드로는, 예수의 그 능력을 배우고 싶었다. 자신도 물 위를 걸을 수 있다면! 베드로는 예수를 향해 외쳤다.

"주님, 정말 주님이시라면 나에게 물 위로 걸어오라고 명령하십시오. 물 위로 걸으라고요."

예수가 그렇게 명령하기만 하면 자기도 물 위를 걸을 수 있으리라. 베드로는 그렇게 믿었다.

"물 위를 걸어서 나에게 오너라."

예수는 지체 없이 그의 요구를 들어주었다. 베드로는 기다렸다는 듯 배에서 물 위로 발을 내려놓았다. 가라앉지 않았다. 이럴 수가! 그는 놀라움과 기쁨으로 한 발 두 발 물 위를 걸어 예수에게 다가갔다. 제자들은 모두 넋이 나가 베드로를 바라보고 있었다. 베드로는 자기가 물 위를 걷고 있다는 이 놀라운 신비를 다시 확인이라도 하려는 듯, 가까워지는 예수를 다시 한 번 바라보고 발 아래로 시선을 옮겼다. 그 순간 일렁이는 물결이 그의 시야에 들어왔다. 험한 파도였다. 아이쿠, 내가 지금 물 위에 서 있다니?

다음 순간이었다. 베드로의 발이 물 속으로 빨려 들어가듯 내려앉은 것은. 그는 허우적대며 비명을 질렀다.

"주님, 살려주십시오!"

이미 그의 앞에 다가와 있는 예수가 즉시 손을 내밀어 베드로의 손을 잡아 올렸다. 그 순간 베드로의 두려움이 사라졌다.

"믿음이 적은 자여, 왜 의심하였느냐?"

예수는 그를 책망한 다음, 함께 배 위로 올라갔다. 그들이 배에 오르자 또 한 번의 놀라운 일이 벌어졌다. 그토록 험하던 파도, 나뭇잎처럼 흔들리던 배, 무서운 바람소리가 멈춘 것이다. 순식간에 평안이 엄습하였다. 사방이 고요해졌다. 천지를 지으신 하나님이 아니고서야 누가 이런 일을 할 수 있을까. 제자들은 약속이라도 한 듯 예수 앞에 엎드려 절하였다.

"주님은 진실로 하나님의 아들이십니다!"

누군가가 그렇게 고백하자 모두들 입을 모아 예수야말로 하나님의 아들이라고 고백했다.

하늘에서 내려온 생명의 양식

게네사렛 마을의 축복 마 14:34–36 ; 막 6:53–56

배는 벳새다 근처의 게네사렛에 닿았다. 날은 이미 밝아 있었다. 아름다운 들꽃 향기가 천지에 진동했다. 일찍 들에 나갔던 몇몇 마을 사람들이 예수와 그 일행이 배에서 내려 언덕으로 올라오는 것을 보았다.

"저 사람이 예수잖아? 그 제자들이고…."

누군가가 말했다.

"맞아. 오늘 우리 마을에 행운이 찾아왔네. 아픈 사람들 다 나오라고 해야지."

예수를 만난 적이 있는 한 사람이 마을로 달려갔다. 작은 마을에는 금세 소동이 벌어졌다. 삼삼오오 사람들이 짝을 지어 예수에게 몰려들었다. 병자들은 다 나온 것 같았다. 벙어리, 맹인, 손이나 발을 쓰지 못하는 사람, 병명도 모른 체 자꾸 야위어 가는 사람, 각종 부인병, 아무리 약을 써도 고쳐지지 않은 속병, 지속되는 두통과 편두통, 호흡곤란 증세, 중병에 걸려 들것에 실려 나오거나 업혀 나오는 환자도 있었다. 이른 아침에 등장한 예수로 인하여 게네사렛 마을은 일대 소란이 일어났다.

병자들은 기회를 놓치지 않으려고 앞다투어 예수에게 접근하였다. 예수의 옷자락이라도 만지려고 애걸하는 이들이 적지 않았다. 옷자락을 만진 사람은 즉시 병이 나았다. 호숫가 작은 마을 게네사렛의 아침은 축복이 넘쳐났다.

적과 친구 마 15:1–20 ; 막 7:1–23

예수는 제자들과 함께 주변 마을들을 다니면서, 가는 곳마다 환자들을 치료해 주었다. 예수는 아픈 사람들의 은인이며 다정한 친구였다.

그러나 예수에게는 지지자들과 추종자들이 많았지만 그와 더불어 반대자들도 적지 않았다. 특히 율법준수만이 하나님의 뜻이요 구원의 길이라고 확신하는 바리새인들은, 예수가 안식일에도 병자를 치료한다는 이유로 그를 큰 죄인으로 여기고 있었다. 더구나 예수는 안식일에 회당에서 병을 치료하기까지 하였다. 뿐인가. 예수는 예루살렘 성전에서 하나님을 자기 아버지라고 천명하는가 하면, 감히 사람의 죄를 용서한다고 말하였다. 죄를 용서하는 것은 하나님이나 할 수 있는 일이 아닌가! 예루살렘의 율법학자들은 그런 현지보고를 접할 때마다 서둘러 예수를 제거하지 않으면 안 되겠다는 강박관념에 빠져들고 있었다. 그들에게 예수는 어느덧 공동의 적이 되어 가고 있었다.

예루살렘에서 예수의 비판자들이 갈릴리로 내려왔다. 바리새인들과 율법학자들이었다. 지나치게 과장되거나 날조된 것 같은 그의 능력을 현장에서 확인하고, 그의 잘못된 반反율법적 가르침을 지적해 주기 위해서였다.

중앙에서 조사차 내려온 그들에게 맨 먼저 책잡을 일이 발견되었다. 그들이 정해 놓은 율법의 시행세칙에 따르면, 음식을 먹기 전에는 반드시 손을 씻어야 했다. 그런데 예수의 제자들이 더러운 손을 씻지도 않고 음식을 먹는 현장을 목격한 것이다.

"당신의 제자들이 손을 씻지 않고 음식을 먹고 있소. 명백한 위법이오."

예수는 그들의 지적을 받자 잠시 그들을 바라보다가 입을 열었다.

"손을 씻지 않고 음식을 먹는다고 그 사람이 나빠지는 것은 아니오. 사람이 죄를 짓게 되는 것은 밖에서 몸 안으로 들어가는 것 때문이 아니라, 사람의 마음에서 나오는 것 때문이오. 사람을 죽이고 남의 물건을 훔치고 거짓말하는 것 등은 모두 사람의 마음에서 생겨난 것이오."

음식물은 사람을 악하게 하거나 더럽히지 않으며, 사람을 더럽게 하고 추하게 하는 것은 마음이라는 예수의 말에 바리새인들은 할 말을 잃고 말았다.

하늘에서 내려온 생명의 양식 요 6:22-71

예수는 공격을 받아도 늘 의연했다. 진리를 가르쳤기 때문이다.

"썩는 양식을 위하여 일하지 말고 영원한 생명을 얻게 하는 양식을 위하여 일하시오. 내가 영원한 생명을 얻게 하는 양식을 주겠소. 하나님을 위하여 일하시오."

사람들은 무슨 뜻인지 알아듣지 못한 것 같았다. 사람들을 대변하듯 누군가가 물었다.

"어떻게 하여야 하나님의 일을 합니까?"

"하나님께서 보내신 자를 믿는 것이 하나님의 일을 하는 것이오."

"그렇다면 하나님께서 보내셨다는 증거가 있어야 하지 않겠습니까? 모세는 광야에서 백성들에게 만나를 내려주어서 40년 동안 먹고 살았습니다."

"그것은 모세가 준 양식이 아니라 내 아버지 하나님께서 주신 것이오."

그러자 여럿이 입을 모아 외쳤다.

"우리에게도 그 빵을 주십시오."

"내가 곧 생명의 빵이오. 내게 오는 자는 결코 주리지 않으며 영원히 목마르지 않을 것이오. 그러나 나를 보고도 믿지 않는 사람들이 있소. 내가 하늘에서 내려온 것은 하나님의 뜻을 행하기 위해서요. 내 아버지의 뜻은 아들을 보고 믿는 자마다 영원한 생명을 얻게 하는 데에 있소. 마지막 날에 내가 그들을 다시 살릴 것이오."

예수의 가르침은 한 번도 들어보지 못한 불가사의한 것이었다.

"진실로 진실로 말하건대 누구든지 내 살을 먹지 않고 내 피를 마시지 않는 사람은 그 속에 영원한 생명이 없소. 내 살을 먹고 내 피를 마시는 자는 영원한 생명을 가졌고, 마지막 날에 내가 그들을 다시 살릴 것이오. 내 살은 참된 양식이며 내 피는 참된 음료요. 내 살을 먹고 내 피를 마시는 자는 내 안에 있고, 나도 그 안에 있소."

어떤 사람들은 예수의 가르침이 이해되지 않는다면서 예수의 곁을 떠났다. 예수가 목수의 아들임을 아는 이들은 그가 하늘에서 내려온 생명의 빵이라느니, 내 살을 먹고 내 피를 마셔야 영원한 생명을 얻는다는 말을 이해하기가 쉽지 않았다.

그 후 예수가 제자들에게 물었다.

"너희들도 가려느냐?"

베드로가 대답하였다.

"영원한 생명의 말씀이 주님께 있는데 우리가 어디로 가겠습니까."

예수는 제자들을 둘러보며 천천히 말하였다.

"내가 너희 열둘을 택하였다. 그러나 너희 중에 한 사람은 아니다!"

가룟 사람 유다의 배신을 예고한 지적이었다. 그러나 아무도 그 뜻을 이해하지 못하였다.

믿음의 놀라운 능력

귀신 들린 수로보니게 여인의 딸 마 7:21 ; 막 7:24

갈릴리에서 멀리 서북쪽에 위치한 해안 평야 지대는 고대로부터 유명한 페니키아인들의 땅이다. 페니키아는 기원전 천 년경인 다윗 왕과 솔로몬 왕 시대에도 탁월한 조선술造船術과 항해술航海術로 지중해 세계에 명성이 자자하였다. 그들은 일찍이 오늘날 국제어로 사용되는 영어 알파벳을 고안하였으며, 해상무역으로 경제 부국을 이루었다. 솔로몬 왕도 그들과 조약을 맺어 그들의 도움으로 선박을 만들고 항해술을 배워 홍해에서 인도양으로 진출함으로써 큰 부를 획득한 바 있다.

예수 시대에 그 지방은 남부의 두로와 북부의 시돈으로 나뉘어 있었다. 갈릴리를 떠난 예수는 제자들만 데리고 유대인들이 이방인들이 사는 지역이라 하여 가기를 꺼려하는 두로에 갔다. 적당한 집을 얻어 잠시 쉬려는 것이었다. 마침 제자들과 함께 기거할 만한 집을 얻을 수 있었다. 예수는 이곳에서 장차 자신이 해야 할 일과 제자들이 해야 할 일을 차근차근 가르치고 있었다.

그러나 그곳에도 예수의 소문이 파다한 듯했다. 그곳에도 유대인이 살고 있었고, 유대교로 개종한 이방인도 없지 않았기 때문이었다. 그들도 유월절을 지키기 위하여 예루살렘에 갔고, 팔레스타인 땅을 여행하였다. 그들에게서 귀를 쫑긋 세우게 하는 '기적을 일으키는 나사렛 사람 예수'에 관한 소문이 퍼진 것이다.

"예수라는 사람은 분명 위대한 예언자이거나, 그 이상일 거야. 맹인의 눈을 뜨게 하고, 앉은뱅이를 일으켜 세우고, 귀신 들린 사람에게서 귀신을 내쫓았어. 유대인 사회에서 나사렛 예수를 모르는 사람은 없어. 무슨 병이든 다 고치는 그 사람은 하늘에서 내려온 것이 분명해."

입에서 입으로 전해진 예수의 소문은 잠시 휴식을 취하러 낯선 땅에 온 예수와 그 일행을 가만 놔두지 않았다. 누군가가 예수와 그의 제자들을 알아보았던 것이다.

"나사렛 예수가 여기에 오셨어!"

"모든 병을 고치신다는 그 유대인이?"

"틀림없다니까. 그분이 늘 데리고 다니는 제자들도 내가 똑똑히 봤어."

소문은 빠른 속도로 퍼져나갔다. 이내 사람들이 모여들기 시작하였다. 조용한 휴식은 기대할 수 없게 되었다.

큰 믿음으로 이루어진 소원 마 15:21-28 ; 막 7:25-30

한 여인이 괴로운 얼굴을 하고 예수를 찾아왔다. 여인도 예수의 소문을 들었던 것이다. 여인은 예수의 발 앞에 엎드려 호소하였다. 제자들이 수군거렸다. 누가 보아도 헬라 여인이었기 때문이다. 제자들은 우리 선생님이 저런 이방인도 아브라함의 자손들과 똑같이 대해 주지는 않을 것이라고 생각하고 있었다. 여인은 눈물을 글썽이며 말했다.

"저를 불쌍히 여겨 주십시오. 제게는 딸이 있는데, 흉악한 귀신이 들려 있습니다. 제발…."

제자들과 그 지방 사람들이 둘러서서 예수의 반응을 기다리고 있었다. 그러나 성급한 제자 하나가 먼저 입을 열었다.

"선생님, 이 여인은 그냥 돌려보내시는 게 좋겠습니다."

예수에게서 작은 흠이라도 찾아내려고 혈안이 된 바리새인들을 의식한 발언이었다. 이방인을 구원한 사실이 알려지면 그들은 분명 난처한 문제를 제기할 것이다. 유대인 사회의 경직성을 생각할 때 쓸데없는 일로 피해를 입을 수는 없었다.

여인을 바라보며 예수는 천천히, 잘 알아들을 수 있도록 말하였다.

"나는 이스라엘 백성을 구하러 이 세상에 왔소."

완곡한 거절이었다.

"그러나 선생님…."

여인도 유대인의 전통과 율법을 모르는 바 아니었다. 이방인을 사람으로 취급하지 않는 그들의 우월감을 어찌 모르랴. 그러나 귀신 들려 고통 받고 있는 딸을 이런 기회에 고쳐 주지 않으면 언제 또 기회가 오겠는가? 여인은 무슨 소리를 들어도 물러설 수 없었다.

"저를 도와주십시오. 선생님은 귀신을 쫓아내는 능력이 있으십니다."

"자녀에게 줄 빵을 개에게 줄 수는 없소."

정말 자존심 상하는 모욕이었다. 이스라엘 사람만 사람이고 이방인은 개란 말이 아닌가?

제자들은 만족스러웠다. 동정과 연민에 끌려 이방인을 도와줄지도 모른다는 불안감이 가시지 않던 그들이었다. 이쯤 모욕을 당하면 여인도 물러갈 것이 분명하였다. 그러나 상황은 달리 전개되었다.

"선생님, 옳은 말씀입니다. 하지만 식탁 밑에 있는 개들도 아이들이 흘린 부스러기는 얻어먹지 않습니까?"

포기하고 갈 줄 알았던 여인의 반응에 예수는 적이 놀라는 표정이었다.

"그런 대답을 하다니 놀랍소. 어서 가 보시오. 당신 딸에게서 벌써 귀신이 떠나갔소."

어찌 한시인들 지체하랴. 여인은 감사의 마음을 가슴 가득 안고 집으로 달려갔다. 과연 귀신이 나간 딸은 원래의 아름다운 얼굴로 평안하게 잠들어 있었다.

4천 명을 먹인 일곱 덩이의 빵

사흘을 함께 한 믿음 마 15:29-38 ; 막 8:1-9

예수와 그의 제자들이 두로에서 돌아오자 갈릴리 호수를 둘러싼 여러 마을에서 많은 사람들이 몰려들었다. 그의 가르침이 그리웠음은 물론 그들에게는 병든 사람과 약한 사람이 아직도 많았기 때문이었다.

수많은 병자들과 장애인들이 찾아왔다. 업혀 오는 앉은뱅이, 부축 받으며 오는 절름발이, 맹인과 벙어리와 병자들이 예수를 찾아왔다. 예수는 그들을 모두 고쳐 주었다. 맹인이 눈을 뜨고, 절름발이가 걷고 뛰었다. 앉은뱅이가 기뻐서 춤을 추었다. 사람들은 일찍이 누구도 보지 못했던 치유의 기적을 목격하며 그 신비에 놀라고 기뻐하며 하나님을 찬양하였다.

완만하게 경사진 낮은 산에서 갈릴리 호수가 내려다보였다. 사람들이 계속하여 꾸역꾸역 올라오고 있었다. 온갖 병자들과 장애인들이 어떠한 비용도 지불함이 없이 단번에 무슨 병이든 완치시키는 신비한 의사 예수 앞으로 몰려드는 것은 어쩌면 너무나 당연한 현상일 것이다. 얼마 안 가서 그 야산은 그야말로 인산인해를 이루었다. 치유된 사람들도 떠나려 하지 않았다. 건강한 몸으로 찾아온 사람들도 떠나려 하지 않았다. 그들은 계속해서 신비한 현장에 목격자로 남기를 원하였고, 그것은 그들에게 흥분과 기쁨을 가져다 주었다.

그들은 예수가 무슨 말씀이든 해주기를 바랐다. 유명한 랍비에게서조차 들어본 적이 없는, 가슴을 찌르기도 하고 어루만지기도 하는 그의 말은 그들의 아픈 상처를 말끔히 치유시켜 주곤 하였다. 그의 말은 평안과 위로의 샘물이었고, 물을 포도주로 바꾸었듯이 절망을 희망으로 탈바꿈시켜 주었다.

밤이 와도, 다시 아침이 오고 밤이 와도, 사람들은 줄어들지 않았다. 너무 많은 병자들이 대기하고 있는 데다가 먼 곳에서도 자꾸자꾸 사람들이 모여들어 장사진을 쳤다. 사람이 많다는 것을 알고 아예 빵이며 저린 물고기 등 음식을 싸들고 오는 사람도 많았다. 밤을 새워서라도 병을 고치려는 사람들과 그 일행들은 차가운 밤을 지새울 각오로 겉옷을 챙겨들고 왔다.

이틀째가 되자 그들이 스스로 챙겨온 음식은 다 먹어 치워서 남은 것이 없었다. 이렇게 오래 걸릴 줄은 미처 예상하지 못했지만, 돌아가기가 아쉬웠다. 세상에 태어나 한 번도 사물을 볼 수 없었던 맹인이 흑암의 세계에서 눈을 떠 빛의 세상을 바라본 그 흥분이, 그 흥분을 공유하게 된 사람들은 쉽사리 발걸음이 떨어지지 않았다.

사흘째가 되었을 때 예수는 문득 함께 있는 이 많은 사람들 대부분이 음식을 제대로 먹지 못하고 있는 것을 생각하고는 연민이 생겼다.

"이 많은 사람들이 벌써 사흘 동안이나 나와 함께 지냈는데 먹을 것이 없으니 참 안됐구나. 그들을 굶겨 보낼 수는 없다. 가다가 길에서 쓰러질지도 모르지 않느냐?"

제자들은 난감하였다. 그냥 돌려보내지 않으면 무엇으로 이 많은 사람들을 먹인단 말인가. 그리고 이건 그들의 문제이지, 우리가 책임질 문제는 아니

잖은가.

"선생님, 여기는 마을에서도 꽤 떨어진 곳입니다. 이 많은 사람들을 먹일 만한 빵은 구할 수가 없습니다."

한 제자의 말에 예수가 물었다.

"먹을 것이 얼마나 있느냐?"

"빵 일곱 덩어리와 작은 물고기 몇 마리뿐입니다."

그들은 다섯 덩이의 빵과 두 마리의 물고기로 5천 명이나 먹이고도 듬뿍 남았던 사실을 벌써 망각한 모양이다. 아니면 그런 기적이 연거푸 두 번씩이나 일어나리라고 기대하지 못했든가.

"사람들을 질서 있게 앉히도록 하여라."

예수는 모여 앉은 사람들 앞에서 그 초라한 음식물을 들고 하늘을 향해 기도하였다.

"아버지여, 우리를 이렇게 충분히 먹여 주시니 감사합니다…."

짧지만 믿음과 응답의 감사 기도였다. 그런 다음 예수는 제자들에게 빵을 건네주었다. 그런데 이게 어찌된 일인가. 빵을 나누고 또 나누어도 일곱 덩이에서 조금도 줄지 않았다. 생선 역시 마찬가지였다. 군중들은 모두 배불리 먹고 돌아갔다. 그들이 돌아간 후 남은 음식을 주워 모으니 자그마치 일곱 광주리나 되었다. 먹은 사람은 4천여 명이나 되었다.

수난 예고 – 그 첫 번째

거절과 응답 마 16:1–4 ; 막 8:11–13, 22–26

예수와 제자들은 그곳을 떠나 배를 타고 갈릴리 호수 서편의 마가단이라는 성읍으로 갔다. 그곳의 바리새인들은 예수를 만나자 대뜸 요구했다.

"당신이 메시아라면 우리가 그렇게 믿을 수 있는 징표를 보여주시오."

엘리야나 엘리사 같은 예언자들이 일으킨 기적보다 더 큰 기적을 요구한 셈이다. 물론 그들은 예수를 메시아로 믿지 않았기 때문에 예수가 그런 징표를 보여줄 수 있으리라고는 생각하지 않았다. 예수는 그들의 마음을 알았으므로 거절한 후, 다시 배에 몸을 실었다. 호수의 북동쪽 벳새다에 닿자 몇 사람이 맹인을 데리고 왔다. 그들은 예수가 손만 대주면 눈을 뜨게 될 것이라고 믿었다. 예수는 맹인을 데리고 한적한 곳으로 가서 그의 눈에 침을 발라 주며 물었다.

"뭔가 보이는 게 있소?"

맹인은 잠시 눈을 껌벅이다가 말했다.

"사람 같은 것이 보입니다."

선명하게 식별되지는 않는 모양이었다. 예수는 다시 그의 눈에 손을 대주었다.

"아! 보입니다, 보여요. 사람들, 저 나무들, 저기 마을의 집들!"

예수는 그를 집으로 돌려보내며

마을에 들어가게 되거든 소문을 내지 말라고 당부하였다.

너희가 나를 아느냐 마 16:13-20 ; 막 8:27-30 ; 눅 9:18-20

예수는 묵묵히 요단 강 상류 쪽으로 발걸음을 옮겼다. 레바논 산과 그 맞은편의 헤르몬 산 사이의 깊은 계곡을 흘러내리는 물은 갈릴리 호수를 이루고, 이 호수에서 나온 물이 계속해서 남쪽으로 곧장 흐르며 요단 강을 이룬다. 레바논 산과 헤르몬 산의 계곡에서부터 요단 강과 사해를 지나 홍해와 접한 아카바 만까지의 5백km에 이르는 낮은 협곡은 지중해 해수면보다 수백미터나 낮은 저지대여서 사해는 더 흘러내리지 못하고 고인 물이 된다. 사해는 건조한 기후로 물의 증발량이 많아서 염도가 높기 때문에 생명이 살지 못해 '죽음의 바다'로 알려져 있다.

갈릴리 호수 북단에서 대략 50여 km 북쪽에는 헤롯 대왕의 아들 중 하나인 헤롯 빌립이 그 지역 총독으로 있을 때 건설한 도시가 있다. 로마 제국의 첫 왕조 가이사랴CAESRE 가문의 이름을 따서 빌립이 세운 도시라고 하여 '가이사랴 빌립보'라고 불렸다. 그곳에 이르렀을 때, 예수는 제자들에게 물었다.

"사람들은 나를 누구라고 하느냐?"

그러자 제자 중 한 명이 대답했다.

"어떤 사람들은 주님을 세례 요한이라고 오해합니다."

그러자 다른 제자가 나섰다.

"예언자 엘리야라고 하는 사람들도 많습니다."

6백여 년 전에 활동한 엘리야는 예언자 중의 예언자라 할 만큼 기적을 많이 일으켰으며, 산 채로 하늘로 들려 올라간 사람이다.

"사람들은 대개 선생님을 예언자라고 합니다."

예수는 잠시 먼 산을 바라보며 침묵하더니, 제자들을 주욱 둘러보며 질문하였다.

"그렇다면 너희들은 내가 누구라고 생각하느냐?"

이에 시몬이 나섰다.

"주님은 살아계신 하나님의 아들이시며, 그리스도이십니다."

예수는 분명 사람의 모습인데, 어찌 하나님의 아들이며 구세주라는 것일까. 그들이 그동안 들은 하늘나라 메시지와 목격한 기적들을 종합해 보면 예수는 분명 사람이지만 사람이 아니었다. 그분이야말로 구세주요, 하나님의 아들이었다.

시몬의 대답을 들은 예수는 흡족하였다.

"시몬아, 네가 참으로 복되구나. 네가 그렇게 말한 것은 사람의 생각에서 비롯된 것이 아니라 하늘에 계신 내 아버지께서 너에게 알려주신 것이다. 네게 말한다. 너의 이름은 이제부터 '반석'을 뜻하는 베드로다. 내가 반석 위에 내 교회를 세우리니, 어떤 죽음의 세력도 그것을 누르지 못할 것이다. 나는 하늘나라의 열쇠를 너에게 주겠다. 무엇이든 네가 땅에서 매면 하늘에서도 매일 것이고, 땅에서 풀면 하늘에서도 풀릴 것이다!"

그러고 나서 예수는 자신이 그리스도라는 것을 다른 사람에게 알리지 말라고 제자들에게 당부하였다.

"아직은 아무에게도 그렇게 말하지 마라."

함구령을 내린 예수는 한결 이해하기 어려운 말을 하였다.

죽임을 당하리라, 그러나 마 16:21-23 ; 막 8:31-33 ; 눅 9:21-22

"내가 대제사장과 장로들과 서기관들에게 많은 어려움을 당할 것이다. 그들은 나를 죽일 것이다. 그러나 나는 사흘 만에 다시 살아날 것이다."

제자들은 의아하고 당황하여 눈을 휘둥그레 뜨고 예수를 바라보다가 서로의 얼굴을 두리번거렸다. 죽임을 당하지만 사흘 만에 다시 살아나다니…, 그건 무슨 뜻인가.

베드로는 장로들과 서기관들이라는 말을 떠올렸다. 하기야 유대 사회의 원로들은 청년 예수를 노골적으로 싫어한 것이 사실이었다. 그들은 율법학자들을 예수에게 보내어 질문 공세를 퍼붓게 하는 등, 어떻게든 약점을 찾아내려고 시도해 왔다. 그렇다고 그들이, 유대 사회의 최고위층이라 할 수 있는 그들이 단합하여 예수를 죽인단 말인가? 예수가 누구인데 죽인단 말인가. 하나님의 아들이 아닌가. 숱한 기적의 현장을 목격해 온 것으로 보면 그는 이미 죽은 사람조차도 살리는 사람이었다. 그런 그가 죽다니! 하나님의 아들이 죽임을 당하다니!

베드로는 예수의 옷자락을 부여잡으며 말했다.

"주여, 그건 안 될 일입니다. 주님께 그런 일이 일어나서는 안 됩니다."

베드로의 충정을 모를 리 없지만 예수는 단호하게 말하였다.

"베드로, 그대는 하늘의 일은 생각하지 않고 사람의 일만 생각하는구나. 그것은 사탄이나 할 일이다. 그러니 내 뜻을 막지 마라."

예수의 위엄에 눌려 베드로를 비롯한 제자들은 더 이상 입을 열지 못하였다.

그렇다면 예수가 이루려 하는 하나님의 일이 무엇일까? 그것은 구약시대의 많은 예언자들과 세례자 요한 및 예수 자신의 입으로 이미 확고하게 밝혀져 있다. '세상 죄를 지고 가는 하나님의 어린 양'이라는 세례 요한의 지적처럼, 예수는 죄인을 위하여 고난 받으시고 죽으시게 되어 있었다. 그리하여 그 속죄의 피로 세상을 구원하는 것이, 하나님의 뜻이요 예수의 사명이었다.

구름 속에서 들려오는 음성

영광스러운 변모 마 17:1-4 ; 막 9:2-6 ; 눅 9:28-33

그로부터 엿새 후, 일행은 가이사랴 빌립보에 머물고 있었다. 예수는 그들 중 세 명의 제자를 따로 불렀다. 요한과 야고보와 베드로였다. 가버나움의 회당장 야이로의 딸이 죽었을 때도 다른 아홉은 밖에 둔 채 이들 세 제자만 데리고 시신이 있는 방으로 들어가 아이를 살린 적이 있을 만큼 예수는 그들 셋을 각별히 생각했다.

서쪽의 레바논 산 맞은편에 솟아 있는 헤르몬 산은 해발 2,815m나 되는 고산으로 정상에는 늘 흰 눈이 덮여 있다. 예수는 가이사랴 빌립보의 북쪽에 위치한 그 산으로 세 제자만 데리고 올라갔다. 한 봉우리에 도달하자 예수가 발을 멈추었다. 정상은 아직 멀었으나 꽤 높은 곳이었다. 도시가 저 아래 남쪽으로 내려다보였다.

예수는 말이 없었다. 하늘을 향하여 눈을 감은 채 침묵의 기도를 드리는 것 같았다. 세 제자 역시 입을 다문 채, 어떤 이유로 자신들을 여기까지 데리고 오신 것인지, 머릿속으로 헤아리고 있었다. 그런데 이상한 일이 벌어지기 시작했다. 서른을 갓 넘긴 청년 예수, 여기저기 돌아다니며 병자를 고치고 사람들에게 가르침을 펴느라 햇볕에 그을린 얼굴이 어찌된 일인지 하얗게, 아주 깨끗하게 변해가는 것이었다. 태양처럼 눈부신 광채가 뿜어져 나왔다. 옷도 눈부시게 새하얀 빛으로 변했다. 도저히 사람의 모습이라고 할 수가 없었다. 세상에서는 찾아볼 수 없는 거룩한 아름다움이 배어 나왔다.

그것이 전부가 아니었다. 눈 깜짝할 사이에 예수 주위로 두 인물이 나타났다. 한 번도 얼굴을 본 적이 없었지만 너무나 잘 알고 있는 조상들이었다. 그중에서도 가장 유명한 지도자 모세와 수많은 예언자들 중에서도 가장 대표적인 예언자라 할 수 있는 엘리야가 예수의 곁에 서 있는 것이 아닌가. 얼굴을 본 적이 없는 옛 사람들이었지만 제자들은 모세와 엘리야를 대번에 알아볼 수 있었다. 세 사람은 무슨 말인지 알아들을 수 없는 대화를 나누고 있었다. 베드로와 요한과 야고보는 그곳이 천국이라고 착각했을 지경이었다.

"주여!"

황홀경에 빠진 베드로의 목소리가 떨려 나왔다.

"주님, 여기 있으니 정말 좋습니다. 주님이 원하신다면 제가 초막 세 채를 지어서 하나는 주께, 하나는 모세에게, 하나는 엘리야에게 드리겠습니다."

하나님의 목소리 마 7:5-13 ; 막 9:7-13 ; 눅 9:34-36

그의 말이 채 끝나기도 전에 신비로운 장면이 연출되었다. 눈부시게 하얀 구름이 내려오더니 그 세 사람을 감싸듯 가리는 것이었다. 제자들은 두려워서 그 자리에 엎드렸다. 이어, 구름 속에서 우람한 목소리가 들려왔다. 한 번도 들어본 적이 없는 권위와 온유가 넘치는 목소리였다.

"이는 내 사랑하는 아들이요, 내 마음에 드는 아들이다. 너희는 그의 말을 들어라."

제자들은 너무나 두려워서 엎드린 채 얼굴도 들지 못하고 있었다. 잠시 후 예수의 손이 그들의 어깨에 닿으며 그의 익숙한 목소리가 들려왔다.

"일어나라. 두려워하지 마라."

예수의 부드러운 음성에 제자들이 고개를 들어 보니 모세도 엘리야도 구름도 사라지고 없었다. 오직 예수만이 늘 보던 그대로 그들을 지켜보고 있었다. 꿈에서 깬 듯 황홀경에서 벗어난 그들은 예수의 뒤를 따라 산을 내려갔다.

"내가 죽임을 당하고 다시 살아나기 전까지는 오늘 본 일을 누구에게도 말하지 마라."

세 제자는 말하고 싶어도 그 거룩하고 신비한 일들을 표현할 수사력이 없다는 데에 생각이 미쳤다. 한 가지 분명한 것은, 그들의 스승 예수는 그들의 역사 속에서 최고로 존경받는 두 인물인 모세나 엘리야를 능가하는 하나님의 아들임에 틀림없다는 확신이었다.

방법은 한 가지뿐-오직 기도

귀신 들린 아이 마 17:14-20 ; 막 9:14-29 ; 눅 9:37-43

다음날, 산에서 내려온 예수와 세 제자는 다른 아홉 명의 제자들이 많은 사람들과 함께 웅성거리고 있는 것을 보았다. 거기에는 서기관들과 바리새인도 여럿 있었다. 예수가 나타나자 무리의 시선이 쏠리면서 한 남자가 다급하게 다가왔다.

"선생님, 제 외아들이 말을 못합니다. 악한 귀신이 들렸습니다. 시도 때도 없이 귀신이 제 아들에게 들어가 거품을 토하며 고꾸라지게 합니다. 이젠 아이가 아주 파리해져서 제가 선생님께 데리고 왔지만, 선생님의 제자들은 귀신을 쫓아내지 못하였습니다."

예수는 제자들을 바라보며 질책했다.

"내가 얼마나 당신들과 함께 있었는데 이런 일도 못하였단 말이냐! 내가 얼마나 더 오래 참아야 하느냐? 너희에게 믿음이 없기 때문이다. 그 아이를 내게 데려오너라."

아이는 예수를 보자마자 심한 경련을 일으키며 땅에 엎드러져 뒹굴었다. 차마 똑바로 바라보기 민망할 정도로 아이가 힘들어하였다.

"언제부터 이랬소?"

아버지에게 예수가 물었다.

"아주 어렸을 때부터입니다. 귀신이 이 아이를 자주 물과 불 속으로 뛰어들게 하여 죽이려 하였습니다. 선생님, 부탁입니다. 하실 수 있거든 우리를 불쌍히 생각하여 도와주십시오."

예수는 그 말에 약간의 역정을 섞어 책망하였다.

"할 수 있거든이라니 무슨 말이오? 잘 들으시오. 믿는 사람에게는 할 수 없는 일이 없소."

그러자 아이의 아버지가 큰 소리로 말하였다.

"선생님께서는 하실 수 있습니다. 나의 믿음 없음을 불쌍히 여기시어 도와주십시오."

절규에 가까운 호소였다.

사람들이 달려와 에워쌌다. 예수는 아이를 향하여 꾸짖었다. 시선은 아이를 향하고 있었지만, 실은 그 아이를 괴롭히는 아이의 안에 있는 귀신을 꾸짖은 것이다.

"벙어리 되게 하고 귀머거리 되게 한 귀신아, 내가 네게 명하노니 그 아이에게서 나오라. 다시는 그 아이에게 들어가지 말라."

엄한 명령이 떨어지자마자 귀신은 아이의 입을 통해 비명을 지르며 심한 경련을 일으키더니 떠나갔다. 아이는 그 자리에 쓰러졌다. 전혀 움직임이 없었다. 호흡조차 멈추어서 마치 주검을 방불케 하는 모습이었다.

"죽었잖아?"

누군가의 독백이었다.

"죽었어. 저런, 쯧쯧쯧."

주변 사람들이 수군거리며 귀신을 쫓아낸다고 아이를 죽게 한 예수를 찡그린 표정으로 주시하였다. 그러나 아이는 죽은 것이 아니었다. 극도의 긴장과 고통으로 경직되어 있던 아이의 표정이 마치 잠든 것처럼 평화롭게 변한 것이다.

예수는 허리를 굽혀 죽은 듯 누워 움직임이 없는 아이의 손을 잡아 일으켰다. 그러자 아이는 잠에서 깨어나듯 그 자리에 일어섰다. 아버지가 환희에 차서 아들을 와락 끌어안았다.

그날 가이사랴 빌립보의 숙소로 돌아오자마자 제자들이 예수에게 물었다.

"선생님, 우리 아홉 명이 힘을 모아 그 아이에게서 귀신을 쫓아내려고 시도했지만 실패하였습니다. 그 원인을 알고 싶습니다."

예수는 제자들을 둘러보며 힘주어 말하였다.

"이런 부류의 귀신은, 기도로써만 쫓아낼 수 있다. 오직 기도뿐이다."

죽음과 부활, 그 두 번째 예고 마 17:22-23 ; 막 9:30-32 ; 눅 9:44-45

가이사랴 빌립보를 떠나 다시 갈릴리로 향한 예수는 사람들과의 만남을 가급적 피했다. 제자들을 가르치기 위함이었다. 가이사랴 빌립보로 가면서 고난과 죽음과 부활을 예고한 예수는 다시 한 번 그 예고를 되풀이하였다.

"나는 이제 머지않아 예루살렘에서 사람들에게 배반을 당하여 죽게 될 것이다. 그러나 사흘 만에 다시 살아날 것이다."

제자들은 다시 의아해하였다. 누가, 어떤 힘으로, 어떤 방법으로 저 위대한, 무한대의 능력을 발휘하는 우리의 스승님에게 고난을 줄 수 있단 말인가? 도대체 누가 우리 스승님을 죽일 수 있단 말인가? 사흘 만에 다시 살아나신다는 말은 또 무슨 뜻인가? 죽은 사람을 둘이나 살려냈으니 부활할 수 있다고 하더라도, 그렇다면 아예 죽지 않으면 더 좋지 않을까?

그러나 속으로 그렇게 생각할 뿐 누구도 입을 열어 속내를 드러내는 사람은 없었다. 하지만 그들은 엉뚱하게도 다른 이야기들을 주고받느라 바빴다. 앞서 가는 예수가 알아듣지 못하도록 낮은 목소리로, 그러나 열을 내고 이야기를 나누었다.

첫째가 되려면 꼴찌가 되라 마 18:1–5 ; 막 9:33–37 ; 눅 9:46–48

가버나움에 이르자, 예수가 그들에게 물었다.

"오는 길에 무슨 토론들을 그렇게 하였느냐?"

못 들었다고 생각하였는데 다 들은 게 분명했다. 제자들은 누구도 얼른 대답을 하지 못했다. 별로 좋은 내용이 아니었기 때문이다.

"너희들은 너희들 중에서 누가 가장 높은지를 놓고 다투었다. 하지만 첫째가 되려면 스스로 꼴찌가 되어야 한다. 먼저 섬기는 사람이 되어야 한다. 그래야 섬김을 받을 수 있다."

예수는 마침 가까이에 있는 어린아이를 곁에 세운 후 말했다.

"이 아이처럼 되어야 한다. 누구든지 이 아이같이 되지 않으면 천국에 들어가지 못한다. 이 어린아이같이 자기를 낮추지 않으면 천국에서 큰 자가 될 수 없다. 누구든지 내 이름으로 이런 어린아이 하나를 반겨 맞아주면 곧 나를 반겨 맞아준 것이다."

누가 네 이웃이냐

선한 사마리아 사람 눅 10:25–37

어느 날, 율법학자가 예수에게 찾아와 두 가지 질문을 던졌다. 진정으로 해답을 알고 싶은 질문이 아니라, 예수가 어떤 사람인지 떠보려는 의도였다.

"선생님, 영원한 생명을 얻으려면 어떻게 해야 됩니까?"

그의 속내를 꿰뚫은 예수는 서슴없이 대답하였다.

"율법에 있지 않소. 그걸 당신은 어떻게 이해하시오?"

"그거야 뻔합니다. 네 마음을 다하며 목숨을 다하며 뜻을 다하여 네 하나님을 사랑하고 네 이웃을 네 몸처럼 사랑하라 하였습니다."

"그렇소. 그대로 하시오. 그러면 영원한 생명을 얻게 되오."

"그러면…."

그가 두 번째 질문을 던졌다.

"누가 내 이웃인가요?"

예수는 좋은 질문이라고 생각하며 제대로 이해시키기 위해 이야기 하나를 들려주었다.

"어떤 사람이 예루살렘을 떠나 여리고로 가던 길에 강도를 만났소. 그 길은 예루살렘과 여리고를 연결하는 유일한 도로이지만 경사가 심하고 험해서 강도들이 자주 출몰하는 위험한 길이었소. 장정들이 무리를 지어 이동하지 않으면, 언제 어디서 강도를 만날지 모르는 길이었소. 강도를 만난 사람은 거의 죽을 지경으로 폭행을 당하고 가진 것은 다 빼앗겼소. 심지어 옷까지 벗겨 갔소. 피투성이로 길에 버려진 그는, 도움의 손길이 없으면 그날 밤으로 죽을 목숨이었소.

얼마 후, 예루살렘에서 내려오는 제사장이 길을 가다가 그를 보았소. 제사장은 길가에 쓰러져 있는 그를 보자마자 마치 못 볼 것을 보았다는 듯 얼른 고개를 돌려 버렸소. 그는 쓰러져 신음하는 그 사람을 발견하지 못한 것처럼 발걸음을 더욱 재촉하였소.

한참 후, 이번에는 레위 사람이 그곳을 지나갔소. 그는 쓰러진 나그네 옆을 지나다가 잠시 걸음을 멈추고 바라보았소. 죽었는지 살았는지 확인하려는 듯 몇 걸음 다가선 그는 잠시 나그네를 들여다보았을 뿐, 얼른 그 자리를 떠나 버렸소. 선불리 돕겠다고 나섰다가 성가신 일에 휘말릴지도 모른다는 생각이 들었던 것이오.

출혈이 심한 그 피해자는 돌보는 이 없이 그대로 죽어갈 처지였소. 날이 어둑어둑해질 무렵, 한 나그네가 길을 지나다가 그를 보게 되었소. 그는 예루살렘 북부 지역의 사마리아 사람이었소. 유대인

들이 사람 취급조차 하지 않아 기피하는 그 사마리아 사람은, 어둡기 전에 여관에 닿으려고 길을 서두르고 있었소. 그러던 중 길가에 피투성이가 되어 쓰러져 있는 사람을 발견한 것이오. 나귀에서 내린 그는 흠칫 놀라지 않을 수 없었소. 상처가 심했기 때문이었소. 그는 나그네 곁에 가까이 가서 가슴에 손을 얹어 보았소. 다행히도 심장이 뛰고 있었소. 그는 짐을 풀어 비상용으로 지니고 다니는 포도주를 꺼내어 상처를 닦아주고 올리브기름을 발라 주었소. 그리고는 그 피투성이를 나귀에 싣고 가까운 여관으로 갔소.

사마리아 사람은 나그네를 침대에 누이고 밤새도록 곁에서 보살펴 주었소. 다음날 일찍 여관을 나서면서 그는 주인에게 이틀치 품삯에 해당하는 큰 돈을 주면서 당부하였소. '저 환자를 잘 돌봐 주시오. 비용이 더 들면 내가 돌아올 때 갚아 주겠소.'"

여기까지 이야기한 예수는 질문을 한 율법학자에게 물었다.

"당신 생각에 이들 세 사람 중 누가 강도를 만난 사람의 이웃이오?"

율법학자가 쉽사리 대답하였다.

"그야 당연히 나그네를 보살펴 준 사마리아 사람이지요."

"그렇소. 당신도 그와 같이 행하도록 하시오."

예수를 잡으려는 첫 번째 시도

은밀한 행보 요 7:1-9

유월절은 이스라엘 최대의 명절이다. 그날은, 이스라엘 사람들이 노예 생활을 하던 이집트에서 모세의 인도로 탈출한 것을 기념한 날이다. 이집트를 탈출하기 바로 전날 밤 하나님께서 '이집트 땅을 치실 때', 어린 양을 잡아서 그 피를 문설주와 인방에 바른 이스라엘 사람들의 집에서는 죽임을 당하지 않았던 것을 기억하고 기리기 위한 명절이었다.

유월절에서 약 6개월 후인 가을에는 초막절 축제가 열렸는데, 올리브와 포도와 무화과 등을 수확하게 된 것을 기념하는 명절이었다. 초막절이 되면 유대인들은 모두들 예루살렘에 모여서 명절을 지켰다.

8일간 이어지는 초막절 행사는 첫날과 마지막 날 성회로 모이고, 성전에서는 매일 희생제사가 드려졌다.

갈릴리에 머물고 있던 예수는 가까이에 있던 동생들로부터 예루살렘에 올라가 초막절을 지키자는 제안을 받았다.

"너희들 먼저 가거라. 나는 아직 내 때가 아니라서 올라가지 않겠다."

유대인들은 이미 예수를 잡아 죽이자고 음모를 꾸며 놓고 있었다. 그가 예루살렘에 나타나면 산헤드린 법원의 대제사장은 사람들을 보내 그를 체포하려고 할 것이다. 예수는 그것을 알고 있었다. 그러나 그는 유월절 어린 양으로 이 땅에 왔다. 어린 양을 잡아 그 피를 문설주와 인방에 바른 집에 죽음이 넘어간 것처럼, 세례 요한이 '세상 죄를 지고 가는 하나님의 어린 양'이라고 묘사했듯이 그는 세상의 죄인들을 구원하기 위하여 예루살렘에서 나무에 높이 달려 피 흘리며 죽을 것이다. 다음 유월절은 초막절로부터 대략 반년쯤 후가 된다. 예수가 '내 때가 아직 이르지 않았다'고 한 것에는 이런 뜻이 담겨 있었다.

아우들과 제자들이 예루살렘으로 떠난 후 예수도 조용히 예루살렘으로 향했다. 사람들에게 자신을 드러내지 않으려는 의도였다.

초막절의 예루살렘 요 7:10-31

예루살렘에는 인파가 넘쳐났다. 많은 사람들이 나사렛 사람 예수를 만나고 싶어했다. 지난 2년 동안 예수에 대한 소문을 듣고 그를 만나고 싶어하는 이도 있었고, 그에게 병을 고친 사람도 있었다. 그의 독특하면서도 가슴을 파고드는 설교를 듣기 원하는 사람들도 많았다. 고대하던 예수의 모습이 보이자 않자 여기저기서 수군거리는 소리가 들렸다. 하지만 그중에는 모세의 율법을 지키지 않는다면서, 그를 비난하는 이들도 적지 않았다.

초막절 축제가 이어지는 어느 날, 예수는 성전에 모습을 드러냈다. 그는 하나님 나라에 대한 이야기를 시작했다. 그의 설교는 군중을 압도하였다. 그의 설교를 처음 듣는 사람들 중에는 눈을 크게 뜨고 놀라는 이들이 적지 않았다.

"저 사람은 나사렛 촌뜨기가 아닌가? 더구나 율법을 공부한 적도 없는데 어떻게 저렇게 말을 잘 한단 말인가?"

그런 사람들의 마음속을 들여다본 것처럼 예수가 말했다.

"내 교훈은 내 것이 아니라, 나를 보내신 이의 것이오. 잘 들으시오. 여러분 중에 누구든지 참으로 하나님의 뜻을 행하려는 사람이 있다면, 그는 내 가르침이 하나님으로부터 온 것인지, 단순히 나 자신의 것인지, 알 수 있을 것이오. 누구든지 자기의 생각대로 말하는 사람은 그 자신의 영예를 추구하는 사람이지만, 그러나 자기를 보내신 이의 영예를 위해 일하는 이는 참된 사람이어서 그에게는 거짓된 것이 없소. 그런데도 여러분은 어찌하여 나를 죽이려고 하는 것이오?"

그 말에 사람들이 반박했다.

"당신은 마귀가 들린 모양이오. 누가 당신을 죽이려 한단 말이오?"

예수는 개의치 않고 말을 이어갔다.

"당신들은 내가 누구라는 것을 알고 있소. 내가 어디서 왔는지도 알고 있소. 나를 보내신 이는 진리이며, 나는 그에게서 났고 그는 나를 보내셨소."

누군가가 소리쳤다.

"저분은 그리스도야. 저분이 행한 기적을 능가하는 사람이 세상에 없어. 그 한 가지만 보아도 저분은 틀림없이 그리스도야!"

예수를 체포하라 요 7:32-52

성전에서의 그 장면을 보고받은 대제사장과 바리새인들은 긴급 회동을 갖고 지체 없이 그를 체포하자는 데에 의견이 일치하였다. 이대로 더 방치하면 큰 혼란이 야기됨은 물론 그들의 종교적 기득권마저 크게 훼손될 것이라는 염려가 팽배했기 때문이었다.

대제사장의 명령을 받은 성전 경비병들이 급히 예수에게 달려갔다. 예수는 그들을 보았다. 그러나 아직 때가 이르지 않았음을 아는 예수는 하고 싶은 말을 계속하였다.

"조금 있으면 나는 나를 보내신 이에게 돌아갈 것이오. 그때가 되면 나를 찾아도 만나지 못할 것이고, 내가 있는 곳으로 오지도 못할 것이오."

그러자 군중들은 서로 수군거렸다.

"이 사람은 도대체 어디로 갈 작정이길래 우리가 찾을 수 없을 거라고 하는가? 그리스로 가서 그곳 사람들에게 가르칠 작정인가? 하지만 자기를 찾아도 찾지 못할 것이라니, 그건 또 무슨 뜻인가?"

누군가가 용기를 내어 물었다.

"그게 무슨 뜻인지 말해 주십시오. 도통 알아들을 수가 없습니다."

그런 일이 실제로 일어나기 전까지는 말해 주어도 알아듣지 못할 것이 뻔했다. 예수는 말을 이었다.

"누구든지 목마른 사람은 나에게 와서 마시시오. 나를 믿는 자는 성경에 기록된 것처럼, '그의 배에서 생명수가 강같이 흘러나올 것'이오."

사람들의 의견이 엇갈렸다. 예수를 그리스도라고 하는 사람, 나사렛에서 그리스도가 태어난다는 예언이 없으니 그럴 리 없다는 소리가 뒤섞였다. 그들 가운데 섞여 있던 경비병들은 감히 예수에게 달려들 수가 없었다. 그들은 슬그머니 되돌아갔다.

"어찌하여 그를 체포하지 않았느냐?"

예수가 잡혀오기를 기다리던 대제사장과 바리새인들이 물었다.

"그 사람이 말하는 내용은 지금까지 들어본 적이 없습니다."

예수의 가르침이 그만큼 경이로웠다는 뜻이었다.

"아니, 너희들도 그에게 넘어가 버렸단 말이냐? 우리 바리새파 중에는 그를 믿는 사람이 아무도 없다. 그를 믿는 사람들은, 율법이라고는 씨알머리도 모르는 어리석은 자들이다. 그들은 저주를 받을 것이다."

그때 밤중에 은밀하게 예수를 찾아간 적이 있는 랍비 니고데모가 입을 열었다.

"직접 심문해 보기 전에 죄인으로 단정을 내리는 것이 옳지 않소."

그러자 그들이 빈정거렸다.

"이 답답한 사람아, 성경 어디에 그리스도가 나사렛에 난다고 기록되어 있소? 그 한 가지만 보아도 그는 가짜요. 우리 민족을 미혹하는 자가 틀림없으니 속히 제거해 버려야 할 위험 인물이오."

빛으로 오신 예수

간음한 여인에 대한 예수의 판결 요 8:1–11

다음날 다시 성전으로 들어간 예수는, 그를 보고 모여드는 군중을 향해 설교를 시작하였다. 그러나 오래 가지 못하였다. 산헤드린 법원의 재판관들인 바리새인과 서기관들이 한 여인을 앞세우고 나타났기 때문이다. 모두의 시선이 여인에게 쏠렸다. 수치스런 얼굴을 보이지 않으려는 듯 여인은 잔뜩 고개를 떨구고 있었고, 머리카락은 어지럽게 흩어져 있었다. 그들은 여인을 예수 앞으로 데리고 왔다.

예수는 여인을 잠시 바라보고는, 그를 데리고 온 사람들을 한 번 둘러보았다. 그들의 눈빛이 교활하게 빛났다. 바리새인들 중 한 명이 예수에게 말했다.

"선생이여, 이 여인은 간음하다가 붙잡혔습니다. 모세의 율법에 따르면 이런 여자는 돌로 쳐 죽이게 되어 있습니다. 선생의 의견은 어떻습니까?"

다분히 역겨운 음모가 숨어 있는 말이었다. 율법대로라면 사형을 집행하라는 것인데, 그리하면 사형 선고권과 집행권이 로마 총독의 고유권한이므로 명백한 월권이어서 그에 대한 책임을 물을 수 있어 예수를 총독에게 고소할 수 있다. 아울러 사랑하고 용서하라는 예수 자신의 가르침과도 정면으로 배치된다. 그렇다고 여인을 용서하라고 한다면, 하나님의 율법을 정면으로 거부하는 행위로서 곧 율법을 파기한 자이므로 산헤드린에서 재판을 받아야 마땅하게 된다. 어떤 선택도 예수에게는 올무일 뿐이었다. 예수는 그들이 여인을 미끼로 자기를 체포하려는 것임을 이미 알고 있었다. 그는 그 자리에 쭈그리고 앉았다. 그리고는 한가로운 듯, 아무 생각도 없다는 듯, 대답하고 싶지 않다는 듯, 묵묵히 손가락으로 땅바닥에 글씨를 썼다. 그러나 아는 사람이 없었다.

바리새인들은 자기들의 올무에서 벗어날 방법이 없다는 듯 의기양양한 표정이었다. 예수의 말씀을 경청하던 청중은 모두들 긴장하고 있었다.

마침내 정적을 깨뜨리며 예수가 입을 열었다.

"당신들 가운데 죄 없는 사람이 있으면 먼저 돌로 치시오."

처음엔 그 말의 진의를 간파하지 못한 듯 덤덤한 표정들이었으나, 다음 순간 그들의 표정이 변하였다. 충격을 받은 것이다. 세상에 죄 없는 자가 누가 있단 말인가. 바리새인들 중에, 서기관들 중에, 심지어 대제사장이나 제사장들 중에, 죄 없는 자가 있는가.

먼저 돌을 들어 여인에게 던질 사람이 존재하지 않는다는 그것 자체가 충격이었다. 죄 없는 자가 먼저 돌로 치라는 한마디가 그들 모두의 가슴을 깊이 찔렀다.

아무도 움직이지 않았다. 아무도 입을 열지 않았다. 무거운 정적이 흘렀다. 누구도 앞장서서 돌을 던질 수 없었다. 그런 자신들이 저마다 부끄러워졌다. 모두가 하나님 앞에서는 죄인임이 명백히 드러나는 순간이었다. 죄인이 죄인을 규탄할 수는 없는 일이다. 그들은 자신들에게 은밀하게 감추어진 죄로 수치를 느꼈다.

예수는 더 이상 아무 말도 하지 않았다. 이제 판단은 그들의 몫이었다. 예수는 다시 허리를 굽힌 채 손가락으로 땅바닥에 무슨 글씨인가를 썼다. 그들이 양심에 따라 행동하기를 기다리는 듯.

그들은 하나 둘 자리를 뜨기 시작했다. 여인을 데리고 온 서기관과 바리새인들도 예외 없이 자리를 떴다. 예수가 눈을 들어 바라보았을 때는 여인이 홀로 남아 있었다. 겉보기에만 거룩한 죄인들은 사라지고 겉보기에 치욕스런 죄인은 남아 있었다.

"여인이여, 당신을 고소하던 자들이 다 어디로 갔소?"

여인이 간신히 대답하였다.

"다 사라졌습니다."

"나도 당신을 정죄하지 않으니 돌아가시오. 다시는 죄를 짓지 마시오."

나는 세상의 빛 요 8:12–20, 9:1–6

예수는 계속 성전에 머물며 청중들에게 설교를 하였다.

"나는 세상의 빛이오. 그러므로 나를 따르는 사람은 어둠 속에 다니지 않고 생명의 빛을 얻을 것이오."

바리새인들이 침묵할 리가 없다. 유대의 율법은 2명 이상의 증인이 있어야 그 주장이 사실임이 입증된다.

"스스로 빛이라고 한들 빛이 되겠소? 적어도 두 사람이 당신을 빛이라고 하면 혹 모를까."

"내가 나를 증거하고 나를 보내신 아버지도 나를 빛이라고 증거합니다."

"당신의 아버지가 어디 있소?"

"당신들은 나를 알지 못하오. 내 아버지도 알지 못하오. 나를 알면 내 아버지도 알 것이오."

예수는 그들에게 많은 것을 가르쳤으나 제대로 알아듣는 사람이 거의 없었다. 특히 바리새인들은 처음부터 부정적 시각으로 바라보았으므로 말끝마다

시비조로 반응할 뿐이었다.

그러던 어느 날이었다. 그날은 안식일이었다. 예수는 제자들과 길을 걷고 있었다. 그들이 지나가는 곳에 거지가 앉아서 통행인들에게 구걸을 하고 있었다. 예루살렘 사람이라면 구걸하는 그의 모습을 늘 보아온 터였다. 갈릴리에서 온 예수와 그의 제자들도 예루살렘에 올 때면 늘 그 자리에서 그 거지를 보았다. 그는 태어날 때부터 맹인이었다.

"선생님…."

제자 하나가 문득 생각났는지 질문을 했다.

"저 사람이 앞 못 보게 태어난 것이 그 부모의 죄 때문입니까, 아니면 자신의 죄 때문입니까?"

예수는 걸음을 멈추며 대답하였다.

"누구의 죄도 아니오. 저 사람에게서 하나님의 하시는 일을 나타내고자 함이오. 내가 세상에 있는 동안에는 내가 세상의 빛이오."

눈먼 거지 앞으로 다가간 예수는 쭈그리고 앉아 땅에 침을 뱉더니 손끝으로 흙을 이겨서 그의 눈에 발랐다. 눈먼 거지는 예민한 청각으로 상황을 판단할 수 있었다. 자신의 눈에 무언가를 바르는 그가 바로 소문으로만 들어왔던 나사렛 예수라는 것, 앞 못 보는 자의 눈을 뜨게 하고 앉은뱅이를 일으켜 세우고 나병환자를 고쳤다는 그 예수라는 것을 확실히 알고 있었다.

눈을 뜬 맹인 요 9:7-41

"이제 실로암 못에 가서 눈을 씻으시오."

맹인은 달리 생각할 것이 없었다. 예수를 만난 기회가 주어진 것만으로도 감격하였고, 실로암에 가서 눈을 씻으면 어찌 될지 아무 생각도 없었다. 그저 하라는 대로 할 뿐이었다.

그는 하라는 그대로 하였다. 실로암으로 갔고, 그 물로 눈을 씻었다. 그러자 보였다. 세상이 보였다. 흑암의 인생이 놀랍게도 빛의 세계로 바뀌어 그에게 다가왔다.

그가 자기 자리로 돌아오자 지나가던 사람들이 의혹의 눈빛을 하고 다가왔다.

"아니, 저 사람은 여기에 앉아서 구걸하던 그 눈먼 거지가 아닌가?"

"글쎄, 비슷하긴 한데, 그는 앞을 못 보았잖아?."

"비슷한 사람이겠지."

모두들 제멋대로 판단하였다.

"내가 아까 여기를 지나갈 때도 여기 앉아 있던 그 맹인이 분명해."

"그런데 지금은 맹인이 아니잖아?"

"당신이 말해 보시오. 여기에 앉아 있던 맹인인지 아닌지를…."

누군가가 말했다.

"맞습니다. 내가 앞을 봇 보던 그 사람이었어요!"

"거 봐 맞잖아!"

"아니 그럼 어떻게 보게 되었단 말이오? 당신은 태어날 때부터 맹인이라 하지 않았소?"

"맞습니다. 한 번도 세상을 본 적이 없었지요. 그런데 나사렛 예수라고 하는 사람이 지나가다가 진흙을 침으로 이겨서 내 눈에 바르더니 실로암에 가서 씻으라고 했고, 난 시키는 대로 했을 뿐이오. 그랬더니 이렇게 눈이 보이게 되었답니다."

"예수라는 그 사람은 지금 어디 있소?"

자기도 기적을 경험하고 싶어서가 아니라 무슨 꼬투리라도 잡으려는 투였다.

"그걸 내가 어찌 압니까? 내가 씻고 오자 그는 어디로 가 버리고 여기에 없었소."

질문자는 무슨 생각을 하는지 잠시 그대로 서 있다가 다시 물었다.

"우리와 함께 좀 갑시다. 오늘이 안식일인데 병을 고치는 사람이 있다면 당연히 조사할 사안이오. 당신에게 잘못이 있다는 게 아니니까 걱정 말고 좀 갑시다."

그는 잠시 어안이 벙벙하였으나 안식일 문제와 관련되었다고 하니 어쩔 수 없이 그를 따라갔다. 산헤드린 법원의 재판관인 바리새인들은 안식일을 범한 혐의로 예수를 제대로 조사해 보기로 했다. 그들은 맹인이었던 자가 정말로 예수라는 사람에 의해 눈을 뜨게 되었는지 확인하였다.

"그렇다면 나사렛 예수는 안식일을 지키지 않은 이 한 가지 사실만 보아도 하나님께서 보낸 자가 아니잖소?"

그들끼리 설왕설래가 벌어졌다.

"그가 죄인에 불과한 사람이라면 맹인의 눈을 뜨게 한 이런 기적을 어떻게 행한단 말이오?"

예수가 누구냐를 놓고 다투던 그들 중 한 사람이 맹인이었던 사람에게 물었다.

"당신 눈을 뜨게 한 그 사람에 대해 당신은 어떻게 생각하시오?"

"예언자라고 생각합니다."

짧지만 단호한 대답이었다.

"이럴 것이 아니라 저 사람의 부모를 불러다가 물어봅시다. 과연 태어날 때부터 맹인이었는지, 맹인인 체하다가 이런 연극을 꾸민 것은 아닌지 확실히 알아봅시다. 태어날 때부터의 맹인이라면 이렇게 간단하게 다시 눈을 뜰 수 없소."

"그게 좋겠군."

그들은 그의 집으로 사람을 보내어 부모를 불러왔다. 눈을 뜬 아들을 처음

본 부모는 믿어지지 않아서 어리벙벙하였다.

"이 사람이 맹인으로 태어난 당신들의 아들이 맞소?"

"예, 눈이 멀게 태어나 지금까지 맹인으로 살아왔는데 갑자기 이렇게 눈을 뜨다니!"

그들은 할 말을 잃었다.

"어떻게, 언제, 당신 아들이 눈을 떴소?"

"그거야 우리도 모릅니다. 지금 여기서 눈 뜨고 있는 걸 처음 보는걸요. 다 자란 어른이니 그에게 직접 물어보는 게 좋겠습니다. 자기가 겪은 일이니 누구보다 정확하게 알 것이 아닌가요?"

그들은 판단하였다. 저 사람은 맹인이었다. 예수가 그 눈을 뜨게 하였다. 저 사람이 맹인으로 거리에 앉아 구걸하던 모습은 그들도 익히 다 보아온 터다. 그러니 확고하게 해둘 것은 한 가지뿐이다. 그의 눈을 뜨게 한 예수, 그가 하나님이 보낸 예언자도 아니요 그리스도도 아니라는 것, 우리와 같은 사람에 불과하다는 점을 인식시켜 주는 것이다.

"나사렛 예수가 정말 당신 눈을 뜨게 하였소? 어떻게 뜨게 하였소?"

"이미 말씀드렸습니다. 그분의 제자가 되고 싶어서 다시 물으시나요?"

"우리는 모세의 제자다. 그러나 예수는 예언자도 아니고, 정체도 알 수 없다."

"제 생각은 다릅니다. 저는 아직 맹인으로 태어난 사람의 눈을 뜨게 하였다는 이야기는 들어본 적이 없습니다. 이런 일을 하신 그 분은 하나님이 보내신 분임에 틀림없습니다."

"시끄럽소. 죄 많은 몸으로 태어난 주제에 감히 우리에게 훈계를 하다니!"

그들은 그를 밖으로 내쫓았다. 예수는 그 사람이 회당에서 내쫓겼다는 이야기를 들었다. 그 후 그를 만나게 되자, 예수가 물었다.

"당신의 눈을 뜨게 한 그 사람이 하나님께서 왔다고 믿으시오?"

"물론입니다. 그분이 누구십니까? 그분이 누구인지, 제가 믿을 수 있도록 제게 말씀해 주십시오."

"지금 당신과 말하고 있는 내가 바로 그 사람이오."

"주님, 저는 주님을 믿습니다."

그는 그 자리에 엎드려 절하며 고백하였다. 그러자 예수가 말했다.

"나는 세상을 심판하기 위해 왔다. 눈 먼 사람들은 보게 될 것이고, 눈 뜬 사람들은 눈이 멀게 될 것이다."

곁에 서 있던 바리새파 사람들이 물었다.

"뭐라고요? 당신은 지금 우리도 맹인이라고 말하고 있는 거요?"

그들을 향해 예수는 수수께끼 같은 말을 남겼다.

"차라리 너희가 맹인이라면, 죄가 없었을 것이다. 그러나 너희가 지금 볼 수 있다고 주장하니, 너희 죄가 그대로 남아 있다."

두 번째 체포 시도와 친구 나사로의 죽음

수전절修殿節의 예루살렘 요 10:22-39

팔레스타인의 우기雨期는 겨울에 해당되지만 그렇다고 영하의 기온으로 떨어지는 경우는 없다. 수전절은 우기가 시작되고 두어 달 후, 동지冬至 무렵이다.

유대인들의 기나긴 수난의 역사 속에는 한 세기에 불과하지만 독립왕국 시절이 있었다. 기원전 164년 시리아의 지배하에서 신음하던 유대인들이 무력항쟁을 일으켜 이룩한 독립 왕조는 불과 한 세기 만에 로마의 지배하에 들어감으로서 종지부를 찍었다. 그 무력저항에서 이긴 후 유대인들이 맨 먼저 한 일이 더럽혀진 성전의 정화였다. 하나님의 성전이 제우스 신에게 제사를 드리는 장소로 쓰여 더럽혀졌기 때문이다. 성전의 회복을 기리는 뜻깊은 8일간의 절기가 수전절이었다.

수전절에 예수는 성전 안의 솔로몬 행각을 거닐고 있었다. 그러자 예수를 발견한 사람들이 그를 에워쌌다.

"우리에게 분명히 말해 주시오. 당신이 그리스도라면 그리스도라고 말해 주시오."

예수는 연민의 시선으로 그들을 바라보며 말하였다.

"내가 이미 말했는데도 당신들은 믿지 않았소. 내가 내 아버지 하나님의 이름으로 행하는 일들이 내가 누구인지를 증명하는 것 아니겠소."

예수의 말이 이어졌다.

"내 양들은 내 음성을 알아듣습니다. 나는 그들을 알고, 그들은 나를 따릅니다. 나는 그들에게 영원한 생명을 주어 멸망치 않게 합니다. 그들을 내 손에서 빼앗을 자가 없소. 나와 하나님 아버지는 하나이기 때문이오."

다음 순간 누군가가 돌을 들어 예수께 던지려 하였다.

"보시오. 나를 돌로 치려는 까닭이 무엇이오? 내가 그동안 하나님 아버지로 인하여 선한 일만 하였거늘 왜 나를 돌로 치려는 것이오?"

누군가가 거칠게 대꾸하였다.

"당신이 한 선한 일로 당신을 치려는 게 아니오. 당신은 분명 사람이면서 하나님 행세를 하고 있소. 불경스러운 행위를 하기 때문에 치려는 것이오."

예수는 조금도 당황하지 않고 대꾸하였다.

"당신들은 잘 모르는 모양인데, 율법에도 하나님의 말씀을 받은 사람은 신이라 하였소. 하나님께서 세상에 보내신 내가 하나님의 아들이라고 하였다고 하여 불경스럽다고 하시오? 내가 하는 일을 보면 하나님께서 내 안에 계시고 내가 하나님 안에 있음을 알 수 있을 것이오."

그 말에 여러 사람이 예수를 붙잡으려고 하였다.

그러나 예수는 그 곳을 피해 성 밖으로 나갔다.

슬픈 소식 요 11:1-16

예루살렘을 떠난 예수는 여리고를 지나 요한이 사람들에게 세례를 주었던 요단 강 주변에 머물렀다. 그가 머무는 곳에는 어디든 사람들이 모여들었다. 그는 이미 팔레스타인 땅에서 유명한 인물이었다. 로마 제국의 황제의 이름은 몰라도, 당시의 대제사장 가야바의 이름은 몰라도, 나사렛 사람 예수의 이름은 모르는 사람이 없을 정도였다. 많은 사람들이 예수를 하나님이 보내신 가장 위대한 예언자로 믿었다. 어쩌면 하나님과 동등한 존재일 거라고 믿는 사람도 허다했다. 그의 교훈과 능력은 하나님이나 할 수 있는 것이라는 생각이 들었기 때문이다.

예수가 요단 강 건너편으로 간 것은 유대인들이 자신을 잡아 죽이려 한다는 음모를 알아차렸기 때문이었다. 하지만 두려워서 피한 것은 아니었다. 하나님이 정해 놓은 때가 있기 때문이었다. 아직은 죽을 때가 아니었다. 구약시대의 예언자들은 그리스도가 죽는 시기와 방법에 대해 이미 예언한 바 있다. 먼 옛날 이집트를 탈출하던 날 밤을 기념하는 유월절에, 그리스도는 채찍을 맞으면서 도살장에 끌려가는 양처럼 골고다 언덕으로 올라가 처형을 당하게 되어 있었다.

하지만 아직은 그때가 아니었다. 그래서 예수는 멀리 요단 강 근처에서 모여든 사람들에게 가르침을 베풀고 병을 고쳐 주며 지냈다. 그러던 어느 날 예루살렘의 동쪽 올리브 산 너머에 있는 베다니에서 심부름꾼이 헐레벌떡 달려왔다.

"선생님, 저는 베다니에서 마르다와 마리아 자매의 부탁을 받고 달려온 길입니다. 그들의 오빠 나사로가 병들어 누웠습니다. 주님께서 속히 오셔서 고쳐 주십사고 기다리고 있습니다."

하지만 예수는 거의 반응을 보이지 않았다. 심부름꾼이 답답한 듯 다시 입을 열었다.

"나사로는 주님께서 지극히 사랑하시는 사람이 아닙니까? 그 나사로가 죽게 생겼습니다."

그런데도 어찌된 일인지 예수는 잠자코 말이 없다가, 이렇게 말했다.

"그는 죽을병에 걸린 것이 아니오. 하나님의 아들로 영광을 얻게 하려는 것이오."

예수는 묵묵히 하던 일을 계속하였다. 복음을 전하고 병자를 고치며 귀신을 쫓아내는, 요한에게 세례 받은 이후 3년 가까이 해오던 일을 평소처럼 계속할 뿐이었다. 나사로의 일은 아예 듣지 못한 사람처럼 이틀을 보내고 나서야 예수는 문득 생각이 난 듯 제자들에게 말하였다.

"유대로 가자."

제자들은 예루살렘으로 가자는 뜻으로 알아들었다.

"주님, 지금은 예루살렘의 분위기가 험악하지 않습니까? 대제사장과 바리새인들이 선생님을 해치려고 하지 않습니까?"

예수는 빙그레 웃으며 대답하였다.

"내 친구 나사로가 잠들어 있다. 내가 깨우러 가야 한다."

"주님, 잠들었다면 곧 일어날 텐데요 뭐."

제자들은 잠들었다는 말을 액면 그대로 받아들여 그렇게 말한 것이다.

"잠들었다고 한 것은 죽었다는 뜻이다. 내가 거기 있지 않았던 것은, 너희들을 위해 아주 잘 된 일이다. 그래야 너희들이 믿을 수 있게 될 것이기 때문이다. 그에게로 가도록 하자."

그때 제자 도마가 나서서 다른 제자들에게 말했다.

"우리도 주님과 함께 갑시다. 우리도 주님과 함께 죽읍시다."

주님을 위해서라면 목숨이라도 버릴 듯 충성심을 과시하는 것이었다.

거지 바디매오와 세리장 삭개오

운명이 바뀐 눈먼 거지 바디매오 막 10:32-34, 46-52 ; 눅 18:31-43

어느덧 유월절이 다가오고 있었다. 요단 강 동편에 머물다가 잠든 나사로를 깨우러 간다며 예루살렘을 향하여 길을 떠난 예수 일행이 강을 건너자 저 멀리 여리고 성이 시야에 들어왔다.

"이번에 예루살렘에 가면…."

예수는 문득 제자들을 향하여 입을 열었다.

"나는 죽임을 당할 것이다."

충격적인 예수의 발언에 제자들은 걸음을 멈추고 의아한 시선을 스승께 보냈다.

"이미 하나님께서 예언자들을 통하여 예언하신 대로 되는 것이다. 그리스도는 사람들에게 미움과 조롱을 받으며 죽게 될 것이다. 대제사장과 바리새인들이 나를 붙잡아 이방인의 손에 죽게 할 것이다."

제자들은 할 말을 잃었다. 어떻게 그런 일이 주님에게 일어날 수 있단 말인가. 나인 성 과부의 아들과 가버나움 회당장의 딸을 살리신 주님을 누가 어떻게 죽인단 말인가. 온갖 병과 모든 약한 것과 귀신을 쫓아내신 주님을 누가 죽일 수 있단 말인가. 자기들이 죽는다면 이해가 되지만 주님이 죽는다는 말은 전혀 이해할 수 없는 제자들이었다.

"그러나 나는 사흘 만에 다시 살아날 것이다."

더욱 더 이해할 수 없는 말이었다.

얼마 후, 일행은 여리고 성문 가까이에 이르렀다. 유대인 최고의 명절인 유월절을 지키려고 예루살렘으로 가는 예배자들이 쉬어 가는 곳이기도 한 여리고 성은 입구에서부터 북적거렸다. 성문 바로 앞에는 바디매오라는 눈먼 거지가 앉아 있었다. 출입자가 많으면 적선하는 손길도 많아지게 마련이어서 수입이 짭잘한 시기였다. 바디매오는 갑자기 보이지도 않는 눈을 껌벅거리며 긴장하였다. 남달리 청력이 예민한 그는 귀를 쫑긋 세웠다. 무슨 소리를, 그가 가볍게 흘려버릴 수 없는 무슨 소리를 들은 게 분명했다. 그렇다. 그는 분명히 들었다. 여리고 성으로 들어가는 인파 속에서 나사렛 예수의 이름을 들은 것이다. 처음엔 잘못 들었나 싶었는데, 점점 나사렛 사람 예수의 이름을 들먹이는 빈도가 높아졌다. 그는 벌떡 자리에서 일어났다. 그가 풍문으로 알고 있는 나사렛 사람 예수는 앉은뱅이를 일으켜 세우고, 나같은 맹인들의 눈을 뜨게 하고, 문둥병자들을 깨끗하게 치료하신 분이다. 그분은 틀림없이 엘리야와 엘리사를 능가하는 예언자이거나 그 이상일 것이다. 예언자 이상이라면, 잘은 모르지만 그리스도일 것이다. 예언자들이 누누이 강조한 세상을 구하실 그리스도일 것이다.

그는 흥분하였다. 그분을 만나기만 하면 자신도 눈을 뜨게 될 것이다. 그분이라면 눈을 뜨게 하고도 남을 것이다. 그는 그렇게 확신하고 있었다. 드디어 그의 예민한 청각이 허다한 사람들의 웅성거림 속에서 예수를 확인할 수 있었다. 그가 지금 자기 앞을 지나치려 하고 있었다.

"나사렛 예수님, 다윗의 자손 예수님!"

그가 소리쳤다. 절규였다. 사람들의 시선이 온통 그에게 쏠렸다.

그가 더 큰 소리로 외쳤다.

"나를 불쌍히 여겨 주십시오.
다윗의 자손 나사렛 예수님,
저를 불쌍히 여겨 주십시오!"

누군가가 그에게 소리쳤다.

"시끄러워. 좀 조용히 해."

그러나 거지 바디매오는 절호의 기회를 놓칠 수 없다는 듯 더욱 큰 소리로 외쳤다.

"나사렛 예수님, 이 불쌍한 사람을 도와주십시오."

그의 처절한 외침이 군중의 잡음을 뚫고 예수의 귀에 들려왔다. 그는 걸음을 멈추고 소리 나는 쪽을 바라보았다. 시야를 가리고 있던 사람들이 주춤거리며 조금씩 물러섰다. 바디매오가 예수의 시야에 들어왔으나 바디매오의 시야에는 예수가 들어올 리 없다.

"내게 데려오시오."

그 소리를 들은 사람이 바디매오에게 전했다.

"주님이 오라고 하셨어. 어서 가 봐."

그 소리에 눈먼 거지는 용수철이 튕겨지듯 뛰쳐나갔다. 한걸음에 달려가려고 걸치고 있던 겉옷을 내던졌다. 그 겉옷이야말로 그에게는 가장 귀한 재산이었음에도.

가까이 온 바디매오에게 예수가 낮게 물었다.

"내게 무엇을 원하시오?"

"보기를 원합니다! 눈을 뜨게 해 주십시오."

그 말이 채 끝나자마자 예수가 말했다.

"보시오!"

단호한 명령에 이어 덧붙였다.

"당신의 믿음이 당신을 낫게 하였소."

그러자 즉각 기적이 일어났다. 맹인으로 태어나 한 번도 보지 못하던 암흑세계의 인생에게 광명의 세계가 펼쳐진 것이다. 바디매오는 어찌나 감격스럽고 기쁜지, 적선 받은 돈과 겉옷을 내팽개친 채 덩실거리며 예수의 뒤를 따라갔다.

세리장 삭개오의 회개 눅 19:1–10

여리고 성은 팔레스타인 땅의 남동쪽 요단 강 서안에 가까운 교통의 요충지다. 갈릴리와 요르단에서 예루살렘으로 가는 통로에 위치한 오아시스이기도 하다. 따라서 평소에도 상인들과 여행자의 왕래가 많아서, 다른 성들에 비해 세금 징수액이 훨씬 많았다.

삭개오는 여리고 성의 세리장이었다. 유달리 키가 작은 삭개오는 부자였다. 그는 예수가 온다는 소문을 듣고는 거리로 뛰쳐나갔다. 하지만 거리에는 예수를 먼 발치에서나마 보려는 사람들로 넘쳐났다. 키가 작은 삭개오는 예수의 얼굴을 구경조차 할 수 없었다. 아무리 발돋움을 해도 그의 시야는 트이지 않았다. 문득 '뽕나무'라고도 말하는 돌무화과나무가 시야에 들어왔다. 지금의 방향으로 미루어 보면 저 나무 밑을 통과할 게 분명했다. 그는 그쪽으로 달려가서 돌무화과나무 위로 기어 올라갔다. 체면이고 위험이고 가리지 않았다. 어디에서 그런 열정이 솟아난 것인지 그 자신도 이해되지 않았다. 오직 나사렛 예수, 그 사람을 가까이에서 보고 싶은 열망뿐이었다.

그의 예상은 적중하였다. 잠시 후 예수와 일행이 그가 올라가 있는 나무 아래를 지나갔다. 옷차림새는 수수했지만 예수에게서는 말로 표현할 수 없는 품위와 권위가 풍겨났다. 그러나 삭개오가 정작 놀란 것은, 지나가던 예수가 문득 걸음을 멈추고 자신을 똑바로 응시하였기 때문이다. 그는 나무에서 떨어질 지경으로 놀라면서도 그의 시선을 피하지 않았다.

"삭개오, 얼른 내려오시오. 내가 오늘은 당신 집에서 지내겠소."

믿어지지 않았다. 너무나 큰 행운이었다. 세리라고 하면 유대 사회에서는 죄인의 상징이나 마찬가지였다. 그런 죄인의 집에 저렇게 거룩하신 분이 머무시겠다니, 아무래도 믿어지지 않았다.

삭개오는 미끄러지듯 나무에서 내려와 예수의 앞에 허리를 굽혔다. 너무 기쁘고 감격해서 입이 떨어지지 않았다. 삭개오는 앞장서서 예수 일행을 자기 집으로 모시고 갔다.

이것을 지켜보던 사람들이 수군거렸다.

"아니, 저런 죄인의 집에 묵으시다니!"

"도무지 이해가 안 되는군. 세리의 집이라면 창기의 집과 다를 것이 무어란 말인가."

있을 수 없는 일, 상상도 하지 못할 일이 오늘 여리고에서 벌어질 참이었다. 하지만 예수와 아주 가까운 사람들은 예수의 이런 행동을 충분히 이해할 수 있었다. 그리스도 예수 안에서는 죄인과 의인이 따로 없다는 것을, 귀하고 천한 신분의 차별 또한 없다는 것을, 익히 보아왔기 때문이다.

삭개오의 집은 널찍하고 견고했다. 예수의 일행 수십 명이 편히 쉬어가기에 충분하였다. 집으로 들어서자 삭개오가 말했다.

"주님, 제 소유의 절반을 가난한 사람들에게 나누어 주겠습니다."

그의 말에 주위가 조용해졌다. 재산의 절반이라니, 얼마나 엄청난 금액인가. 하지만 삭개오는 여기에서 멈추지 않았다.

"그리고 제가 그동안 세금을 부당하게 징수한 것이 있을 경우에는 그 네 배로 갚겠습니다."

그렇게 되면 그의 재산이 모두 다 사라질지도 모른다. 하지만 삭개오는 침착하고 진지했다. 순간적인 충동이 아니었다. 예수는 그의 속마음을 알았다.

"오늘 구원이 이 집에 이르렀소. 이 사람도 아브라함의 자손이오."

예수의 낮지만 진지한 말이 삭개오를 감격시켰다.

"내가 늘 말해왔듯이, 내가 이 땅에 온 것은 잃어버린 자를 찾아 구원하려 함이오."

잃은 자를 찾으시는 예수

잃어버린 한 마리의 양을 위하여 눅 15:1-7

하지만 바리새인들과 율법학자들은 예수가 죄 많은 사람들과 어울리는 것을 여전히 못마땅하게 여겼다. 예수는 그들의 마음을 알고, 다음과 같은 이야기를 들려주었다.

“여러분 중에 누가 양 백 마리를 가지고 있는데, 어쩌다가 그 중 한 마리를 잃었다고 해보십시오. 그러면 아흔 아홉 마리를 들판에 그대로 두고 잃은 양 한 마리를 찾으러 나가지 않겠소? 그러다가 잃은 양을 찾게 되면 기쁜 나머지 양을 어깨에 메고 집으로 돌아올 것이오. 그 사람은 아마도 이웃 사람들을 불러 모아 놓고 ‘여러분도 함께 기뻐해 주십시오. 잃었던 양을 찾았습니다.’ 하고 기쁨을 나누지 않을까요? 하늘나라에서는 한 사람의 죄인이 하나님께 돌아오는 것이 착한 사람 아흔아홉 명이 있는 이상으로 기쁜 일이오.

하늘에 계시는 아버지께서는 단 한 사람이라도 잘못을 저지르는 일이 없도록 마음을 쓰십니다."

예수는 이런 이야기로, 하나님은 스스로 올바르다고 생각하는 바리새파 사람보다도 자신들이 죄인임을 알고 스스로를 부끄러워하는 세리와 같은 죄인을 더 사랑하신다는 것을 깨우쳐 주려고 하신 것이다.

돌아온 탕자 눅 15:11-24

예수는 또 이런 이야기를 들려주었다.

"어느 곳에 아들 형제를 둔 사람이 있었소. 하루는 작은 아들이 아버지에게 말했소. '아버지, 저에게 주기로 되어 있는 재산 가운데서 제 몫을 미리 주실 수 없겠습니까?' 아버지는 작은 아들의 독립 정신을 기특하게 여겼는지, 재산을 나누어 주었소. 며칠 후, 작은 아들은 짐을 꾸려 먼 고장으로 떠났소. 그곳에서는 아무렇게나 돈을 써도 나무라는 사람이 없었기 때문에, 사치와 향락을 하는 데에 돈을 마구 써 버렸소. 그래서 아버지로부터 물려받은 재산은 얼마 되지 않아 모두 없어지고 말았지요.

돈이 다 떨어지자 공교롭게도 그 고장에 심한 흉년이 들었소. 부자들만이 돈을 주고 비싼 양식을 사 먹을 수 있을 뿐, 거의 모든 사람들이 굶다시피하고 지내게 되었지요. 작은 아들은 돈 한 푼 없는 거지가 되어서 음식을 사 먹을 수가 없었소. 게다가 돈이 있을 때는 그렇게도 따라다니던 친구들도 돈이 떨어지자 언제 보았느냐는 듯 돌아서고 말았지요. 하는 수 없이 작은 아들은 어떤 사람을 찾아가서 일을 시켜 달라고 부탁했소. 그래서 얻은 일자리가 돼지를 치는 일이었습니다. 그는 너무나도 배가 고파 돼지에게 주는 쥐엄나무 열매로 배를 채웠소. 그제야 그는 제정신이 들어서, '우리 집에 가면 하인들도 지금의 나보다 더 좋은 것을 먹고 있다. 이대로 있다가는 죽고 말 거야. 아무래도 아버지에게로 돌아가야겠다. 그리고 아버지에게 잘못했다고 빌어야지.' 하고 생각했습니다. 그는 다시 자기 집을 향해 길을 떠났소.

한편 아버지는 집을 나간 아들이 마음에 걸려 견딜 수가 없었더랬소. 그래서 날마다 동구 밖에 나가 '오늘은 아들이 돌아올까.' 하고 기다리고 있었지요. 어느 날 그토록 기다리던 아들의 모습이 보이자, 그는 맨발로 달려갔소. 아들이 틀림없다는 것을 알게 되자, 아버지는 아들을 와락 껴안고 입을 맞추었소. 아들이 말했소. '아버지, 저는 나쁜 아들이었습니다. 하나님과 아버지에게 죄를 지었습니다. 이젠 아버지의 아들이라고 할 자격이 없습니다.' 그러나 아버지는 하인들에게 말했소. '자, 어서 가서 제일 좋은 옷을 꺼내어 입히고 반지도 끼워 주어라. 좋은 신도 신겨 주어라. 그리고 가장 살찐 송아지를 잡아 맛있는 요리를 만들고 사람들을 불러 모아 잔치를 벌여라! 죽었던 아들이 살아왔다. 잃었던 아들을 다시 찾은 거야.' 아버지는 아들이 돌아온 것이 마냥 기쁘기만 했소."

아버지의 품으로 돌아가기만 하면 누구나 환영받는다는 예수의 이야기는 사람들의 가슴속에 샘물 같은 기쁨이 솟아나게 하였다.

나사로의 소생과 유대인들의 음모

부패가 시작된 시체의 부활 요 11:17-44

여리고를 떠나 예루살렘을 향해 길을 떠난 예수와 일행은 이틀 만에 베다니 마을에 이르렀다. 예루살렘 동쪽 근처에 있는 베다니는 병이 들었다는 나사로와 그의 누이 마르다와 마리아가 사는 곳이었다. 나사로는 어떻게 되었을까?

나사로는 예수 일행이 요단 강 동편 땅을 떠나던 바로 그날 세상을 떠났다. 마르다와 마리아는 슬픔에 젖어 지냈다. 그녀들은 예수가 그 자리에 있었더라면 나사로가 죽지 않았을 것이라는 확신을 갖고 있었기에 한결 안타까움과 슬픔이 컸다. 급히 사람을 보내어 위독함을 알렸건만 예수는 왜 즉시 오지 않았으며, 왜 아직도 오지 않는 것일까. 섭섭한 마음이 들었다.

"마르다, 나사렛 예수님이 오신다!"

동네 친구의 전갈에, 마르다는 벌떡 일어나 뛰쳐나갔다. 반가움과 슬픔이 동시에 밀려왔다. 원망도 생겼다. 예수와 그 일행은 동네 입구에 이르는 중이었다. 단숨에 달려간 마르다가 설움이 북받쳐 말했다.

"주님, 조금만 일찍 오셨더라면 오빠가 죽지 않았을 것입니다. 하지만 지금이라도 주님께서 하나님께 구하시면 무엇이든지 이루실 수 있다는 것을 알고 있습니다."

예수는 연민의 시선으로 마르다를 이윽히 바라보면서 말하였다.

"네 오빠는 다시 살아날 것이다."

마르다는 더 슬퍼하며 말했다.

“그야 마지막 날 부활 때에는 다시 살아나겠지요.”

“네가 아직도 모르느냐? 나는 부활이요 생명이니 나를 믿는 자는 죽어도 살 것이고, 무릇 살아서 나를 믿는 자는 영원히 죽지 아니하리라. 이것을 네가 믿느냐?”

마르다가 서슴없이 대답하였다.

“그럼요. 믿습니다. 주님은 이 세상에 오신 그리스도이시며 하나님의 아들이십니다.”

마르다는 갑자기 생각난 듯 마리아를 부르러 가겠다며 오던 길로 급히 달려갔다. 마르다가 마리아와 함께 동네 어귀에 도착하였을 때, 예수와 일행은 그 자리에 그대로 서 있었다. 마리아와 함께 있던 친구들은 마리아가 급히 나가자 무덤으로 가서 울 것이라고 생각하고 위로하기 위해 그의 뒤를 따랐다. 마리아는 예수를 보자 그의 발 앞에 엎드려 울면서 말했다.

“주님이 여기 계셨더라면 내 오라버니가 죽지 않았을 것입니다.”

마리아를 따라온 사람들도 마리아와 더불어 슬프게 울었다. 예수는 그들과 같은 마음이 되어 마리아에게 물었다.

“무덤이 어디냐?”

사람들이 앞장서서 예수와 그 일행을 인도했다. 무덤은 멀지 않았다. 마르다와 마리아와 그의 친구들도 모두 뒤따랐다. 무덤 앞에 이르자 예수의 눈에서 눈물이 흘렀다.

“저토록 나사로를 사랑하였건만….”

누군가가 혼잣말을 했다.

“눈먼 바디매오의 눈도 뜨게 하신 분이, 그토록 사랑하는 나사로는 왜 죽게 내버려 두었을까?”

나사로와 예수의 관계를 잘 아는 마을 사람들이 여러 말로 수군거렸다.

당시의 무덤은 대개 동굴이었다. 동굴 앞으로 다가선 예수는 시신을 보호하려고 입구를 막아둔 큰 돌을 가리키며 말하였다.

"저 돌을 치우시오."

곁에 섰던 마르다가 허망한 시선으로 돌을 바라보며 말하였다.

"주님, 오라버니는 죽은 지 벌써 나흘이나 되었습니다. 돌문을 열면 안에서 썩는 냄새가 날 것입니다."

낙심한 마르다에게 예수가 말했다.

"내 말을 믿으면 하나님의 영광을 보리라고 말하지 않았더냐."

마르다는 선뜻 마음이 내키지 않았으나 주님의 말씀이라 거부할 수 없어 동네 사람들에게 돌을 치워 달라고 말하였다. 무덤의 돌문을 치우고 뭘 어쩌겠다는 것인지, 나흘이나 된 시체를 놓고 뭘 어떻게 하겠느냐는 다소 불만스러운 표정도 있었으나, 일단 돌이 치워졌다. 예수는 무덤 가까이로 다가가더니 하늘을 우러러 기도하기 시작하였다.

"아버지, 제 청을 들어주시니 감사합니다. 아버지께서는 언제나 제가 원하는 것을 들어주십니다. 지금은 여기 둘러선 무리를 위하여 청합니다. 아버지께서 나를 보내신 것을 이 사람들로 알게 하여 주십시오."

그런 다음 예수는 무덤을 향하여, 그 검은 구멍을 향하여, 큰 소리로 불렀다.

"나사로야, 나오너라!"

누구이기에 시체를 향하여 나오라고 명령을 내린단 말인가. 한 순간 긴장감이 팽배했다. 나흘 된 시체가 어떻게 걸어 나올 수가 있단 말인가? 그런데도 예수는 터무니없는 그 명령을 조금도 거리끼는 구석이 없이 외치고 있었다. 사람들은 초조한 나머지 무덤과 예수의 얼굴을 번갈아 바라보았다. 바로 그 순간 놀라운 일이 벌어졌다. 무덤에서 시체가 걸어 나오고 있었다. 장사지낸 모습 그대로, 손발이 베로 묶이고, 얼굴에 수건이 싸여 있는 그 모습 그대로. 예수가 둘러서 있는 사람들을 향해 말했다.

"걸어다닐 수 있도록 풀어 주시오."

그러자 사람들이 우르르 달려가서 다투어 가며 그를 감싸고 있는 베를 풀어 주었다.

음모, 또 음모 요 11:45–57

나사로의 죽음을 애도하며 그 누이들을 위로하려고 베다니에 와 있던 많은 유대인들이 예수의 능력을 보고 믿게 되었다. 나사로의 친구들 중에도 이 기적을 보고 예수님이 하나님의 아들이라는 것을 믿게 된 사람이 많았다. 그러나 이런 소문을 들은 바리새인들과 대제사장은 더욱 초조해졌다. 그들은 한 자리에서 모여 의논을 거듭했다.

"예수는 율법을 지키지 않고 있습니다. 특히 안식일 규례를 상습적으로 어겨 왔습니다. 하나님께서 제정하신 안식일을 지키지 않는다는 것은 그가 하나님께로부터 왔다고 할 수 없는 결정적인 증거입니다. 이젠 더 지체하지 맙시다."

"그런데도 예수는 날이 갈수록 인기를 얻어가고 있습니다. 우리가 잠자코 있으면 점점 더 많은 사람들이 예수에게 쏠릴 것입니다."

"이제는 그를 죽이는 도리밖에 없소. 모든 백성이 멸망하기보다는 한 사람을 죽게 하는 편이 나을 것이오."

"최선의 방법은 그 사람을 하루라도 빨리 죽이는 것이오. 그래야 기적도 끝나고 빛도 사라집니다. 이번 유월절 전에 그를 없애야 한다는 게 내 생각입니다."

가급적 빨리, 아니 이번 유월절 전에 예수를 잡아 죽이자는 데 의견이 일치하였다.

다음날부터 성전 경비병들은 예수를 잡기 위해 혈안이 되었다. 예루살렘에는 이미 지방과 외국으로부터 많은 사람들이 모여들고 있어서 붐비기 시작하였다. 어제 베다니에 온 예수와 그 일행도 가까운 어딘가에 있을 것이 분명했다. 그러나 예수는 보이지 않고 그에 관한 소문만 무성했다. 무덤에 장사 지내진 나사로를 다시 살린 이야기가 예루살렘에 도착하는 예배자들을 맞이하는 분위기였다.

하지만 예수는 예루살렘에 있지 않았다. 사마리아가 있는 북쪽으로 20여 km에 위치한 에브라임으로 가서 그곳에서 사람들을 가르쳤다. 죽음을 피해서 간 것은 아니었다. 죽을 때가 아니라서 떠났을 뿐이다. 예수는 이스라엘 백성이 이집트에서 탈출하던 전날 밤 어린 양을 잡아 그 피를 출입문의 위아래와 양쪽 기둥에 바름으로써 죽음의 사자가 그 집을 그냥 지나친 것을 기념하는 유월절에, 만인의 죄를 대속하는 피를 흘리고 죽게 되어 있었다.

옥합을 깨뜨린 마리아

다시 베다니에서 요 12:1-2

유월절을 엿새 앞둔 날 오후, 예루살렘이 한눈에 내려다보이는 올리브 산에 도착한 예수는 방향을 동쪽으로 돌려 나사로가 살고 있는 베다니로 갔다. 예수가 마을에 도착하자 마르다는 예수 일행을 만찬에 초대하였다. 오빠를 무덤에서 살려낸 그분을 위하여 그녀 생애에 가장 호화로운 식탁을 준비하고 싶었다. 식사 한 끼 대접할 여유도 없이 훌쩍 북쪽으로 떠났던 주님이 다시 오시니, 그것만으로도 기쁘기 한량없는 나사로의 가족이었다.

일행이 적지 않았다. 열두 제자가 있고, 예수의 모친 마리아와 막달라 마리아를 비롯한 다수의 여인들이 늘 예수 곁에 있었다. 일행을 다 초청하니 베다니에서 비교적 너른 집이었지만 여유 공간이 없게 되었다. 마르다는 정말 신바람이 났다. 동생 마리아도 음식 만드는 데 기쁨으로 도왔다.

나무 식탁에는 온갖 음식이 즐비하게 놓였다. 예수와 그 일행은 그들의 식사문화에 따라 머리를 식탁으로 향한 채 발은 뒤쪽으로 길게 뻗고 비스듬한 자세로 식사를 하였다. 이렇게 잘 차린 식탁은 흔치 않아서 모두들 즐거움이 컸다.

마리아의 향기 요 12:3-11 ; 마 26:6-13 ; 막 14:3-9

식사가 한창일 때 마르다의 동생 마리아가 옥합을 들고 들어왔다. 작고 아름다운 설화석고 제품인 옥합은 여인들이 향유 등 귀중한 것을 담아 보관하는 데 사용한다. 마리아는 옥합을 보물처럼 소중하게 안고 들어오더니 예수의 뒤쪽으로 갔다. 모두의 시선이 그녀에게 집중되었다. 무엇을 하려는지 알 수 없으나 옥합을 들고 있다는 것이 심상치 않았다. 저 옥합을 왜 가지고 왔을까. 만약 옥합에 향유가 가득 들어 있다면, 그 가치는 헤아리기 어려울 것이다. 굳이 값으로 친다면 보통 노동자의 1년치 연봉에 해당하는 300데나리온은 족히 될 것이다. 가난한 사람으로서는 상상도 못할 거액이다.

가룟 유다는 그녀의 옥합을 심상치 않게 주목하였다. 그녀가 예수의 뒤로 가서 쪼그리고 앉을 때 유다는 자기의 예상이 적중할까 봐 걱정스러웠다. 그런데 그렇게 되어가는 모양새였다. 마리아가 그 귀중한 옥합의 꼭지 부분을 깨뜨렸다. 순간 진한 향내가 집 안을 온통 뒤덮었다.

향유가 든 옥합은 그 향유의 가치 때문에 단단히 봉해져 있어서 열고 닫도록 되어 있지 않았다. 그 속의 향유를 사용하려면 옥합의 꼭지 부분을 깨뜨려야 했다. 그런데 마리아가 그 소중한 옥합을 깨뜨렸다.

식사 중이던 일행은 두 가지 이유로 놀랐다. 일단은 처음 맡아보는 진한 향

내에 놀랐다. 천국에 이런 향이 있을까 할 정도로 집안을 진동하는 그 향은 후각뿐만 아니라 마음까지도 취하게 할 지경이었다. 더구나 여인은 그 값진 옥합 속의 향유를 서슴없이, 지극히 조심스럽고 정성스럽게 예수의 뒤에서 그 머리에 부었다. 향유가 예수의 머리를 적시며 흘러내렸다. 마리아는 발까지 흘러내린 향유를 자기의 긴 머리로 닦았다.

식사는 중단되었다. 모두들 넋을 잃은 듯 마리아의 일거수일투족을 한순간도 놓치지 않고 주목하였다. 황홀한 향내만큼이나 감동이 방 안에 가득했다. 그러나 그들 중 오직 한 사람, 예수의 일행에서 재정을 맡아 보는 가룟 출신의 유다만은 표정이 그들 모두와 전혀 달랐다. 불만, 분노, 불쾌감 등이 배합된 씁쓸한 얼굴이었다. 그러나 아무도 그의 표정을 주목하지 않았다. 모두들 마리아와 향유의 냄새에 취해 있었기 때문이다. 유다가 입을 열어 긴장된 정적을 깨뜨리지 않았다면 그들은 그의 존재조차 잊고 있을 것이었다.

"족히 3백 데나리온어치는 될 텐데…, 그걸 팔아서 가난한 사람들을 돕는데 사용했더라면 얼마나 좋았을까!"

유다의 말에 한두 사람은 공감하는 눈치였다. 듣고 보니 순식간에 사라져버린 거금 3백 데나리온이 아깝다는 생각이 들었기 때문이었다. 그러나 누구도 입을 열지 않았다. 유다를 향했던 시선이 주인공 예수의 얼굴로 집중되었다. 예수는 자신을 위해 값비싼 향유를 아끼지 않은 마리아를 이윽히 바라본 후 입을 열었다.

"마리아는 오늘 내게 좋은 일을 하였소. 가난한 사람들은 항상 당신들 곁에 있겠지만, 나는 가까운 시일 안에 당신들을 떠날 것이오. 이미 예고한 대로 나는 죽으러 가오. 오늘 마리아가 나의 장례를 준비하기 위하여 기름을 부은 것이오."

예수는 다시 마리아를 응시하며 부드럽게 미소 지은 표정으로 말하였다.

"이 세상 어디든지 나의 복음이 전해지는 곳이면 지금 마리아가 내게 한 일도 전해져서 사람들의 기억에 남게 될 것이오."

마리아가 예수에게 향유를 부은 베다니는 예루살렘 동쪽 올리브 산 너머에 위치한 작은 마을로 주목 받을 만한 요소가 거의 없다. 그러나 나사로의 부활 사건이 예루살렘에 알려지면서, 더구나 그 부활이 예수에 의해 일어난 사실이 알려지면서 예루살렘의 유대교 지도자들은 긴장했다. 특히 대제사장을 중심으로 구성된 대법원인 산헤드린과 율법학자 등은 어떻게든지 예수를 제거하지 않으면 안 되겠다는 강박관념을 갖게 되었다. 그들이 보기에는, 일찍이 제거했어야 할 예수를 아직까지 방치해 둠으로써 상황이 갈수록 어렵게 되어가고 있었다.

나사로의 부활 사건으로 인해 나사렛의 예수야말로 메시아임에 틀림없다고 믿는 이들이 많아지고 있었다. 심지어는 제사장들과 바리새인들까지도 적지 않게 베다니를 들락거린다는 소문이었다. 산헤드린 법원은 서둘러 문제의 예수를 제거해야 된다는 데에 공감대가 증폭되었다.

왕의 입성과 성전 정화

주께서 쓰시겠다 하라 마 21:1–11 ; 막 11:1–11 ; 눅 19:28–40

베다니에서 안식일을 보낸 예수는 그 다음날 예루살렘을 향해 제자들과 함께 길을 떠났다. 나사로의 부활 사건이 예루살렘을 충격으로 흔든 그 다음 주 첫날, 예수는 드디어 예루살렘에서 죽기 위한 십자가의 행진을 시작한 것이다. 예수는 두 제자에게 지시를 내렸다.

"저기 벳바게 마을로 가거라. 거기에는 아직 사람이 타지 않은 나귀 새끼가 매어 있을 것이다. 내게로 끌고 오너라. 만일 누가 왜 내 나귀 새끼를 풀어 가느냐고 묻거든 주께서 쓰시겠다고 하였다고 하여라."

두 제자가 마을로 들어가니 과연 어미 나귀 곁에 새끼 나귀가 매여 있었다. 그들은 주님의 말씀대로 나귀새끼를 풀었다. 마침 그때 안에서 나오던 주인 남자가 놀란 얼굴로 물었다.

"당신들은 뭐요? 왜 남의 나귀 새끼를 푸는 것이오?"

필경 도둑으로 오인하였을 것이다. 그러나 두 제자는 차분하게 그에게 말했다.

"주님께서 쓰시겠다고 하십니다. 나사렛 예수께서…."

주인은 그 말에 금방 표정이 변했다. 나사렛 사람 예수를 누가 모르랴. 그분이 쓰시겠다면 무엇인들 아까우랴.

"그렇다면 어서 끌고 가시지요."

흔쾌히 승낙하였다.

두 제자는 신바람이 났다. 우리 주님이 타시고 예루살렘에 입성하실 모양이니 드디어 때가 온 것이 아닌가.

"이대로 타시게 해서야 되겠는가. 우리 옷이라도 벗어서 안장 대신 깔아야지."

한 제자가 자기 겉옷을 벗어 나귀 등에 얹었다. 다른 제자도 뒤지지 않으려고 겉옷을 벗어 그 위에 얹었다. 양모로 짠 유대인의 겉옷은 소송대상에서도 제외된 필수품으로, 개인의 재산목록 1호였다. 거의 한 평생을 추울 때는 입고 더울 때는 벗고 잠잘 때는 담요로 쓰는 그 겉옷 한 벌이 주님을 위하여 안장으로 사용되는 것은 큰 기쁨이었다.

예수는 늘 도보로 여행을 해 왔다. 그런데 유월절이 들어 있는 그 주간의 첫날에는 나귀를 탔다. 일찍이 예언자 스가랴가 예언한 대로, 어린 나귀 새끼를 타고 예루살렘성에 입성하는 것이다. 예수는 처음으로 당당하고 권위 있는 모습으로 예루살렘으로 향했다. 자신이 왕임을 선포하듯 당당한 모습이었다.

나귀 탄 예수는 성의 동문으로 향했다. 올리브 산에서 내려가면 만나게 되는 성문이었다. 기원전 164년 정복자 시리아를 예루살렘에서 몰아낸 유다스 마카비우스는 바로 그 성문으로 나귀를 타고 개선했다. 그로부터 2세기가 흐른 기원 30년에 로마의 지배하에 있는 예루살렘으로 예수가 같은 모습으로 나귀를 타고 입성하는 것이다.

유다스 마카비우스는 유대인의 독립왕국을 이루었다. 이 독립왕국은 기원전 63년에 로마의 명장 폼페이우스에 의해 정복당하기까지 유지되었다. 이제 그 영광은 사라졌다. 그런데 유다스 마카비우스를 상기시키는 예수의 예루살렘 입성은, 유월절을 지키려고 예루살렘에 모여든 인파를 자극하기에 충분했다. 유다스 마카비우스가 무력항쟁으로 독립왕국을 이루었다면, 나사렛 예수는 누구도 흉내낼 수 없는 전능자의 능력과 권세로 로마 제국을 물리치고 다시 한 번 독립왕국을 이룰 것이다. 그런 기대감을 갖는 것도 전혀 무리는 아니었다.

그런 기대감 때문인지 나귀 탄 예수를 환영하는 예루살렘 사람들의 반응은 그야말로 열광적이었다. 나사렛의 예수, 그는 이제 유대인의 왕의 모습이었다. 백성들은 그를 왕이라고 생각했다. 그래서 자기들의 옷을 벗어 왕의 행차를 위해 나귀 앞에 깔았으며, 야자나무 가지를 꺾어 환영의 깃발을 대신하여 흔들며 열광하였다.

"다윗의 자손이여, 호산나! 호산나! 다윗의 자손이여! 주의 이름으로 오시는 이여!"

예수가 다윗 왕가의 혈통이며, 다윗같이 위대한 왕이 된다는 노래가 이 입 저 입에서 흘러나왔다. 개선 장군을 맞이하는 듯한 즐거운 소동이 일어난 것이다. 열광하는 군중 속에서 예수를 증오하고 싫어하는 바리새파 사람들은 혀를 끌끌 차며 걱정하고 분노하였다.

"정말 굉장하군. 이젠 우리가 그에게 어떻게 할 수 없겠군. 이 분위기를 봐."

"그렇다고 우리까지 구경꾼이 될 수는 없지."

그들 중 하나가 군중을 헤치고 나귀 탄 예수에게 접근하였다. 그러나 군중의 분위기가 두려워 함부로 말할 처지가 못 되어 조심스럽게 말을 건넸다.

"선생님, 이건 정도가 지나친 것 같습니다. 선생님을 찬송하며 외치는 소리를 제지해야 도리이지 않겠습니까?"

예수가 지체 없이 대답하였다.

"이 사람들이 잠잠하면 돌들이 소리를 지를 것이오."

강도의 굴혈이 된 성전 마 21:12–17 ; 막 11:15–19 ; 눅 19:45–48

개선장군처럼 입성한 예수는 곧장 성전 뜰로 갔다. 성전 뜰 안은 한 마디로 북새통이었다. 성전세를 바치기 위해 환전하는 사람들과 환전상들의 호객소리, 흠 없는 양이나 염소 등 제물을 거래하는 소리, 제물이 될 짐승들의 소리로 성전 뜰은 온통 시장터였다. 홍정하는 소리에 예수는 화가 났다. 환전수수료나 짐승의 값이 정상적인 가격을 훨씬 넘는 바가지였기 때문이다.

"나가시오. 성전 뜰에서 다들 나가시오. 여기는 기도하는 성전이지 장터가 아니오. 어찌하여 거룩한 성전을 강도의 굴혈로 만든단 말이오?"

의분의 목소리가 잡음을 제압하고 성전 뜰을 뒤덮었다. 쩌렁쩌렁한 소리였다. 갈릴리의 야산에서 5천 명이 넘는 사람들을 향해 온종일 설교하신 그 우람한 목소리에 상인들은 주춤하지 않을 수 없었다. 그러나 제사장들의 허락하에 이루어지는 환전이며 거래이기에 누가 나가란다고 나갈 그들이 아니었다. 더군다나 유월절은 상인들이 떼돈을 벌 모처럼의 기회가 아닌가.

"나가라고 하지 않았소? 여기서 장사를 하지 마시오."

그래도 눈치만 보며 거래를 계속하자 예수는 거친 행동을 보였다. 환전상들의 상을 엎고 의자를 둘러엎으며 나가라고 소리쳤다. 그 폭력적인 언행에 압도당한 상인들이 흩어지기 시작했다.

조금 잠잠해지며 질서가 회복되자 이번에는 맹인들과 다리 저는 사람 등 지체부자유자들이 예수에게 왔다. 예수는 병자들을 낫게 하고 귀신을 내쫓으려고 왔노라고 공개적으로 말한 적이 있으므로 그들 모두를 즉석에서 온전하게 치료해 주었다.

소란스러운 입성에서부터 지금까지의 행동을 속수무책으로 지켜보던 대제사장과 서기관 등은 기회를 보아 예수에게 항의해 보았으나 책망조의 답변에 할 말을 잃었다.

예수의 마지막 교훈과 예언

월요일의 충격 마 21:18-22 ; 막 11:12-14, 20-24

소란스러웠던 유월절 주간 첫날을 예루살렘에서 보내고 베다니로 돌아와 하룻밤을 쉰 예수는 다음날 이른 아침 제자들과 함께 다시 예루살렘 성으로 향했다. 예수는 무성한 잎을 자랑하며 서 있는 무화과나무를 보고는 그리로 가서 열매를 따려고 했다. 하지만 무화과나무에는 열매가 하나도 없었다. 예수는 돌아서면서 말했다.

"너는 이제부터 영원토록 열매를 맺지 못하리라."

열매는 없고 잎만 무성했던 그 나무는 곧 말라 죽었다. 제자들이 놀라서 물었다.

"어떻게 해서 무화과나무가 이렇게 금방 말라 버렸습니까?"

"내가 진정으로 말한다. 너희가 믿고 의심하지 않는다면 너희는 이런 일뿐만 아니라 더 큰 일도 해낼 수 있을 것이다. 산을 향해서 '땅에서 들려서 바다로 옮겨가라'고 해도 그대로 될 것이다. 믿고 기도하면, 구하는 것이 무엇이든 다 받을 수 있을 것이다."

성전에 들어서자 기다렸다는 듯 인파가 몰려들어 예수와 그 일행을 에워쌌다. 예수는 자신의 죽음이 임박함을 알았기에 남은 시간 동안 되도록 많은 사람들에게 되도록 많은 것을 가르쳐야 했다.

두 아들의 비유 마 21:28–32

"두 아들을 둔 사람이 있었소. 아버지가 큰아들에게 '얘야, 오늘은 포도원에 가서 일하여라.' 하고 말하였지요. 큰아들은 '싫습니다.'라고 대답했지만, 마음을 바꿔 포도원에 가서 일했소. 아버지는 작은아들에게도 똑같이 말했소. 작은아들은 '예, 아버지.'라고 대답만 하고는 일하러 가지 않았소. 두 아들 중 아버지에게 순종한 아들은 어느 쪽이오?"

이야기를 듣던 무리들이 입을 모아 대답했다.

"물론 큰아들입니다."

예수는 고개를 끄덕이며 그 의미를 이렇게 설명했다.

"내가 진정으로 말합니다. 세리들과 창녀들이 여러분보다 먼저 하나님 나라에 들어갈 것이오. 세례 요한이 바른 길을 보여주었을 때 세리들과 창녀들은 그 말을 들었지만 여러분은 듣지 않았기 때문이오. 여러분은 이것을 보고도 여전히 회개하지 않고, 그를 믿지 않았소."

초대받은 사람들 마 22:1–14 ; 눅 14:15–24

예수는 또 이런 비유를 들려주었다.

"임금님이 왕자의 결혼식에 많은 사람을 초청하였소. 그런데 어찌된 일인지 이 일 저 일로 바쁘다고 핑계를 대고 오지 않는 사람들이 많았소. 왕은 다시 다른 신하들을 보내어 '살진 송아지를 잡는 등 푸짐하게 준비가 되었으니 어서 잔치에 오라.'고 전하게 하였소. 그러나 손님들은 신하들의 말을 듣지 않았소. 어떤 사람은 밭에 일하러 가고, 어떤 사람은 장사하러 갔소. 어떤 사람들은 왕의 신하들을 붙잡아 때리고 죽이기까지 했소. 격분한 왕은 군대를 보내어 그 살인자들을 잡아 죽이고 동네를 불살라 버렸소. 그런 다음 왕은 신하들에게 말했소. '내가 애초에 결혼 잔치에 초대한 사람들은 자격이 없는 자들이었다. 그러니 거리에 나가 아무나 잔치에 오라고 초대하여라.'

신하들은 거리에 나가 좋은 사람이든 나쁜 사람이든 가리지 않고 눈에 띄는 대로 데려왔소. 잔칫집은 손님으로 가득 찼소. 왕은 손님들을 보려고 들어왔다가, 어떤 사람이 예복도 입지 않고 앉아 있는 것을 보았소. 왕이 '이 사람아, 자네는 왜 예복도 입지 않고 여기에 들어왔는가?' 하고 물었으나, 그는 아무 대답도 하지 못했소. 왕은 시종들에게 명령했소. '이자의 손발을 묶어 바깥으로 내쫓아라. 거기서 가슴을 치며 통곡할 것이다.'

이와 같이 부르심을 받은 사람은 많지만, 택함을 받은 사람은 적소."

그렇다면 어떤 사람이 천국 잔치에 참석하여 즐길 수 있을까? 누구나 다 초대를 받았지만, 자기 죄를 회개하지 않으면 안 된다. 죄를 뒤집어쓴 채 천국 잔치를 즐길 수는 없는 일이다.

바리새인들의 음모 마 22:15-22 ; 막 12:13-17 ; 눅 20:20-26

예수의 인기는 하늘을 찌를 듯하였다. 지금까지 유대교의 지도층은 대제사장을 비롯한 서기관과 율법학자들이었다. 백성들로부터 존경을 받아오던 그들은 이제 예수라는 젊은이가 등장함으로써 관심 밖으로 밀려나고 있었다. 예수의 가르침이 기적을 일으키는 능력과 함께 빛을 더하니, 종교 지도자들이 설 자리는 날이 갈수록 좁아져 갔다.

그들이 보기에 예수는 율법을 부정하고 파괴하는 자였지만, 그를 체포하여 벌을 주기에는 시기가 늦은 감이 있었다. 그의 엄청난 인기로 보아 막무가내로 그를 체포한다면 폭동이라도 일어날 기세였다. 명백한 이유가 있어야 했다. 더구나 그를 죽이려면, 그에 합당한 죄목이 있어야 했다. 그렇게 무거운 죄를 다스리는 것은 유대인들의 소관도 아니었다. 로마 총독에게 속한 권한이었다.

안식일에 병자를 고친다거나 자신을 하나님의 아들이라 한다는 이유로는 예수를 죽일 수 없었다. 로마 총독은 누군가가 안식일을 지키거나 말거나, 자신을 하나님이라고 하거나 말거나 아무런 관심이 없었다.

바리새파 사람들은 예수를 함정에 빠뜨려 로마 법을 어기는 발언을 유도하려고 음모를 꾸몄다. 어떻게든지 법을 어기게 해야만 빌라도에게 예수를 고발할 수 있을 것이기 때문이다.

바리새인들은 예수에게 가서 이렇게 물었다.

"선생님은 로마 황제에게 세금을 바치는 것이 옳다고 생각하십니까?"

로마 제국의 지배 하에 있는 나라들은 예외 없이 로마 화폐를 사용하였고, 로마 제국에 세금을 냈다. 하지만 유대인들이 로마에 세금을 바치는 것을 달갑게 여길 리 없었다. 만약 예수가 세금을 내는 것이 좋다고 하면 백성들이 반감을 가질 것이고, 로마에 세금을 내지 말라고 하면 로마에 대한 반역적인 발언을 한 셈이다. 반역은 총독이 사형에 처할 수밖에 없는 큰 죄가 된다.

예수는 바리새인들이 왜 그런 질문을 하는지 단번에 그 의도를 간파하였다. 하지만 제자들과 군중들은 극도로 긴장하였다. 어떻게 대답해도 허점을 노출할 수밖에 없는 미묘한 질문이기 때문이다. 로마에게 역적이 되느냐, 유대인에게 역적이 되느냐의 두 가지 선택밖에 없는 질문인 것 같았다. 숨소리도 들리지 않을 만큼 긴장감이 팽배했다. 그러나 예수는 조금도 흔들림 없이 입을 열었다.

"나를 시험하는군요. 세금 내는 돈을 내게로 가져오시오."

누군가가 로마의 화폐인 데나리온 한 닢을 예수에게 주었다.

"보시오. 이 돈에 새겨진 문자와 그림이 누구의 것이오?"

"로마 글자와 로마 황제의 얼굴이지요."

질문을 한 바리새인이 대답하자, 예수가 말했다.

"그러니 황제의 것은 황제에게 바치고, 하나님의 것은 하나님께 바치면 되는 것이오."

로마에게도 유대인에게도 책잡힐 게 없는 절묘한 답변이었다. 질문자조차 그만 할 말을 잃었다.

가장 큰 계명 마 22:34, 23:12 ; 막 12:28–40 ; 눅 20:41–47

하지만 바리새인들은 포기하지 않았다. 이번에는 예수에게 정면으로 계명에 대해 묻기로 했다. 예수의 가르침이 하나님의 율법을 훼손시킨 경우가 있었기에(물론 그들의 오해요 판단일 뿐이지만), 이번에는 본격적으로 계명을 들이대기로 하였다.

"모세의 율법 중에서는 으뜸가는 계명은 무엇입니까?"

"'네 마음을 다하고 목숨을 다하고 생각을 다하여 주 너의 하나님을 사랑하라.' 이것이 가장 중요하고 으뜸가는 계명이오. 그러나 '네 이웃을 네 몸과 같이 사랑하라.'는 둘째가는 계명도 이에 못지않게 중요합니다. 모든 율법과 예언자들의 말씀은 이 두 계명으로 요약될 수 있소."

질문을 제기한 율법 교사는 예수의 명철한 대답에 할 말을 잃었다. 그러자 이번에는 예수가 바리새인들에게 물었다.

"당신들은 그리스도에 대하여 어떻게 생각하시오?"

바리새인들은 자기들끼리 수군거리더니 대답하였다.

"그리스도는 다윗의 자손에서 태어난다고 예언되었지요."

"다윗이 그리스도를 '나의 주님'이라고 불렀는데, 그리스도가 어떻게 다윗의 자손이 된단 말이오?"

그들은 또다시 할 말을 잃었다. 예수는 이어서 바리새인들의 위선과 가식을 날카롭게 비판하였다. 죽기로 작정하였으니 죽이려는 세력이 두려울 게 없지 않은가. 그는 제자들에게 이렇게 말했다.

"율법 교사들과 바리새파 사람들이 말하는 것은 다 지키되, 그들의 행실은 본받지 마시오. 그들은 말뿐이고 실천은 하지 않는 사람들이오. 그들은 너희에게 무거운 짐을 지라고 강요하면서 자기들은 손가락 하나 까딱하려 하지 않소. 그들은 또, 잔치에 가면 윗자리에만 앉으려 하고 회당에서는 높은 자리만 찾습니다. 길에 나서면 인사받기를 좋아하고, '랍비'라거나 '스승'이라고 불러 주기를 바랍니다. 여러분에 가장 큰 자는, 자기를 낮추어 남을 섬기는 사람입니다. 누구든지 자기를 높이는 사람은 낮아지고, 자기를 낮추는 사람은 높임을 받게 될 것이오. 바리새파 사람들과 율법 교사들은 화를 입을 것이오. 그들은 위선자들로서, 하늘나라의 문을 가로막고 서서 자신들도 들어가지 않고 다른 사람들도 못 들어가게 하고 있소. 그들의 겉모습은 깨끗하나 속은 방탕과 탐욕으로 가득하오."

전무후무한 재난의 예고 마 24:1–31 ; 막 13:1–27 ; 눅 21:5–28

성전을 떠나 올리브 산으로 가면서 제자들이 성전의 웅장하고 아름다운 모습을 가리켰다. 늘 보아 온 성전인데 새삼스럽게 느껴지는 모양이었다.

"돌로 쌓은 저 성전이 돌 위에 돌 하나 남지 않고 다 무너뜨려질 것이다."

충격적인 발언이라서 제자들은 어안이 벙벙하였다. 그들은 올리브 산에 오르자 예수에게 물었다. 그런 끔찍한 일이 언제 생기는가를. 도무지 믿어지지 않았기 때문이다. '정말 그런 일이 생긴다면 이 얼마나 끔찍한 재앙이란 말인가? 세상에 무슨 일이 일어나기에 46년째 공사가 계속되고 있는 저 견고한 성전이 박살이 나도록 무너뜨려진다는 것일까?'

"선생님, 언제 그런 일이 생깁니까? 그때 무슨 징조가 있습니까?"

"조심해야 한다. 그때는 자칭 그리스도가 여럿 나타나서 미혹할 것이다. 전쟁도 많이 일어나고. 민족끼리 싸우고 나라끼리 싸울 것이다. 지진과 기근도 심해질 것이다. 그것이 재난의 시작이다. 나를 믿는 사람들에게 핍박이 가해질 것이다. 사랑은 식고, 배신이 자행되며, 고통이 많을 것이다. 그러나 끝까지 견디는 사람은 구원을 얻게 된다. 이 천국 복음이 온 세상에 전파되어야 종말이 올 것이다."

그 무서운 재난을 환히 바라보는 듯 예수는 잠시 입을 다물었다.

"그 재앙의 날, 천지창조 이래 없었던 그 대환난은 그 후로도 없을 것이다. 그날을 감하지 않으면 모든 육체가 구원을 얻지 못할 것이다. 특히 그리스도가 여기 있느니 저기 있느니 해도 믿지 마라. 나의 재림은 번개가 동편에서 서편까지 번쩍임같이 임할 것이다."

재림하실 그리스도는 지구의 동서에서 다 볼 수 있다는 의미였다.

"내가 천사들과 함께 와서 영광의 보좌에 앉을 것이다. 모든 민족을 양과 염소를 분별하는 것같이 하여 양은 오른편에 염소는 왼편으로 가를 것이며, 오른편에 있는 사람들에게는 '내 아버지께 복 받을 자들이여, 하나님께서 너희를 위하여 예비한 나라를 상속하라.' 할 것이고, 왼편에 있는 자들은 '저주를 받은 자들아 나를 떠나 마귀와 그 사자들을 위하여 예비된 영원히 타오르는 불 속으로 들어가라.' 할 것이다. 그들은 영벌에, 의인들은 영생에 들어가는 것이다."

유혈 폭동과 예수 바라바 마 27:15-16 ; 막 15:6-7 ; 눅 23:19

충격으로 일관된 그날이 가고 화요일에도 여전히 예루살렘 성전에서 가르치고 치료하신 예수는, 무슨 까닭일까, 수요일은 베다니에서 온종일 머무르며 휴식을 취하였다.

한편, 언젠가 예루살렘에서는 큰 폭동이 발생하였다. 예수 바라바의 지휘하에 열심당 행동대원들이 군중을 선동하여 반 로마 무력항쟁을 벌였다. 어쩌면 그 폭동이 유월절 기간에 일어났을 가능성이 크다. 당시 유대인들은 전국 각처는 물론, 바벨론의 정복과 그리스의 알렉산더 대왕의 정복과 이어진 로마의 정복으로, 지중해 세계의 유럽과 아프리카와 이집트와 메소포타미아 등 여러 지역에 흩어져 사는 사람이 많았는데 그런 타국살이 유대인들도 매년 유월절을 맞이하면 그 절기를 지키려고 몰려들어 그야말로 예루살렘은 인산인해를 이루었다. 정복자에게 반기를 들기에 가장 유리한 조건이다.

그 무렵 성전 북쪽에 위치한 안토니아 요새에는 로마군 부대가 주둔해 있었다. 특히 유월절 기간이 되면 저 북서쪽 지중해안에 위치한 로마식 도시 가이사랴에 있는 로마 총독이 그곳 병력을 이끌고 예루살렘의 안토니아 요새에 머문다. 증원군인 셈이다. 그곳 망대에서는 성전이 한눈에 조망된다. 성전 마당의 군중 동태가 파악되며, 유사시 요새에서 성전으로 로마 군대를 진입시키는 통로가 있다.

예수 바라바가 이끄는 유대 열심당 행동대원들의 폭동이 있던 날, 그날의 폭동을 진압시키려고 그 통로로 로마 정예 군대가 성전으로 진입하였다. 피비린내가 진동하였다. 그러나 잘 훈련된, 유럽과 아프리카와 서아시아와 메소포타미아까지 정복한 최강의 로마 군대는 광기어린 열심당 무장 세력을 진압하였다. 그리고 대장 예수 바라바를 생포하여 감옥에 가두어 놓았다.

최후의 만찬과 가롯 유다의 배신

목요일의 유월절 준비 마 26:17–19 ; 막 14:12–16 ; 눅 22:7–13

제자들이 예수에게 물었다.

"유월절 식사를 어디에다 준비할까요?"

15세기 전인 기원전 1446년, 요셉에 의해 이집트로 이주한 야곱의 후손들이 430년 동안 많은 고난을 겪으며 살다가 모세에 의해 해방되기 전날 밤, 특별한 저녁식사를 하였다. 모세의 명령에 따라 모든 유대인 가정에서는 가족 수에 맞게 양을 잡고, 그 고기를 먹었다. 양의 피는 그 집의 문설주와 인방에 발랐다. 그 피를 보고 죽음의 천사가 지나쳐 생명이 안전했었다. 그러나 양의 피를 바르지 않은 집은 왕궁에서부터 초라한 서민의 집을 가리지 않고 예외 없이 그 집의 장남과 가축의 첫 새끼가 죽는 재앙이 임하였다. 그로 인하여 왕은 잔뜩 겁을 먹었으며, 서둘러 야곱의 후손들에게 이 땅에서 떠나라고 하였다. 바로 그 기적의 저녁 식사를 모든 유대인은 15세기가 흐르도록 기념하여 지키고 있다. 목요일이 바로 그날이었다. 그날의 저녁 식탁에는 양고기와, 이집트에서의 고난을 상징하는 쓴 나물과, 발효제를 전혀 사용하지 않은 딱딱한 빵이 주식으로 오른다. 온 가족이 한 자리에 모여 그날의 저녁식사를 재현하는 것이다.

"예루살렘으로 들어가면 물 한 동이를 이고 가는 사람을 만날 것이다. 그를 따라가서 그 집에서 내가 유월절 만찬을 먹겠다고 하여라."

베드로와 요한이 심부름을 갔다. 과연 예수가 말한 그대로였다. 만찬 준비는 순조롭게 이루어졌다.

예수는 그날의 만찬이 자신에게는 지상에서의 마지막 저녁식사가 된다는 것을 알고 있었다. 양을 잡아 피를 바른 그 유월절에 예수는 다시는 죄를 씻기 위하여 양을 잡을 필요가 없어지도록 양을 대신하여 자신이 친히 나무에 달려 피 흘리고 죽도록 예정되어 있음을 알고 있었다. 만인의 죄를 대신 속죄하기 위하여 하나님의 아들이신 예수가, 하나님의 아들이기에 신이신 예수가 세상 죄를 전가받아 대신 죽는 것이다. 부활이 예정되어 있으나 일단 모진 십자가의 고통을 생각하면 소름이 쫙 돋았다.

예수의 몸값 은화 30세겔 마 26:1–5, 14–16 ; 막 14:1–2, 10–11 ; 눅 22:1–6

유월절 만찬이 준비되고 있을 무렵, 예수의 제자 중 한 사람인 가룟 출신의 유다는 산헤드린 법원의 최고 지도자이며 대제사장인 가야바와 만나고 있었다. 산헤드린 법원 재판관들 다수가 함께 있었다. 그들은 예수를 잡다가 큰 소요라도 일어날 게 두려워 이번 유월절에는 예수를 제거하지 말자고 내부적으로 결정된 직후였다. 그들에게 예수의 제자가 직접 찾아온 것은 꿈같은 일이었다. 이게 예삿일이 아니잖은가.

"나는 예수의 측근 중 측근입니다. 나는 산헤드린이 예수를 잡고자 지속적으로 시도해 온 사실을 알고 있습니다."

"그래서 그를 잡아주기라도 하겠다는 거요?"

성미 급한 바리새인 하나가 그 심상찮은 유다의 눈을 응시하며 다그치듯 물었다.

"그렇소."

서슴없는 확고한 대답이었다. 대제사장을 비롯한 그들 모두가 뜻밖의 말에 놀랐다. 예수가 대단히 비범한 인물임은 부정할 수 없는데, 그의 몇 안 되는 제자의 한 명이 그 위대한 스승을 배신한다는 이 사실이 얼른 납득되지 않았다.

"사실이냐?"

대제사장 가야바가 직접 물었다.

"예."

"너에겐 지극히 존경스러운 스승일 텐데 배신하는 이유라도 있느냐?"

"말하고 싶지 않습니다…. 그러나 한 가지, 우리 민족의 염원은 로마의 무자비한 압제에서 해방되는 것인데, 나의 선생님은 그런 일에 도무지 관심이 없습니다."

"너의 애국애족 하는 마음이 가상하다. 너도 열심당원이냐?"

"얼마를 주시겠습니까?

유다는 여러 말 하기 싫은 듯 단도직입적으로 나왔다.

"예수를 팔겠다? 값은 흥정꺼리가 아니다. 몸값을 주마. 은화 30세겔이다."

대제사장이 눈짓하자 회계담당인 듯 한 제사장이 안으로 들어갔다가 은화 30세겔이 든 가죽 주머니를 들고 나왔다. 묵직해 보였다. 은 435g이 든 주머니다.

"실수가 있어서는 안 된다. 너와 계약한 우리는 산헤드린 법원이라는 사실을 잊지 마라."

최후의 만찬 마 26:20–29 ; 막 14:17–25 ; 눅 22:14–23 ; 요 13:1–30

만찬이 시작되었다. 해는 성 넘어 지중해로 기울었고, 천 년의 고도 예루살렘은 땅거미가 내려앉았다. 만찬장은 저택 이층의 큰 방이었고, 긴 식탁의 가운데에 예수가 앉았다. 식탁에는 갓 잡아 불에 구운 양고기와 누룩 없이 만들어 부풀지 않은 빵과 쓴 나물과 붉은 포도주가 차려져 있었다. 식사가 어느 정도 진행된 후에 예수가 느닷없이 이해 못할 말을 하였다.

"내가 고난을 당할 것이다. 그 전에 유월절 식사를 함께 하고 싶었다. 지금 함께 식사하는 내가 선택한 사랑하는 제자 열두 사람 중에서 한 사람이 나를 배반할 것이다."

제자들은 어리둥절하여 서로의 얼굴을 둘러보았다. 당혹, 의아, 긴장, 설마 하는 감정들이 순식간에 그 열둘의 얼굴에 스쳐갔다.

"우리 중에 선생님을 배신하는 자가 있다니!?"

누군가가 중얼거렸다. 믿어지지 않는다는 소리였다.

"주님, 저는 아니지요?"

그러자 모두들 "저도 아니지요?"라고 서둘러 물었다. 확인받고 싶었다. 그때 예수의 곁에 앉아 있는 요한에게 그 옆의 베드로가 낮게 속삭였다.

"여쭈어 봐. 그게 누구냐고…."

베드로의 소리만큼이나 낮게 요한이 물었다.

"누굽니까, 주님? "

예수도 다른 사람이 알아듣지 못할 정도로 낮게 대답하였다.

"내가 빵을 떼어 주는 그 사람이다."

예수는 채 말이 끝나기도 전에 빵을 떼어 가룟 출신의 유다에게 건네주면서 말하였다.

"나를 배반하는 자는 화를 받게 된다. 차라리 세상에 태어나지 않았더라면 좋았을 것이다."

그 말을 유다도 알아들었다. 그러나 이미 사탄이 그 마음을 사로잡고 있어서 양심의 가책도 두려움도 느끼지 못하였다. 오히려 속으로 쾌재를 부르고 있었다. 식사가 끝나면 올리브 산 겟세마네(올리브 기름을 짜는 틀이 있는 곳)로 가서 이 밤을 기도하며 보내야 되겠다고 예수가 분명하게 말하였기 때문이다. 정보는 확보되었다. '오늘 밤에 겟세마네에서 당신이 체포될 것을 나는 알고 있소이다.' 라고, 유다는 말하고 싶었다.

"유다, 당신이 하려고 한 일을 하여라."

모두 알아들을 큰 소리였다. 예수의 그 말을 기다렸다는 듯 유다는 자리를 박차고 일어나 황급히 밖으로 나갔다. 어둠이 그를 덮었다. 그는 총총걸음으로 어둠 속으로 사라졌다.

방 안에 있는 제자들은 대수롭지 않게 여겼다. 재정관리자인 유다에게 선생님이 무슨 일인가를 지시해 두었으리라 생각하였다. 그러나 예수는 이제 마지막 운명의 시간이 카운트다운되었음을 알고 있었다. 불과 몇 시간 후에 가룟 유다의 인도를 받는 대제사장의 부하들이 자기를 잡으러 올 것이다. 올리브 산 겟세마네에서.

예수는 자리에서 일어섰다. 겉옷을 벗었다. 수건을 달라 하더니 그것을 허리에 둘렀다. 대야에 물을 떠오라고 하였다. 손은 식사 전에 씻는 것인데 새삼스럽게 왜 손을 씻으려 할까. 모두들 지켜볼 뿐이었다. 의미 없는 언행이 없음을 그들은 익히 알고 있기 때문이다.

준비가 완료되자 예수는

놀랍게도 그 대야의 물로 제자들의 발을 차례로 씻겼다. 허리에 두른 수건은 젖은 발을 닦는데 사용하였다. 우리가 선생님의 발을 씻겨야 옳은데 이렇게 예고도 없이, 영문도 모르게 왜 우리의 발을 친히 씻기시는지, 그들은 의아할 뿐이었다. 그러나 누가 감히 존경하는 전능하신 선생님의 하시는 일에 언급할 수 있으랴. 그러나 베드로의 순서가 되자 그는 거부하였다.

"안 됩니다. 선생님이 제 발을 씻기시다니요. 절대로 안 됩니다."

너무 황송해서 거절하였음을 모르는 사람이 없었다.

"베드로, 내가 너를 씻기지 않으면 당신과 나는 상관이 없다."

베드로는 그 말에 얼마나 놀랐는지 냉큼 태도를 바꾸었다. 선생님과의 단절이라니 이 얼마나 끔찍한 일인가.

"주님, 제 발뿐만 아니라 손과 머리도 다 씻겨 주십시오."

"이미 목욕한 사람은 발밖에 씻을 필요가 없다. 온 몸이 깨끗하기 때문이다."

한 번도 경험하지 못한 발 씻는 행사가 끝나자 예수는 다시 자리에 앉아 빵을 들었다.

"자, 이걸 받아 먹어라. 이것은 너희들을 위하여 주는 내 몸이다."

딱딱한 빵 조각을 떼어 열한 제자 모두에게 한 조각씩 나누어 주었다. 우리를 위하여 주는 몸이라? 무슨 뜻인지는 잘 모르지만 하라는 대로 할 뿐이었다.

"자, 이 잔을 받아 마셔라."

빵에 이어 붉은 포도주를 잔에 부어 한 사람씩 받게 하였다.

"이것은 너희들을 위하여 흘리는 내 피다. 너희들과 새로 맺는 피의 계약이다. 내가 다시 올 때까지 이를 기념하여 지키도록 하여라."

가룟 유다의 입맞춤과 베드로의 통곡

피의 기도 마 26:30-56 ; 막 14:26-50 ; 눅 22:31-54 ; 요 18:1-11

만찬장을 떠났을 때는 이미 밤이었다. 예수는 열한 제자와 함께 수없이 오르내린 올리브 산을 향했다.

"오늘 밤 너희들이 다 나를 버릴 것이다. 이미 예언서에 그렇게 되어 있다. 그러나 내가 부활한 후 당신들보다 먼저 갈릴리로 갈 것이다."

베드로가 펄쩍 뛰었다.

"주님, 그렇지 않습니다. 모두 주님을 버리고 갈지라도 저는 끝까지 주님을 따를 겁니다."

베드로를 물끄러미 바라보던 예수가 아무렇지도 않다는 듯 말했다.

"내가 진실로 네게 말하노니 오늘 밤 닭 울기 전에 네가 세 번 나를 부인할 것이다."

"결코 그런 일은 안 생깁니다. 저는 죽어도 주님을 부인하지 않습니다."

다른 제자들도 우리들 역시 주님을 배반하지 않겠다며 다짐하듯 말하였다.

예수는 8명의 제자를 한 곳에 머무르게 하고 거기서 기다리게 한 후 베드로 요한 야고보 등 세 사람만 데리고 조금 더 올라갔다. 가이사랴 빌립보에서 헤르몬 산에 오를 때처럼.

"지금 내 마음이 심히 괴롭다. 너희들은 여기 남아서 나와 함께 기도하도록 하여라."

특별히 세 제자에게 부탁한 예수는 돌을 던지면 떨어질 만한 거리만큼 더 올라가서 무릎 꿇어 기도하기 시작하였다. 올리브 기름을 짜는 겟세마네 동산에는 오래 묵은 올리브 나무들이 즐비하였다.

처절한 고통을 동반한 죽음이 임박한 예수는 몹시 괴로웠다. 그는 알고 있었다. 일찍이 선지자 이사야를 통해 예언된 대로 그리스도의 죽음은 인간이 견디어 낼 고통의 한계를 초월하는 것이다. 무자비하게 39대의 채찍을 맞을 것이다. 가죽이 터지고 살이 찢겨지는, 상반신 전체가 걸레쪽처럼 갈기갈기 찢어지는 채찍질을 당할 것이다. 웬만한 체력은 그 매를 맞다가 죽는다. 이어서 몇 차례의 재판을 받을 것이다. 대제사장이 주관하는 산헤드린의 재판, 로마인 총독 본디오 빌라도의 재판, 그리고 유월절이라 예루살렘의 헤롯 궁에 머물고 있는 갈릴리의 왕 헤롯 안디바에게 끌려갈 것이다. 그는 무거운 통나무 십자가를 어깨에 메고 예루살렘 성 밖에 있는 처형장 골고다 언덕으로 가서 그 십자가에 못 박힐 것이다. 십자가의 고통이 여러 시간 지속될 것이며, 마침내 극심한 갈증과 고통 속에서 죽으리라.

내일 날이 밝으면 자신에게 가해질 그 긴 고통을 바라보는 예수의 기도는 처절함, 그 자체였다.

"아버지, 이 잔을 저에게서 거두어 주십시오. 아버지는 무엇이든지 다 하실 수 있지 않습니까. …그러나 제 뜻대로 마시고 아버지의 뜻대로 하십시오."

얼마나 절박하고 처절한 기도였던지 그의 이마에서 솟는 땀에 모세혈관이 터져 피가 흘러 나왔다. 그의 기도는 시간 가는 줄 모르고 계속되었다. 결코 잠 못 이룰 밤이기에 기도로 지새우는 그 밤은 예수의 짧은 33년 생애에서 가장 긴 밤이며, 가장 처절한 기도였다. 세상 죄를 다 짊어지려면 그만한 고통이 없을 수 없음을 그는 안다. 그 모든 죄를 대신 책임지는 죗값이 어찌 크지 않을 수 있으랴.

잠시 기도를 멈춘 예수는 세 제자가 기도하는 곳으로 가 보았다. 그들은 모두 세상모르고 잠들어 있었다. '나와 함께 깨어 있어 기도하면 좋으련만.'

각별히 사랑하는 세 제자를 깨워 놓고 다시 기도하러 간 예수는 또다시 무릎을 꿇고 간절하게 기도하였다. 가슴이 답답하고 터질 지경이었다. 잠시 일어나 또다시 세 제자에게 간 예수는 그들이 여전히 잠자고 있어서 크게 실망하였다.

"나와 함께 한 시간도 깨어 기도할 수 없더냐? 시험에 들지 않으려면 기도하여라."

다시 기도하던 곳으로 간 예수는 여전히 같은 기도를 되풀이하였다.

"아버지여, 만일 내가 마시지 않고는 이 잔이 내게서 지나갈 수 없거든 아버지의 원대로 되기를 원하나이다."

긴 밤, 고독한 기도는 끝났다. 예수는 다시 세 제자에게 갔다. 여전히 잠들어 있는 그들을 깨웠다.

"이제는 자고 쉬어도 된다. 때가 가까웠다. 내가 죄인의 손에 팔릴 것이다. 자 일어나, 함께 가자. 나를 파는 자가 가까이 왔다."

아니나 다를까, 그 말이 채 끝나기도 전에 횃불을 든 무리들이 저 아래서 다가오고 있었다. 제자들은 모두 예수의 주변으로 모였다. 그들은 저 횃불의 정체가 무엇인지, 이 미명에 왜 산으로 올라오고 있는 것인지 전혀 낌새를 차리지 못하였다. 오직 예수만이 자기를 잡으러 오는 대제사장의 부하들임을 알고 있었다. 그 선두에 가룟 유다가 있으리라.

정말 그랬다. 잠시 후 접근해 온 무리는 50여 명이나 되는, 성전 경비와 대제사장 경호를 맡는 레위인 경비병들이었다. 모두들 몽둥이와 칼로 무장되어 있다. 그들의 맨 앞에 유다가 있었다. 안내역을 맡은 것이다. 아직 어둠이 짙은 미명에 산 속에서 제자들만 있는 상황이야말로 백성들을 자극하지 않고 조용히, 그리고 무난히 예수를 체포할 수 있는 최상의 여건이었다.

"선생님, 안녕하십니까?"

한 발 앞으로 가가선 유다가 미리 '내가 입맞추는 사람을 잡으라.'고 무장한 그들과의 약속대로 예수에게 입맞추었다.

"네가 입맞추는 신호로 나를 넘겨주는구나."

예수는 침착하게 경비병들을 향해 말했다.

"누구를 찾고 있소?"

그들의 대장인 듯한 사람이 말했다.

"당신이 나사렛 사람 예수요?"

"그렇소. 어서 당신들의 일을 하시오."

그러자 대장이 부하들에게 잡으라는 신호를 보냈다. 그 순간 누가 비명을 질렀다. 베드로가 내려친 단검이 누군가의 오른쪽 귀를 벤 것이다.

"칼을 거두어라. 칼을 쓰는 자는 다 칼로 망한다. 내가 아버지께 구하면 열두 군단 병력만큼 천사들을 동원할 수 있다는 것을 모르느냐? 그러나 그렇게 하면 내가 어떻게 잡혀가서 죽는단 말이냐."

베드로를 책망한 예수는 땅에 떨어진 잘려나간 귀를 집어 대제사장의 종 말고에게 다시 붙여 주었다.

"당신들이 강도를 잡듯 칼과 몽둥이를 들고 나를 잡으러 왔소? 내가 날마다 성전에서 가르쳤는데 왜 잡지 않았소? 그러나 내가 이렇게 잡히는 것은 선지자들의 예언대로 되는 것이오."

예수의 능력을 알기에 주춤거리던 무장 경비병들은 그의 무저항을 확인하자 얼른 에워쌌다.

예수가 그들에게 잡히자 베드로는 덜컥 두려움에 휩싸였다. 그는 주춤거리며 뒤로 물러섰다. 다른 제자들이 약속이라도 한 듯 도망치기 시작하였다. 얼마나 급했던지 어떤 제자는 옷이 벗겨진 채 벌거숭이로 뛰어가기도 하였다. 예수는 잡혀갔다. 횃불로 길을 밝히고 예루살렘을 향해 기드론 골짜기로 내려가는 그 일행을 먼 뒤에서 바라보고 있던 베드로가 천천히 뒤를 따르기 시작하였다. 어찌될지 궁금하여 견딜 수 없었다. 전능하신 분이 저렇게 무기력하게 잡혀가다니, 이해가 안 되었다. 베드로의 뒤를 요한이 바짝 붙어 따라갔다.

불의한 법정 마 26:57-68 ; 막 13:53-65 ; 눅 22:63-65 ; 요 18:19-24

한밤중에 긴급 소집된 최고 종교재판소인 산헤드린 법원의 재판관들이 대제사장 가야바의 저택에 모여 있었다. 그들은 초조하게 예수가 잡혀오기를 기다리고 있었다. 사실 대제사장 저택에서의 재판은 불법이다. 산헤드린 법원이 버젓이 있다. 재판은 그 법정에서만 이루어지도록 법이 정하고 있다. 뿐만 아니라 재판은 해뜬 후부터 해지기 전에 이루어지도록 법이 정하고 있다. 따라서 아직 미명인데 재판한다는 것은 불법이다. 법을 가장 잘 아는 법관들이 그럼에도 불구하고 오직 나사렛 예수를 제거하기 위한 목적을 달성하는 데 급급하여 불의한 법정을 날조한 것이다.

50명이나 되는 무장 경비병들에 의해 예수가 잡혀온 불의한 법정은 술렁거렸다. 무한능력의 소지자가 무기력한 죄인의 모습으로 잡혀왔다는 게 무엇보다도 신기하였다. 오십 명의 일원인 말고의 간단한 보고가 그들을 더욱 놀라게 하였다. 무저항의 예수와 귀가 잘렸다가 다시 붙여진 이야기를 덧붙여 보고하였다.

"아주 죽기로 작심한 모양이군."

"삼손처럼 능력이 사라진 건 아닐까."

여기저기서 법관들이 수군거렸다.

"자, 재판을 시작합시다."

마음이 급한 대제사장 가야바가 나섰다.

"먼저 증인의 말을 들어 봅시다."

짜여진 각본대로 두 명의 증인이 등장하였다.

"저 사람이…."

증인이 예수를 힐끗 쳐다보고 말을 이었다.

"분명히 말했습니다. 하나님의 성전을 헐고 사흘에 다시 지을 수 있다고 말입니다."

"예, 저도 똑같은 말을 들었습니다."

두 증인의 증언이 일치하면 증거로 채택하도록 되어 있으니 이토록 엄청난 신성모독죄를 저지른 예수는 당연히 사형감이라고 모든 법관들이 동의하는 표정이었다.

"나사렛 예수, 너에게 묻는다. 지금 들은 증언에 대해 할말이 있느냐?"

예수는 아무 소리도 듣지 못한 듯 침묵하였다.

"그렇다면 다시 묻는다. 네가 정말 그리스도냐?"

"당신 입으로 말한 대로요. 내가 훗날 하나님 권능의 보좌 우편에 앉은 것과 구름을 타고 다시 오는 것을 당신들이 목격하게 될 것이오."

"여러분, 더 이상 무슨 증거가 필요하겠소? 어떻게 저렇게 거만하고 어처구니없는 소릴 할 수 있단 말이요."

대제사장은 자기 옷을 찢으며 소리치듯 말했다.

"여러분, 말하시오. 저 자를 어떻게 해야 되겠소?"

"사형에 해당합니다."

"예, 사형입니다. 신성모독이 지나쳤습니다."

여기저기서 동의하는 소리가 터져나왔다. 어떤 법관은 너무 화가 나서 예수의 얼굴에 침을 뱉고, 어떤 이는 뺨을 때렸다. 주먹으로 치는 자도 있다. 예수는 눈을 감은 채 그 수모와 고통을 견디고 있었다.

"네가 그리스도라면 지금 네 뺨을 때린 사람을 알아맞혀 보거라."

누군가가 대놓고 조롱하였다.

나는 예수를 모릅니다 마 26:69-75 ; 막 14:66-72 ; 눅 22:56-62 ; 요 18:15-18, 25-27

베드로와 요한은 재판이 열리고 있는 그 저택의 마당에 피워둔 모닥불을 쬐고 있었다. 낯선 사람이 출입할 수 없지만 출입문 경비병들이 요한을 알기 때문에 베드로를 데리고 들어올 수 있었다. 요한은 대제사장 가야바와 아는 사이였다.

가야바의 저택은 여러 개의 횃불로 밝혀져 이 밤에 무슨 중대한 일이 벌어지고 있음을 실감케 하기에 충분하였다. 하기야 인간이 하나님을 재판하는 현장이 아닌가.

모닥불 주위에는 여러 사람이 둘러서 있었다. 경비병도 있어서 베드로는 자기 얼굴을 알아챌까 봐 슬금슬금 눈치를 살피느라 잔뜩 주눅이 들어 있었다.

"저 사람은…."

지나가던 여종이 걸음을 멈추며 베드로를 유심히 바라보았다.

"갈릴리 사람이고 예수와 함께 있던 사람이잖아요?"

베드로는 내심 움찔하였다. 중죄인처럼 수십 명에게 잡혀간 예수의 제자라는 게 노출되면 나도 무사하지 못할 거라는 생각이 스쳤다.

"아니오. 잘 알지도 못하면서 그렇게 말하다니 원…."

베드로는 자기도 모르게 자꾸만 움츠러들어 더욱 얼굴을 숙였다.

“맞네 뭐. 저 사람이 예수와 함께 다니는 걸 내가 본 적이 있어. 예수의 제자라고.”

함께 모닥불을 쬐던 다른 종이 자신 있게 말하는 것이었다.

“무슨 소리요? 맹세코 나는 그 사람을 모른단 말이오.”

아주 짧은 시간이지만 자연스럽게 자리를 피해야 되겠다고 생각하는 베드로의 귀에 이번에는 모닥불 쬐던 경비병이 말했다.

“당신 말투가 갈릴리 사람이군 그래. 가만 있자, 자세히 보니 아까 산에서 칼을 휘두른 바로 그 사람이구먼. 예수의 충성스러운 제자 맞지?”

다급해진 베드로가 완강하게 부인하였다.

“아니오. 난 그 사람과 전혀 무관하오. 맹세코 그 사람을 알지 못한단 말이오.”

그 말이 끝나자마자 닭이 울었다. 베드로는 깜짝 놀랐다. 어젯밤 올리브 산에 올랐을 때 나는 죽어도 주님을 따르겠다고 맹세하자 ‘닭 울기 전에 네가 세 번 나를 부인하리라.’ 하신 말씀이 번개처럼 스쳤다. 그는 견딜 수 없는 격정이 치밀어 올라 급히 밖으로 나갔다. 그는 허둥지둥 달려가다가 힘없이 주저앉았다. 아직도 주변은 어둡고 고요했다. 갈릴리 어부였던 건장한 베드로의 통곡 소리가 그 미명의 적막을 흔들어 깨웠다.

총독의 재판과 사형 선고

가룟 유다의 최후 마 27:3-10 ; 행 1:18-19

날이 밝자 대제사장과 그의 재판관들은 재판의 합법성을 확보하기 위하여 예수를 산헤드린 법정으로 데리고 갔다. 거기서 다시 똑같은 재판을 시작하였다. 겟세마네에서 체포된 직후 전직 대제사장 안나스의 저택으로 끌고 가서 보고를 하고 다시 현직 대재사장 가야바의 저택으로 가서 1차 재판을 한 그들은 산헤드린 법정에서 2차 재판을 한 셈이다. 그러나 1차 재판이나 장소를 옮긴 2차 재판의 내용은 다르지 않았다. 결론은 나사렛 예수를 사형에 처해야 된다는 것이다. 그러나 문제가 있었다. 산헤드린은 유대교의 율법을 범한 사람을 기소하고 재판할 권리를 갖고 있을 뿐이지 죄수에게 사형을 선고하거나 집행할 권리가 없다는 점이다. 그들은 이런 경우에 정복자의 지배하에 있다는 설움을 실감하였다.

"예수를 처형하려면 총독의 판결이 있어야 하오. 그러니 그를 총독의 법정에 세워야 하오."

재판관들의 의견이 일치하였지만 그러나 무슨 죄목으로 고발하여야 사형을 선고할 수 있게 하느냐가 관건이었다.

"로마의 반역자로 몰아가야만 하지요."

"예수에게 그런 죄는 없지 않습니까?"

"반역자로 만들어야지요."

"이를테면…?"

"로마 황제에게 세금 바치는 것을 반대하는 선동을 했다고 하고, 자기가 왕이라고 하였다 합시다. 유대인의 왕이라고 한다면 로마로부터 독립된 왕국을 세운다는 뜻이니 충분히 사형에 해당하는 반역죄가 되지요."

피고 예수가 총독 앞에서 그렇게 진술하느냐, 그렇다고 인정하느냐가 확실치 않지만 밀어붙이기로 하였다. 보아하니 예수는 무한의 능력이 소진된 것처럼 무기력해지지 않았는가. 죽기로 작정하고 죽여 주기를 바라는 사람의 태도가 아닌가. 이해할 수 없으나 그게 사실이다. 그러므로 총독에게 고소하면 뜻을 이룰 수 있다고 그들은 결론 내렸다.

아직 이른 아침이었다. 예수는 중죄인처럼 결박된 채 성전 경비병들에 의해 안토니아 요새의 로마인 총독 본디오 빌라도에게 끌려갔다.

은화 30세겔에 예수를 판 가룟 유다는 당황하였다. 사형이라니, 그건 예상 밖이 아닌가. 지나치지 않은가. 예수가 죽을죄를 지은 게 하나도 없다는 게 그의 확신이다. 그가 3년이나 따라다닌 예수는 위대하며, 선지자들 중에 선지자며, 하나님의 능력을 지녔으며, 사랑을 가르치고 긍휼을 베풀었을 뿐이다. 단지 수요일의 대 로마 항쟁에 개입하여 그 무한의 능력의 일부라도 사용해 주었더라면 하나님 백성의 소원인 독립국가 구현을 가능케 하였을 것이며, 열심당의 희생도 없었을 것이다. 무한의 능력을 민족의 독립에 사용하지 않고 베다니에서 나 몰라라 지낸 것은 민족적 배신감이 일게 하지만, 그를 죽여야 할 이유는 없지 않은가.

산헤드린이 예수의 처형을 결정하고 그 절차를 위해 총독에게 넘겼다는 사실에 가룟 유다는 가슴이 뛰어 견딜 수 없었다. 그는 죽을죄를 짓지 않았음은 물론 죽어서도 안 되고 죽여서도 안 된다. 그가 나 때문에 죽게 되면 나는 어찌한단 말인가. 양심이 터질 것이다. 그는 위대하고 거룩하고 죄 없는 분이다. 그가 죽다니, 나로 인해 예수 그 스승이 죽게 되면, 아 나는 어찌하나.

그는 머리를 무릎 사이에 묻고 고민고민 하다가 벌떡 일어섰다. 가슴에 품고 있던 거액의 은화를 손에 들고 산헤드린으로 달리다시피 하였다. 대제사장과 법관 몇몇이 아직 그 자리에 남아 있었다. 그들은 허겁지겁 달려 들어오는 가룟 유다를 약간 뜻밖이라는 듯, 그러나 버러지처럼 바라보았다. 가룟 유다는 은화 주머니를 손에 든 채 말했다.

"제가 무죄한 피를 팔고 죄를 범하였습니다."

그들의 경멸에 찬 시선이 부담스러웠다.

"그래서? 그것이 우리와 무슨 상관인가? 네가 죄를 지었으면 네가 당하면 되는 것이 아니냐?"

"이걸 반납하겠습니다."

그는 들고 있던 은화 주머니를 그들에게 던졌다. 그리고 도망치듯 밖으로 나갔다.

"이 돈은 더러운 피 값이라서 성전 금고에 넣을 수 없지 않소?"

대제사장이 말했다.

"그 돈을 어찌해야 좋을지요?"

의견이 분분하였으나 이내 결론이 내려졌다.

"이렇게 합시다. 성 밖의 토기장이 밭을 사서 횡사한 나그네의 묘지로 사용합시다."

누군가의 제안에 모두들 그게 가장 좋겠다고 결정하였다. 그 후로 그 밭은 예루살렘 시민들에게 피밭이라고 불려지게 되었다.

한편 밖으로 도망치듯 나간 가룟 유다는 성 밖으로 단숨에 달려가 나무에 스스로 목을 매었다. 그러나 나뭇가지가 체중을 견디지 못하고 꺾어지는 바람에 그의 몸은 바닥에 떨어지며 엎어졌고, 뾰족한 나무그루터기에 배가 찔려 창자가 터져 나오며 죽었다.

네가 유대인의 왕이냐? 마 27:11-14 ; 막 15:2-5 ; 눅 23:3-5 ; 요 18:28-38

유다가 자살할 무렵 예수는 총독에게 넘겨졌다. 총독은 이른 아침인데 죄수 하나를 데리고 유대인 지도자들이 나타나자 또 무슨 귀찮은 일이 생겼는가 싶어 언짢은 얼굴로 나갔다. 산헤드린의 유력한 인사들은 이방인 지배자의 뜰로 들어서기를 꺼려하여 문 밖에 몰려 있었다. 그들 앞에 몹시 지쳐 보이는 훤칠한 키의 젊은이가 오랏줄에 묶인 죄수의 모습으로 서 있었다. 비록 죄수의 모습이지만 총독은 첫 눈에 그가 비범한 인물임을 간파하였다. 전혀 주눅 들지 않고 당당하며 평온한 그 얼굴은 알 수 없는 위엄을 풍기고 있었다. 총독은 생각했다. 잠에서 깨자 아내가 꿈을 꾸었다며 일러준 말이 있다. '그를 해하지 말아요, 그를 처형하면 안 됩니다.'

그가 이 사람이라고 빌라도는 단정하였다. 이 사람, 곧 전국을 떠돌며 기적을 일으키며 하늘나라에 대해 가르친다는 인기 절정의 갈릴리 사람 예수로구나. 유대인이 많이 모이는 곳에서 반역의 음모가 있을 수 있어 그 중심인물을 줄곧 내사해 온 총독이라서 예수에 대한 보고를 여러 번 들은 바 있다. 그는 사람을 많이 모으는 탁월한 능력이 있으나 로마에 반역하는 정치적 인물은 아니다. 그를 유대인 지도자들은 미워하며 죽이려 한다. 별같이 빛나는 새로운 인물의 등장을 기득권층이 미워하는 것은 당연하지 않은가. 대제사장과 산헤드린이 그 예수를 죽이려고 일찍부터 음모를 꾸미고 있다는 보고도 들은 바 있다. 드디어 그 일이 현실로 다가왔구나. 총독은 오늘 이른 아침부터 대단히 곤혹스러운 하루가 될 것을 충분히 예감하였다. 예수는 악한 사람이 아니며, 정치적 야망이 없으며, 무한의 능력을 지녔으며, 그의 꿈과 길은 평범한 사람들과 현저히 다르다는 것을 총독의 부하들은 낱낱이 조사하여 보고해 왔다. 아주 부담스러운 죄수를

만난 셈이다.

"그를 왜 내게 데리고 왔소?"

백성의 지도자들에게 물었다.

"큰 죄인이 아니면 총독 각하께 고소하지 않습니다."

"당신들의 율법으로 재판하지 그러시오?"

"각하, 이 자는 우리의 율법으로 다스릴 자가 아닙니다. 백성을 미혹하여 선동하고, 황제 폐하께 세금을 내지 말라고 선동하고, 자칭 그리스도라 합니다. 자기가 유대인의 왕이라는 뜻이기도 합니다. 사형에 해당하는 자인데 우리에겐 사형권이 없지 않습니까."

총독은 물끄러미 예수를 바라보았다. 가장 탁월한 사람이 가장 연약한 사람처럼 여기까지 끌려와 서 있는 모습이 이해되지 않았다.

"당신이 유대인의 왕인가?"

무겁게 입을 열었다.

"그 말이 옳소."

예수는 거침없이 대답하였다.

총독이 입을 다물자 고소자들이 아우성쳤다. 반역자, 선동자, 사형에 처할 자….

"저 말이 들리는가? 너를 고소하는 저 소리가. 하고 싶은 말을 하라. 너에게 소명의 기회를 주마."

그러나 예수는 한 번 다문 입을 다시는 열지 않았다. 누가 뭐라 하든 관심 없다는 태도다. 사형을 요구하는 고소자들 앞에서 이렇게 침묵할 수 있는 것을 본 본디오 빌라도는 의아히 여겼다. 아내의 말이 머리를 스쳤다. 이 사람을 어찌 할꼬…. 총독의 고민은 깊어만 갔다. 이 사람은 죽을죄가 없어. 사형은 지극히 부당해. 저 뻔뻔스러운 얼굴들의 시기와 질투와 증오가 사형감이라면 사형감이지. 저 유대인들의 하나님은 저자들을 심판하지 않고 뭘 하는 것일까.

"나는 …."

인내로 예수의 답을 기다리던 총독은 무슨 결심을 하였는지 유대인 고소자들을 향해 큰 소리로 말했다.

"이 자가 갈릴리 사람이라고 알고 있소. 맞소? 그러니 일단 갈릴리의 분봉왕 헤롯 안디바에게 재판하라고 보내는 것이 순서라고 생각하오. 일차적으로 관할지역 왕에게 재판권이 있는 것이오. 마침 헤롯 왕이 성 안에 와 있소이다."

총독은 회심의 미소를 머금었다. 아내의 말대로 예수를 직접 처형해서는 안 된다는 강박관념은 물론, 그가 사형에 처해지는 것은 부당하다고 판단하였기 때문이다.

갈릴리 왕 헤롯 안디바의 재판 눅 23:6-12

33년 전, 베들레헴에서 갓 태어난 영아 예수를 죽이려 했던 헤롯 대왕의 아들 안디바는 아버지가 죽은 후 북부 갈릴리 지방과 요단강 동편의 베레아 지방을 다스리는 왕이 되었다. 그는 예수가 본격적인 활동을 시작한 직후인 3년쯤 전에 예수에게 세례를 준 요한의 목을 자른 장본인이다. 그 후 예수의 소문을 들으면서 혹시 세례자 요한이 다시 살아난 게 아닌가 하고 움츠러든 적도 있었다. 아무튼 그가 아는 정보에 의하면 예수는 특별한 사람이다. 기적의 사람이다. 보지 않고는 도무지 믿을 수 없는 기적들을 무수히 연출한 장본인이다. 희대의 마술사거나 사기꾼일지도 모른다. 총독의 군사들이 그 유명한 예수를 헤롯 궁으로 호송해 왔다는 보고를 들은 헤롯 안디바는 미묘한 전율을 온몸에 느끼면서 벌떡 일어섰다.

"무슨 까닭인가?"

"예 폐하, 총독께서 예수가 갈릴리 사람이므로 마땅히 관할권 왕에게 재판권이 있다고 보내왔습니다."

"본디오 빌라도 총독이? 거 괜찮은 사람이로군. 거만한 이방인으로 알았는데 뭘 알긴 아는군. 좋아. 나도 이제부터 총독을 다시 보아야겠다."

그는 총독에게 호감을 느꼈다.

"죄수를 어떻게 하시겠습니까, 폐하?"

신하의 말에 헤롯 안디바는 흔쾌하게 대답하였다.

"지체할 게 뭔가. 지금 당장 재판하겠다. 나도 그 자를 한 번은 만났으면 했어."

총독과 마찬가지로 헤롯 왕도 아침 식사 전이었다. 이렇게 일찍 죄수를 보냈다면 마땅히 급히 다룰 필요가 있을 거라고 왕은 판단하였거니와, 가급적 빨리 그 이상한 사람을 구경하고 싶었다. 그는 곧장 죄수를 대기시킨 홀로 나갔다. 왕은 죄수를 심문하기는커녕 기적을 일으켜 보라고 요구하였다. 마치 마술사를 대하듯이. 예수는 아예 헤롯을 무시하였다. 그는 침묵으로 일관하였다. 헤롯은 예수의 능력에 약간의 두려움을 갖고 있었으므로 마구 다그치지는 않았다. 그가 알고 있는 예수에 관한 소문을 확인하고 싶을 뿐이었다. 몇 번을 물어도 대답조차 하지 않는 예수를 그는 어찌할 수 없었다. 그래서 그의 죄가 무엇인지 묻기 시작하였다. 그래도 예수는 침묵이었다. 왕은 모욕을 느꼈다.

"지극히 건방지군. 내가 네 왕이라는 사실을 모르느냐?"

"…."

"네가 왕이라고 하였다지? 왕처럼 해줄까?"

재판이 아니라 조롱이었다. 왕은 심술궂게 명령하였다.

"왕이 너무 초라하구나. 이 죄인을 왕처럼 입혀라."

결과를 알기 위해 헤롯 궁까지 따라 온 고소자들이 그를 죽이라고 아우성쳤지만 헤롯은 조롱으로 대신하였다. 그의 신하들도 군병들도 묶여 있는 예수에게 왕이여, 왕이여 하며 조롱하였다.

"죄인을 다시 총독에게 보내라. 그리고 가까운 시일에 만나기를 원한다고 총독에게 전하여라."

총독의 두 번째 재판 마 27:15-26 ; 막 15:6-15 ; 눅 23:13-25 ; 요 18:33, 19:16

지칠 대로 지친 예수가 왕을 상징하는 붉은색 옷을 걸치고 다시 오자 총독은 약간의 연민과 곤혹스러움을 동시에 느꼈다. 유대인들은 한결 큰 소리로 예수를 죽이라고 고함쳐 댔다. 안토니아 요새의 입구에는 그 사이 많은 군중이 모여들어 귀추를 지켜보고 있었다. 특히 열심당 당원들이 잔뜩 모였다. 대제사장도 산헤드린 법관들과 함께 문 밖에 그 모습을 드러내고 있었다. 예상대로 되어가지 않는 상황이 염려스러워 가만히 앉아 있을 수 없었던 것이다. 예수를 죽이라는 아우성은 이제 군중의 구호가 되었다. 시간이 흐를수록 매우 심상치 않은 상태로 발전하고 있었다. 그들의 요구를 수용하지 않으면 저 지도급 인사들이 백성을 자극하고 선동할 것이며, 자칫 유월절 인파가 몰려 있는 예루살렘에서 수요일에 이은 제 2의 폭동이 우려되는 상황이었다. 그렇게 되면 총독의 정치적 생명이 위태로울 수 있다. 총독은 매우 긴장하였다. 저 식민지 백성 한 사람 때문에 황제의 임명을 받아 부임한 총독의 지위가 위태로워진다는 사실을 생각하면 그들의 요구대로 한 사람쯤 죽이라고 판결하면 간단하지 않은가. 갈등이 일었다. 그는 다시 예수를 심문하였다. 그때 부관을 통해 아내의 전갈이 왔다.

"그 사람을 해치지 마세요. 부탁입니다. 어젯밤 그의 꿈을 꾸었습니다. 잊지 마세요."

"다시 묻는다. 네가 유대인의 왕이냐?"

"당신 말 그대로요."

예수의 대답은 분명하였다.

"그럼 네가 무엇을 하였느냐?"

"내 나라는 이 세상에 속하지 않았소. 만일 내 나라가 이 세상에 속하였다면 나의 지지자들이 싸워서라도 나를 여기까지 보내지 않았을 것이오."

"그럼 네가 왕이 아니라는 뜻이냐?"

"당신 말대로 나는 왕이오. 이를 위하여 이 세상에 왔소. 나는 진리에 대해 말하려고 왔소. 무릇 진리에 속한 사람은 내 말을 알아듣소."

"진리? 진리가 무엇인가?"

"…."

총독은 잠시 눈을 감고 있다가 이 죄수는 내가 재판하고 판결할 사람이 아니라는 강한 신념이 생겼다. 그는 일어나서 사람들이 운집해 있는 요새의 문으로 몇 걸음 다가갔다.

"나는 그에게서 아무 죄도 찾지 못하였소. 그래서 제안하거니와 유월절이면 한 사람을 특사로 내보는 전례에 따라 당신들의 왕을 당신들에게 놓아주는 게 좋겠다고 생각하였소. 그러면 되겠소?"

"안 됩니다. 그를 처형하시오. 바라바를 특사로 풀어 주시오."

아우성이다. 질풍노도 같은 함성이다. 폭동 일보 전이다. 바라바는 살인자요 폭동을 주도한 열심당 지도자다. 가당찮은 요구다.

"도대체 무슨 까닭이오? 저 사람이 무슨 악한 일을 하였소?"

총독도 분노에 찬 소리를 내뱉었다.

"그를 십자가에 못 박아 죽이시오."

"예수를 석방하면 당신은 황제에게 충성하는 신하가 아닙니다. 자기를 왕이라고 하는 자는 황제에게 반역하는 자인데 그를 석방하다니요. 총독께서도 황제에게 반역할 것이오?"

대제사장이 말했다.

"민란이 일어날 수도 있습니다."

그가 덧붙였다.

"내가 당신들의 왕을 십자가에 못 박으라는 거군요."

"우리의 왕은 한 사람뿐입니다. 로마의 황제 가이사 아우구스투스!"

한동안 할 말을 찾지 못하던 총독이 무겁게 입을 열었다.

"나는 이 사람에게서 아무 죄도 찾지 못하였으므로 채찍질하여 놓아주겠소."

총독은 예수를 놓아주려 애썼으나 도저히 방법을 찾을 수 없어 일단 폭동의 주범 예수 바라바를 석방하도록 지시하고 예수를 채찍질하라고 명령하였다.

이 사람을 보라 마 27:21-26 ; 막 15:12-15 ; 눅 23:20-25 ; 요 19:1-16

요새의 뒷마당에는 늘 죄수에게 채찍질할 준비가 되어 있었다. 고통을 가중시키기 위해 끝부분에 뾰족한 뼛조각이나 돌멩이가 달린 세 가닥의 가죽 채찍으로 가슴과 등과 양 허리를 각각 열세 차례씩 모두 서른아홉 번을 때리는 가혹한 형벌은 죄 없는 죄수 예수의 상반신을 갈기갈기 찢었다. 그리스도가 채찍에 맞는다는 이사야의 예언이 이루어진 것이다. 예수는 밤을 새우며 기도하였고, 가야바의 집에서, 산헤드린에서, 그리고 헤롯 왕과 총독에게 두 번 등 다섯 차례의 재판을 받았다. 적어도 열두 시간을 물 한 모금 먹지 않고 시달리며 매를 맞아 일어설 기력조차 없었다. 로마 군인들은 피투성이 예수에게 붉은 겉옷을 걸쳐 주고, 머리에는 가시나무로 만든 관을 씌웠으며, 손에는 갈대 하나를 들려 주었다. 왕으로 꾸민 것이다. 그리고 그 앞에 무릎을 꿇고 '유대인의 왕이여, 평안할지어다, 유대인의 왕이여' 하며 조롱하였다. 어떤 병사는 예수의 얼굴에 침을 뱉고, 뺨을 때렸다. 낮은 병사가 왕을 조롱할 수 있는 특별한 기회를 만끽하는 것이리라.

총독은 다시 자기 옷을 걸치고 뜰로 나온 예수를 유대인들에게 가까이 세웠다.

"이 사람을 보시오."

죄 없는 죄인의 그 참혹한 모습으로 유대인의 동정심을 유발하려 하였던가.

"그를 십자가에 못 박게 하소서. 십자가에 못 박게 하소서."

대제사장을 비롯한 유대인들의

거센 함성이 또다시 메아리쳤다.

"그렇다면 당신들이 데려다가 못 박으시오. 나는 그에게서 죄를 찾지 못하였소."

총독도 소리쳤다.

"우리의 법대로 해도 그는 사형이오. 자기가 하나님의 아들이라 하였으니 말입니다."

총독은 예수의 생명을 포기하였다. 그는 대야에 물을 떠오라 하여 유대인들이 지켜보는 앞에서 손을 씻으며 말했다.

"저 사람의 피에 대하여 나는 책임이 없소. 당신들이 책임지시오."

유대인들은 기다렸다는 듯 큰 소리로 반응하였다.

"걱정 마십시오 총독. 그의 피에 대하여는 우리와 우리 자손들이 책임지겠습니다."

골고다의 십자가와 예수의 죽음

금요일, 형장으로 가는 길-비아 돌로로사 눅 23:26-31 ; 막 15:21

마침내 예수의 적들이 승리하였다. 본디오 빌라도는 처형을 허락하였고, 쓰러질 지경으로 지친 33세의 예수는 자기가 못 박힐 십자가를 어깨에 메고 총독의 법정이었던 안토니아 요새의 정문을 나섰다. 유대인 최고의 명절 유월절인 금요일, 아침식사 시간이 지날 무렵이다. 어둠이 짙게 깔린 겟세마네에서 체포되면서부터 올리브 산 위로 아침 해가 솟아올라 천 년의 옛 성 예루살렘을 밝게 비춰주기까지 대략 다섯 시간쯤 흘렀다.

요새 앞에는 예수가 도착할 때부터 사람들이 몰려들어 어수선하였는데, 십자가를 지고 출발할 때쯤은 그야말로 인산인해였다. 그 이름을 모르는 사람이 없는데다가 그의 능력으로 불치병과 지체장애를 치료받은 허다한 사람들의 연민, 죽이지 못해 안달하던 유대 사회의 종교 지도자들과 율법주의자들의 개선장군을 방불케 하는

득의만면, 폭동에 가담하였거나 로마 제국을 증오하는 허다한 무리들의 예수 대신 바라바 석방에 의한 희열, 3년여 예수의 설교를 듣고 감동 받아 믿음으로 따르던 지지자들의 탄식과 눈물의 면면 등 실로 다양한 군중이었다.

로마군 백부장이 지휘하는 잘 훈련된 정예 병사들의 창검이 즐비했지만 거리는 가히 아수라장이었다. 예수는 관례대로 자기의 십자가를 지고 넓지 않은 완만한 경사 길을 무겁게 한 걸음씩 옮겼다. 그러나 이내 힘에 겨워 쓰러지고 말았다. 억지로 일어섰지만 이번에는 십자가에 짓눌리다시피 쓰러졌다. 피땀으로 얼룩진 처절한 예수를 따르던 그의 모친과 막달라 마리아 등 한가족같이 사랑하며 수발해 오던 여인들이 통곡하였다. 더는 일어설 기력조차 없음을 확인한 병사가 멀리 아프리카에서 유월절을 지키기 위해 예루살렘에 왔다가 군중 속에 끼인 시몬이라는 젊은이를 즉석에서 징발하였다.

"네가 저 십자가를 운반하여라."

정복군의 권위와 난폭성은 거절할 용기를 허락하지 않았다. 시몬은 말없이 예수의 십자가를 어깨에 메었다. 그 십자가를 뒤따르던 예수는 여인들을 돌아보며 말했다.

"나를 위하여 울지 마시오. 당신들과 당신들의 자녀들을 위하여 우시오."

그들과 그들의 자녀들이 공존한 시대, 곧 삼사십 년 안에 빌라도 앞에서 우리와 우리의 자손들이 예수의 피에 대한 책임을 지겠다던 대제사장 등 유대 지도자들의 말대로 그들과 그들의 자녀들이 함께 만나게 될 무시무시한 재앙을 예고한 셈이다(그 재앙은 40년 뒤인 기원후 70년에 로마의 장군 티투스 베스파시아누스에 의해 예루살렘이 재함락되는 과정에서 실제로 일어났다).

안토니아 요새에서 형장인 골고다 언덕까지의 그리 멀지 않은 길은 눈물의 길이었다. '비아 돌로로사'는 로마인들의 언어로 '고난의 길'이라는 뜻이다.

세 개의 십자가 마 27:33-44 ; 막 15:22-32 ; 눅 23:32-43 ; 요 19:17-27

예루살렘 성 밖 북쪽에 위치한 '해골'이라는 뜻의 처형장 골고다 언덕에 도착한 것은 늦은 아침이다. 그날 처형되는 죄수는 흉악범 두 명을 포함하여 세 사람이다. 병사들이 열심히 세 군데 나란히 땅을 팠다. 십자가는 바닥에 뉘어졌다. 지체할 이유가 없다. 해지는 시각부터 유대인들이 생명처럼 지키는 안식일이 시작되므로 늦어도 일몰 전에 시신을 처리하지 않으면 안 된다. 못 박힌 십자가에서 사망에 이르기까지는 사람에 따라 차이가 있으나 대략 대여섯 시간은 잡아야 한다. 그러므로 서두르지 않을 수 없다. 아홉 시가 임박하였다.

가혹한 모욕을 주기 위해 죄수들이 발가벗겨졌다. 십자가 하나에 병사 넷이 한 조가 되어 작업하였다. 양쪽 손바닥에 하나씩, 두 발목을 겹쳐 또 하나의 못을 박았다. 죄수들의 절규하는 비명소리가 언덕을 넘어 성 안에까지 들렸다. 듣는 이들도 소름이 끼치는 비명이다. 예수의 십자가 위에 죄 패가 붙었다. 정복자 로마의 문자와 지중해 세계에 널리 통용되는 그리스 문자와 유대인의 고유한 히브리 문자로 쓰인 죄명이다.

"나사렛 예수 유대인의 왕"

실은 대제사장 등 고소자들이 "자칭 유대인의 왕"이라고 써야 된다고 총독에게 요청하였으나 뜻을 이루지 못하였다.

사형을 집행한 네 명의 병사는 예수의 옷을 나누어 가졌다. 보너스인 셈이다. 겉옷은 4등분하였고, 속옷은 자르면 쓸모없게 되므로 제비뽑아 한 병사가 가졌다. 십자가에서는 손과 발에 박힌 못 자국에서 선혈이 흘러내렸다. 예수는 자기를 처형하는 사람들을 내려다보며 기도하였다.

"아버지여, 저들의 죄를 용서하여 주소서. 자기들이 하는 일이 무엇인지 모르고 있습니다."

세 개의 십자가가 나란히 있다. 가운데가 예수다. 통행인들과 구경꾼들 중에서 조롱

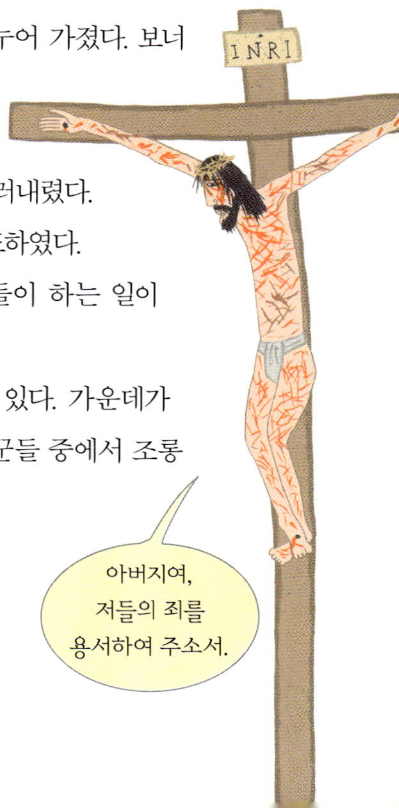

하는 소리가 들려왔다.

"성전을 헐고 사흘에 짓겠다는 사람이 왜 저 지경이 되었을까."

"하나님의 아들이라면 왜 저러고 있어? 십자가에서 내려와야지."

대제사장과 서기관들도 조롱하였다.

"남은 구원한 사람이 자기를 구원하지 못하다니 원…."

현장의 병사들도 가세하였다.

"네가 유대인의 왕이거든 너를 구원하라."

나란히 십자가에 못 박힌 흉악범조차 심한 고통으로 이를 악물며 끼어들었다.

"이봐 그리스도, 왜 가만 있는 거야? 죽을 지경이야. 너도 구원하고 우리도 구원해 주면 얼마나 좋겠어."

그 소리에 다른 흉악범이 말했다.

"이봐, 우리가 같은 신세면서 누가 누굴 조롱하는 건가? 우린 우리가 저지른 대가를 받는 거니까 당연하지만 이 사람이 한 일은 옳지 않은 것이 없잖아."

그는 말하기가 힘겨운 듯 잠시 마른 침을 삼키고 말을 이었다.

"예수님, 당신의 나라에 가실 때 나를 기억해 주십시오."

예수가 대답하였다.

"내가 진실로 당신에게 말하거니와 오늘 당신이 나와 함께 낙원에 있을 것이오."

그리고 십자가 밑에서 울고 있는 여인들을 바라보았다. 모친 마리아와 이모 마리아, 일곱 귀신 들렸던 막달라의 마리아가 시야에 들어왔다.

"여자여! 보소서, 아들입니다."

마지막 불러보는 이름일 것이다.

"요한…."

그 곁에 있는 제자 요한을 보며 말을 이었다.

"…이젠 너의 모친이다."

모친을 부탁한다는 소리였다.

대낮의 흑암 세 시간 마 27:45-54 ; 막 15:32-39 ; 눅 23:44-49 ; 요 19:28-30

십자가에서 세 시간이 흐른 정오 무렵, 근육이 극심한 통증으로 마비되다시피 되었을 때 한 번도 경험하지 못한 이상한 일이 벌어졌다. 갑자기 먹구름이 하늘을 온통 가리면서 마치 한밤중을 방불케 하는 짙은 흑암이 대지를 덮었다. 밤이 앞당겨진 듯하였다. 자그마치 세 시간이나 그 흑암은 계속되었다. 땅을 밟고 있는 사람들은 두려움으로 침묵하였다. 하나님이 벌을 내리신다고 느껴졌다.

십자가에서 여섯 시간 쯤 경과된 오후 세 시, 예수의 절규하는 소리가 들려왔다.

"나의 하나님, 나의 하나님, 어찌하여 나를 버리셨나이까."

지상에서 두런두런 이야기하는 소리가 났다.

"내가 목마르다."

예수가 또 말했다.

한 병사가 신 포도주 통에 해융을 적셔 긴 막대기 끝에 달아서 예수의 입에 대 주었다. 예수는 그것으로 목을 축이더니 힘없이 한 마디 했다.

"다 이루었다."

사명 완수의 선포였다. 이어서 하늘을 우러러 마지막 기도를 하였다.

"내 영혼을 아버지 손에 부탁하나이다."

그리고 영혼이 떠나갔다.

때를 같이하여 성전의 지성소로 들어가는 휘장이 위로부터 아래로 갈라졌으며, 갑작스레 땅이 진동하였다. 바위가 터졌다. 예수를 믿다가 죽은 사람들의 무덤이 열리고, 시체들이 부활하였다.

형장에 있던 사람들이 극도의 두려움으로 몸을 떨며 움츠렸다. 사형집행을 책임 맡은 현장 지휘관인 백부장이 주변의 병사들이 알아들을 만한 소리로 말했다.

"저분은 진실로 하나님의 아들이도다!"

무덤에서 부활하신 예수

장례를 위한 헌신 마 27:57-61 ; 막 15:42-47 ; 눅 23:50-56 ; 요 19:31-42

역사적인 그날은 예수의 죽음으로 적막에 싸였다. 그러나 적대 세력들은 아직도 마음이 놓이지 않았다. 혹시 기절 상태로 있다가 시체를 시원한 무덤에 넣으면 소생할 가능성도 배제할 수 없다. 사흘 만에 부활한다고 하였으니 완전한 주검으로 만들어야 한다. 대제사장은 사람을 총독에게 보내, 십자가에 매달린 죄수들의 다리를 꺾어 달라고 하였다. 안식일 시작이 불과 세 시간 남짓 남은 터라 시체를 빨리 치워야 되기 때문이라고 하였다. 그들이 지키는 거룩한 안식일에 시체가 십자가에 그대로 방치되어 있는 것을 그들은 용납할 수 없었다.

병사가 집행에 들어갔다. 두 흉악범을 십자가에서 내려 다리를 꺾었다. 그러나 무슨 생각이 들었는지 예수의 시체는 십자가에 있는 그대로 옆구리를 창으로 찔렀다. 허파가 터졌는지 물과 피가 쏟아져 나왔다. 다시 살아난다는 것은 결코 불가능할 터이다.

산헤드린 법관이기도 한 아리마대 사람 요셉은 부자다. 그는 예수의 죽음을 슬퍼하며 안식일이 되기 전에 장사지내기로 마음먹었다. 그에게는 동지가 있었다. 역시 산헤드린의 법관이며 바리새인 학자 니고데모가 그 사람이다. 일찍이 밤중에 은밀하게 예수를 찾아가 구원의 방법을 신중하게 질문했던 니고데모와 요셉은 산헤드린 안에 있는 예수의 추종자였다.

요셉은 먼저 총독을 찾아가 예수의 시신을 인도해 달라고 요청하였다. 총독은 누군가는 해야 할 일인데 산헤드린의 법관이 하겠다니 의아하였으나 쾌히 승낙하였다. 요셉은 하인들을 데리고 골고다에 가서 시신을 추슬렀다. 니고데모 역시 하인들을 데리고 황급히 합류하였다. 그는 시신에 바를 고급 향유를 충분히 준비해 왔다. 시신을 향유로 닦고 바른 후 요셉이 준비해 온 하얀 세마포로 잘 감쌌다.

시신은 요셉이 죽으면 묻히려고 준비해 둔 그의 가족 무덤으로 운반되었다. 유대인의 장사는 매장이 아니라 굴을 파고 그 안에 안치한 후 큰 돌로 입구를 막는 것이다. 요셉은 아직 시신이 한 구도 들어가지 않은 자신의 새 무덤에 예수를 안치한 후 데려온 하인들을 시켜 큰 돌문을 닫았다. 막달라 마리아를 비롯한 몇몇 여인들이 골고다에서부터 따라와 끝까지 지켜보았다. 그러나 해가 지므로 서둘러 돌아가지 않을 수 없었다. 안식일이 시작된 것이다.

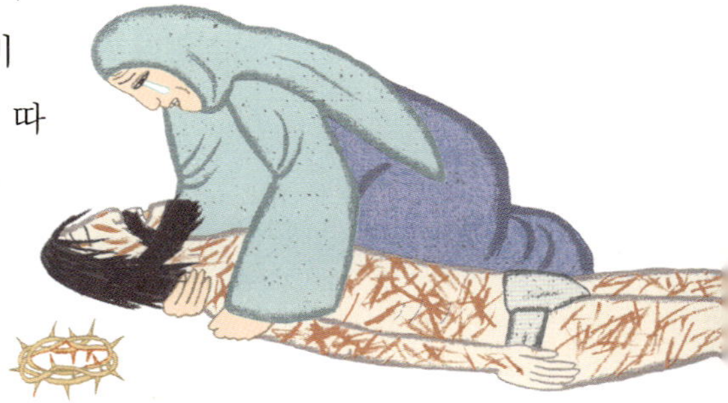

무덤을 지키는 경비병들 마 27:62-66

대제사장은 그래도 마음이 놓이지 않았다. 예수가 공언한 사흘 만의 부활을 너무도 강하게 의식하기 때문이다. 어쩌면 제자들이 몰래 시체를 훔쳐다가 숨겨두고 부활하였다고 선전할지도 모른다. 아니, 예수와 그 제자들이 그렇게 약속해 두었을 수도 있다. 좌시할 수 없었다. 대제사장은 산헤드린 법관 몇을 대동하고 서둘러 총독을 찾아갔다.

"아직도 내게 요구할 게 남아 있소?"

자못 비아냥거림이다. 속국의 백성이 감히 황제의 전권을 위임받은 총독의 무죄선고를 번복하도록 협박하고 강요한 사실을 생각하면 울화가 치밀어 올랐다.

"총독 각하, 죄송합니다. 그러나 이번 일로 우리는 총독 각하에게 친근감을 느낍니다. 예수의 처형은 정말 잘하신 일입니다. 감사드립니다. 그런데…."

총독은 시선을 다른 데 둔 채 못마땅한 표정으로 대제사장의 말을 들었다.

"예수는 자기가 죽으면 사흘 만에 다시 살아난다고 공공연하게 잔뜩 퍼뜨려놨습니다. 물론 죽은 자가 살아나는 일은 없습니다만, 생각해 보면 시체를 훔쳐다 숨기고 부활하였다고 선전할 가능성을 완전히 배제할 수 없다고 생각됩니다. 만약 부활의 소문이 퍼지기라도 하면, 실제로는 속임수일지라도 말입니다, 그의 사형을 선고한 총독 각하도 매우 곤혹스러운 입장이 됩니다. 그래서…."

"그래서요?"

총독의 심기가 편하지 않다는 점은 잘 알고 있으나 대제사장도 그의 태도가 미웠다.

"각하, 병사들을 보내어 예수의 무덤을 경비할 필요가 절실합니다. 사흘 동안 주야로 빈틈없이 지켜야 합니다. 시체가 증발되면 예루살렘이 떠들썩해집니다. 파장이 큽니다."

"무덤을 경비한다? 하하하하, 로마 제국의 패배를 모르는 군대가 시체를 지킨다? 하하하."

공허한 웃음이다. 그러다 웃음을 거두어들였다.

"그건 아니오! 당신네들에게 경비병이 있으니 자체적으로 지키도록 하시오!"

아무튼 그날 병사들이 즉시 무덤으로 출동하였고, 함께 간 제사장들이 돌문을 인봉하였다. 경비병들은 사흘 동안 교대해 가며 24시간 철저히 무덤을 경비하였다.

그날로부터 사흘째의 미명–일요일 마 28:1–10 ; 막 16:1–11 ; 눅 24:1–12 ; 요 20:1–18

한 주간의 첫날, 곧 안식일 후 첫날인 일요일은 예수가 무덤에 들어간 지 사흘째의 날이다. 이른 새벽에 막달라 마리아를 비롯한 여인들이 어둠을 헤치며 예수의 무덤을 향했다. 금요일에 예수가 아리마대 요셉의 무덤에 장사되는 현장을 지켜보고 온 그들은 돌아오자마자 향유를 준비해 두었다. 안식일이 끝나면 즉시 무덤으로 가서 그 시신에 향유를 발라 드리기 위해서다.

"주님의 무덤을 누가 열어 주지? 그 큰 돌문을 어떻게 치워?"

"…."

다른 마리아는 대답하지 못하였다. 장정 대여섯 명이 힘을 써야 움직일 수 있는 큰 돌이기 때문이다. 그들은 묵묵히 걸었다.

무덤의 돌문은 봉인된 채 굳게 닫혀 있었다. 병사들은 졸지 않고 무덤을 지켰다. 어둠과 적막이 사위를 덮었다. 그런데 갑자기 땅이 움직였다. 지진이다. 병사들이 겁에 질려 어찌할 바를 몰랐다. 다음 순간 하늘로부터 천사가 나타났다. 그 모양은 번개 같고 그 옷은 눈부시게 희었다. 병사들이 기절하였다. 천사는 번개처럼 무덤 앞에 내려와 큰 돌문을 옆으로 치웠다.

여인들이 무덤 앞에 도착하였을 때는 이미 돌문이 열려 있었다. 파수병들은 흔적도 없었다. 참 이상한 일이라고 생각하며 무덤 앞에 이른 여인들은 무덤으로 들어갔다. 그 순간 그녀들도 놀라 걸음을 멈추었다. 어두워야 할 무덤 안이 대낮처럼 밝았다. 거기 흰옷 입은 청년 한 사람이 우편에 앉아 있었다. 놀란 여인들에게 그가 말했다.

"놀라지 말라. 너희가 십자가에 못 박히신 나사렛 예수를 찾는구나. 그가 말씀하신 대로 그 분은 다시 살아나셨고 여기 계시지 않는다. 가서 제자들에게 알리거라."

여인들은 황망히 그 자리를 떠났다. 이 경이롭고 환희에 넘치는 소식을 가급적 빨리

베드로 등 제자들에게 알려야 하기 때문이다. 그 여인들은 막달라 마리아와 요안나와 야고보의 모친 마리아 곧 예수의 이모다.

"뭐?! 다시 살아나셨다고?"

베드로는 어찌나 놀랐는지 여인들을 의심하는 눈빛이었다. 그러나 다음 순간 죽으면 사흘 만에 다시 살아나신다고 몇 번 말씀하신 기억이 번개처럼 뇌리를 스쳤다.

"그럼 그렇지. 우리 주님이 죽으시다니…!"

그들은 서둘러 무덤으로 달려갔다. 베드로가 동행하였다. 다른 제자들은 부활 소식이 믿어지지 않아 추이를 지켜보기로 하였다.

무덤은 고요했다. 이미 날은 밝았다. 거기 시체는 없었다. 시신을 쌌던 세마포와 머리를 둘렀던 수선은 잘 개켜져 놓여 있었다. 일행은 부활을 확인하고 황급히 다른 제자들이 있는 집으로 갔다.

그러나 막달라 마리아는 무덤 앞에 선채 얼른 떠날 줄을 몰랐다. 시신이라도 보고 싶은 그녀였다. 눈물이 흘러내렸다.

"어찌하여 울고 있느냐? 누굴 찾느냐?"

뒤에서 들려오는 소리였다. 동산지기인 줄 알았다.

"시신을 당신이 옮기셨나요?"

그녀는 부활이 믿어지지 않는 모양이었다.

"내가 가져갈 테니 어디 두었는지 알려주세요."

"마리아야."

그 익숙한 목소리에 마리아는 깜짝 놀라 그 사람을 똑바로 쳐다보았다. 아, 예수, 나사렛의 예수가 아닌가.

"오, 선생님!"

옷자락을 잡으려 하자 예수가 말했다.

"나를 만지지 말라. 내가 아직 아

버지께로 올라가지 못하였다. 너는 가서 나의 형제들에게 말하라. 내가 내 아버지 곧 너희 아버지, 내 하나님 곧 너희 하나님께로 올라간다 하라."

파다해진 거짓 소문 마 28:11–15

한편 무덤을 지키던 병사들은 지진이 나고 천사가 번개처럼 나타나자 어찌나 놀랐던지 잠시 기절한 듯하더니 이내 일어나 돌문이 열려져 있는 것을 보고 한결 놀랐다. 시신은 사라져 버렸다. 그들은 잠시 서로의 얼굴을 바라보다가 두려움이 엄습해 와 삼십육계 줄행랑을 쳤다. 일단 성 안으로 들어선 그들은 잠시 망연자실하였다. 이 일을 어찌해야 되는가.

"침착하자고. 대제사장에게 먼저 보고하는 편이 좋을 거야. 무슨 수가 있을 거라고."

그들은 곧장 대제사장에게 달려갔다. 대제사장이라면, 예수의 시신이 사라졌다는 소식을 들으면 죽었다가도 벌떡 일어날 중대 사안이다.

"그게 사실인가? 어떻게 그런 일이 생길 수 있나? 경비병이 몇인데 시체를 도난당했단 말인가?"

자초지종도 듣기 전에 대제사장 가야바는 부들부들 떨었다.

"도난이라고 말할 수 없습니다. 지진이 났고, 번개 같은 강한 빛이 나타났고, 흰옷 입은 사람이 나타났습니다. 아마 천사일 겁니다. 우린 놀라 쓰러졌습니다. 그 사이 시체가 증발하였습니다. 그 천사가 데려간 모양입니다. 아니면 소문에 듣던 대로 그 시체가 다시 살아났는지도 모릅니다. 천사가 살렸겠지요. 네, 틀림없을 겁니다."

"…?"

대제사장 가야바는 기가 차서 유구무언이었다. 잠시 생각에 잠겼던 그가 무겁게 입을 열었다.

"일단 여기서 대기하시오. 내 이 문제를 의논해 보아야겠으니."

"대제사장님, 우린 어떻게 됩니까? 총독께서 우릴 감옥에 넣거나 죽일지도 모릅니다."

"기다리시오. 병사들을 다치게 하지는 않을 테니 내가 하라는 대로만 하시오."

대제사장은 급히 성전 경비병들을 산헤드린 법관들 집으로 보내 긴급회의를 소집하였다. 예수의 재판을 위해 깊은 새벽에 대제사장의 집으로 그들을 긴급 소집했던 것처럼.

"중대 사안이 발생하였소. 우려하던 대로 예수의 시체가 사라졌소. 필경 그 제자라는 자들이 도적질해 갔을 게요."

그러기를 바라는지, 아니면 그렇게 되었다고 생각하는 것인지, 그것도 아니면 예수의 말대로 절대 불가능한 부활이 이루어졌으나 그게 사실이라면 엄청난 파장이 일어날 테니 도난당한 것으로 밀고 나갈 수밖에 없어서인지, 대제사장은 모여든 유대사회 최고 유력 인사들에게 자신에 찬 목소리로 말했다.

"틀림없이 그랬을 겁니다."

힘없는 반응이다. 그러면서도 속으로는 가까운 베다니 마을의 나사로가 죽은 지 나흘 만에 예수에 의해 기적적으로 부활한 불과 열흘쯤 전의 경이로운 사건을 상기하였다. 예루살렘의 유력 인사들 중에도 나사로의 부활 사건은 충분히 인지되고 확인된 사건이었기 때문이다.

"서둘러야 하오. 총독이 알아야 할 사안이니 우리가 빨리 결론을 내려야 하오. 생각이 어떻소?"

모두들 깊은 시름에 잠겼다. 경비병들의 보고를 회원들에게 알려준 후라 모두들 긴장과 두려움을 갖고 있었다.

"시체 증발 사건은 총독에게도 치명타일 것이오. 결국은 그가 사형을 선고하였으니까요. 충격도 가장 클 것이오."

"부활이 맞기는 맞는 모양이지만…."

한 제사장이 주저하며 입을 열었다.

"대제사장님 말씀대로 그의 제자들이 시체를 훔쳐갔다고 하는 게 최선일 것 같습니다."

"전적으로 동의합니다. 달리 수습 방안이 없잖습니까?"

바리새인 율법학자가 거들었다.

"달리 묘안이 없습니다."

몇몇이 동의하였다.

"그렇게 매듭지읍시다."

결론에 도달하는 데는 많은 시간이 소요되지 않았다. 그들은 즉시 무덤을 지키던 병사들을 불렀다.

"내가 시키는 대로 하면 문제가 없을 테니 그리 아시오. 잠깐 잠든 사이 시체를 도난당하였다고 보고하시오."

"우리는 그럼…?"

책임을 물을까 두려운 것이다.

"내가 총독을 만나 경비병들에게 조금도 피해가 없도록 손을 쓸 테니 내 말대로만 하시오."

대제사장은 그들에게 상당액의 금품을 나누어 주었다.

그래서 예루살렘에는 예수의 시체가 도난당하였다는 소문이 입에서 입으로 급속히 확산되었다.

부활 후 제자들에게 나타나신 예수

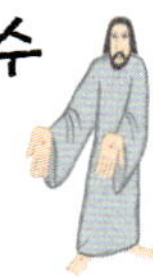

두 제자와 동행한 예수 눅 24:13-49 ; 막 16:12-18 ; 요 20:19-23

바로 그날 아침, 예루살렘에서 20여km쯤 되는 엠마오로 가는 시골에 두 사람이 힘없는 발걸음을 옮기고 있었다.

"너무 기막힌 일이야. 우리 주님에게 그게 무슨 이변이란 말인가."

일행 중 하나인 글로바가 긴 한숨을 토하며 입을 열었다.

"글쎄 말이야. 난 도무지…."

정말 이해가 안 되는 사건이다. 그분이 그렇게 무기력하게 돌아가시다니…. 부패가 시작된 나사로를 무덤에서 살려낸 분이, 갈릴리의 나인 성 밖에서 장사지내러 가던 청년의 시체를 살려 내신 분이, 가버나움 회당장의 죽은 딸을 다시 살려내신 분이, 나병환자를 깨끗하게 하고, 절뚝발이를 고치고, 열병 환자를 살려내고, 심지어 갈릴리 호수의 거센 풍랑을 꾸짖어 잔잔케 하신 분이, 귀신을 쫓아내신 분이, 분명 하나님의 아들이신 그분이 왜 자신을 지키지 않고 무기력하게 십자가에 못 박혀 죽어야 하였는지…. 예수를 알고 그를 따르고 믿던 두 사람으로서는 도무지 이해할 수 없었다.

"무슨 이야기를 하시오?"

한 사나이가 그들 가까이 다가왔다. 세 사람은 나란히 길을 걸었다.

"당신도 예루살렘에서 오는 길인 모양인데 근자에 거기서 일어난 놀라운 사건을 모른단 말인가요?"

글로바가 슬픈 기색으로 말했다.

"그게 무슨 일이오?"

"나사렛 예수를 모르시오? 그분은 전능하신 선지자지요. 그런 분을 대제사장과 산헤드린 법관들이 총독에게 넘겨 사형에 처하게 하였다오. 바로 사흘 전 일이오."

다른 제자가 말을 이었다.

"우리는 그분이 이스라엘을 구원할 분으로 믿었소."

"그런데 오늘 새벽에 우리 일행 중 몇 여인들이 그 분의 무덤을 찾아갔는데 시체가 없어졌다고 하였답니다. 천사가 나타나서 그분이 살아나셨다는 말을 했다더군요. 그 말을 듣고 동료 몇이 현장에 달려가 보았는데 역시 시체가 없었지요."

슬픔, 한숨, 절망감이 그 두 사람의 얼굴을 덮고 있었다.

"당신들이 미련한 거요. 선지자들이 무어라고 기록하였소? 그리스도가 고난을 받고 영광스럽게 된다고 하지 않았소?"

새로 끼어든 행인은 성경에 기록된 그리스도에 관하여 자세히 설명하였다.

어느덧 일행은 엠마오에 도착하였다. 그러나 나그네는 그냥 지나쳐가려 하였다.

"엠마오가 목적지가 아니신가요? 그렇더라도 때가 저물었으니 우리와 함께 하룻밤 묵어 가시지요. 말씀도 더 듣고 싶습니다."

나그네는 그들의 간청을 받아들여 함께 묵기로 하였다. 그날 저녁식탁을 대하자 나그네는 빵을 들고 하나님께 감사와 축복의 기도를 한 후 떼어서 그 두 사람에게 나누어 주었다. 그 순간 글로바와 그의 일행이었던 사람의 눈이 밝아졌다. 두 사람은 비로소 중간에 끼어든 나그네가 오늘 화제의 주인공인 나사렛 사람 예수임을 알아보았다. 어찌나 놀랐는지 두 사람 모두 입을 열지 못하는 사이, 예수의 형체가 보이지 않았다. 순식간에 사라진 것이었다.

"길에서 그리스도에 대하여 말씀하실 때 가슴이 뜨거워졌던 게…."

두 사람은 너무나 감격하여 음식을 먹을 수가 없었다. 다음날 새벽 그들은 길을 떠나 급한 걸음으로 예루살렘으로 되돌아갔다. 그들이 만난 부활하신 예수에 대해 제자들에게 전할 마음으로 흥분하여 발이 땅에 닿는 것을 느끼지 못할 지경이었다.

"주님이 베드로에게도 나타나셨어!"

두 사람이 만난 제자들은 한껏 상기된 얼굴이었다.

"우리도 엠마오로 가다가 부활하신 주님을 길에서 만났어. 그래서 부랴부랴 다시 왔지. 이 기쁜 소식을 전하고 싶어서…."

바로 그때 기척도 없이 예수가 그 모습을 나타냈다.

"너희들에게 평강이 있기를…."

열 명이 그자리에 있었다. 그들은 유령인가 하여 놀랐다.

"어찌하여 두려워하며 어찌하여 마음에 의심하느냐? 내 손과 발을 보고 나인 줄 알아라. 나를 만져 보아라. 영은 살과 뼈가 없으나, 너희들이 보듯이 나는 여기 있지 않느냐."

예수는 그들에게 못 박혔던 손과 발을 내보였다.

"만져 보아라."

기이하다. 기쁘다. 어찌할 바를 몰랐다.

"먹을 것이 있으면 좀 가져오너라."

누군가가 얼른 구운 생선 한 토막을 내오자 예수는 맛있게 그것을 먹었다.

"내가 모세의 율법과 선지자들의 글과 시편에 나를 가리켜 기록된 모든 것이 이루어진다고 한 말대로 된 것이다. 그리스도가 고난을 받고 제 삼일에 죽은 자 가운데서 살아날 것과 또 내 이름으로 죄 사함을 얻게 하는 회개가 예루살렘으로부터 모든 족속에게 전파될 것이 기록되었으니, 너희들은 이 모든 일의 증인이다."

제자 중 한 사람 도마 요 20:24-29

그자리에 도마는 없었다. 나중에 그가 나타나자 흥분한 제자들이 부활하신 예수를 만난 사실을 이야기하였다.

"난 도무지 믿어지지 않네. 내가 그 손의 못 자국을 보며, 내 손을 그 못 자국에 넣어 보며, 내 손으로 창에 찔린 그 옆구리를 만져 보지 않고는 믿지 못하겠네."

그로부터 8일 후, 11명의 제자들이 함께 있었다. 문은 닫혀 있었다. 그런데 문이 열리지도 않은 상태에서 부활하신 예수가 그 집 안에 나타났다.

"너희들에게 평강이 있기를…."

그리고는 도마를 향해 말했다.

"네 손가락을 내밀어 내 손을 만져 보고 옆구리도 만져 보아라. 그리고 믿음이 없는 사람이 되지 말고 믿는 사람이 되어라."

도마는 경외심으로 떨며 말했다.

"나의 주시며 나의 하나님이십니다!"

"너는 나를 보았기에 믿는구나. 보지 않고 믿는 사람들은 복이 있다."

갈릴리 호숫가의 재회

153마리의 기적 요 21:1–14

다수의 제자들이 갈릴리 사람이다. 그 중에서도 베드로와 요한과 야고보는 갈릴리 호수를 어장으로 고기를 잡는 어부였다. 오랜만에 고향으로 돌아온 베드로는 어부였던 요한과 야고보와 함께 고기잡이를 나갔다. 도마와 나다나엘과 또 다른 두 제자가 그들을 따랐다.

호수가 투명하게 맑아서 고기잡기는 밤에만 이루어진다. 그들은 밤새우며 그물을 내렸다. 그런데 기이한 일이 생겼다. 단 한 마리의 고기도 그들의 그물에 걸려들지 않았다.

"정말 이상한 일이군."

베드로가 투덜거렸다.

"생각나는군. 주님을 만나고 얼마 후였어. 우리가 배 두 척으로 밤새도록 그물을 내렸는데 한 마리도 잡지 못했었지."

요한이다. 그때도 요한과 야고보 형제가 베드로와 함께였다.

그날, 날이 밝아 고기잡기를 포기하고 호숫가에 앉아 찢어지고 엉클어진 그물을 정리하고 있을 때 주님이 오셨고, 주님의 명령대로 깊은 데로 가서 그물을 내렸더니 두 배에 만선이 되도록 잡히는 어획고를 올렸다. 기적이었다. 직업 어부인 그들이 그렇게 많은 고기를 잡아 본 적이 없으며, 더구나 날이 밝은 후에 그물을 내린 것도 처음이 아니었던가. 그때를 회상하니 한동안 만나지 못한 예수, 그들의 주님이 그리워졌다. 먼저 갈릴리로 가 있으라던 주님이시다.

날이 밝아왔다. 고기잡기는 틀렸다.

"이것도 기적이지. 어떻게 밤새도록 그물을 내려도 한 마리 안 잡힌담. 끝내자고."

누군가가 투덜거렸다. 그들은 지쳤다. 노를 저어 호숫가로 갔다. 호숫가 저만치 사람 하나가 그들을 바라보고 서 있는 모습이 시야에 들어왔다. 그러나 그가 누군지 알아보지 못하였다. 뭍은 멀지 않았다.

"고기를 잡았소?"

베드로가 맥없이 대답하였다.

"못 잡았소이다."

"그물을 배 오른편에 던지시오. 그럼 잡힐 거요."

베드로는 긴장하였다. 자기에게 저렇게 말씀하실 분이 주님 외에 누가 있으랴. 그는 주저 없이 오른편에 그물을 던졌다. 그러자 대번에 고기떼가 그물에 가득차는 것을 그 손과 팔뚝으로 감지하였다. 그물을 끌어올렸다. 엄청나다. 힘에 부친다. 저분은 전에도 이렇게 많은 고기를 잡게 하신 나의 주님, 나사렛 예수라고, 그는 확신하였다. 동료들과 합세하여 그물을 끌어올린 후 베드로가 동료들에게 소리쳤다.

"주님이시다!"

그들은 배를 뭍에 대자 고기가 가득 담긴 그물을 끌고 주님을 향해 달려가다시피 하였다. 역시 주님이셨다.

"와서 아침 식사를 함께 하도록 하자."

숯불이 피워져 있고 그 위에 생선이 구워지고 있었다. 빵도 준비되어 있었다.

"지금 잡은 생선을 좀 가져오너라."

오랜만에 갈릴리 호숫가에 앉아 일곱 사람이 아침을 먹었다. 잡은 물고기를 세어 보니 153마리나 되었다. 그물이 찢어질 만큼인데 멀쩡하였다.

내 십자가를 지고 요 21:15-23

식사가 끝난 후 주님이 베드로에게 물었다.

"요한의 아들 시몬, 네가 이 사람들보다 나를 더 사랑하느냐?"

베드로가 지체 없이 대답하였다.

"주님, 그럼요. 제가 주를 사랑하는 줄 주님이 아십니다."

"내 어린 양을 먹이라."

이어서 두 번째로 물었다.

"요한의 아들 시몬, 네가 나를 사랑하느냐?"

반복되는 질문에 베드로는 역시 자신 있게 대답하였다.

"주님, 그렇습니다. 제가 주님을 사랑하는 줄 주님이 아십니다."

"내 양을 치라."

이어서 세 번째 똑같은 질문을 하였다.

"요한의 아들 시몬, 네가 나를 사랑하느냐?"

베드로는 왜 이렇게 같은 질문을 계속하는지 이상하게 생각되었으나 서슴없이 똑같은 대답을 하였다.

"주님, 모든 걸 아시지 않습니까. 제가 주님을 사랑함을 주님이 다 아십니다."

"내 양을 먹이라."

이어서 베드로를 응시하며 말했다.

"진실로 진실로 네게 이르노니 젊어서는 네가 스스로 띠를 띠고 원하는 곳으로 다녔지만 늙어서는 네 팔을 벌릴 것이며, 다른 사람이 네게 띠 띠우고 원치 않는 곳으로 데려갈 것이다."

무슨 뜻일까. 그것은 원치 않는 죽임을 당한다는 예언인 것 같았다. 아마 십자가에 처형된다는 의미인 것 같다. 생각이 이에 미치자, 그의 등골이 오싹해졌다.

"나를 따르라."

베드로는 문득 함께 있는 요한을 생각하였다. 내가 십자가에 처형당한다면 저 사람은 어떻게 될까.

"주님, 이 사람은 어떻게 되겠습니까?"

요한을 지목하여 물었다.

"그게 네게 무슨 상관이냐? 너는 나를 따르라."

예수의 승천 昇天

승천의 현장 행 1:3-11

부활하신 주님은 40일 동안에 걸쳐 여러 번 제자들을 만나며 지난 3년여 동안 가르친 내용을 요약한 핵심을 다시 가르쳤다. 이제 그의 부활을 의심하는 제자들은 없다. 뿐만 아니라 예수가 하나님의 아들이며 그리스도라는 사실에 추호의 의심도 없게 되었다. 부활 후 열한 번이나 사람들 앞에 모습을 드러내신 예수는 부활 40일이 되는 날 예루살렘의 동편 올리브 산에 그 모습을 나타냈고, 그 자리에는 열한 사도를 비롯하여 무려 5백여 명의 주를 믿는 사람들이 모였다.

"지금부터 예루살렘을 떠나지 말고 내가 이미 이른 대로 아버지께서 약속하신 성령을 기다리시오. 요한은 물로 세례를 베풀었으나 당신들은 몇 날이 못 되어 성령으로 세례를 받을 것이오."

명백한 고별사임을 그들은 알았다.

"성령이 당신들에게 임하시면 당신들이 권능을 받고 예루살렘과 온 유대와 사마리아와 땅 끝까지 이르러 나의 증인이 될 것이오."

그리고 그들이 보는 앞에서 하늘로 들려 올라가기 시작하였다. 일찍이 아담의 3대손 에녹이 365세에 이 땅에서 죽지 않고 하나님에 의해 하늘로 들려 올라갔음을 그들은 성경을 통해서 익히 알고 있다. 뿐만 아니라 선지자 엘리야와 엘리사가 광야에서 대화하고 있을 때 홀연히 하늘에서 불수레와 불말들이 나타나더니 두 사람 사이를 떼어놓고 이어서 강한 회오리바람이 일며 엘리야가 그 바람을 타고 하늘로 승천한 기록을 그들은 잘 알고 있다. 성경에서 읽은 그런 일이 지금 5백여 명 앞에서 전개되고 있는 것이다. 예수는 홀로 가볍게 하늘로 올라간다. 위에서 어떤 힘이 그를 끌어올리는 것 같다. 그들은 황홀경에 빠졌다. 이런 신비한 현장에 그들이 참여하고 있으니 얼마나 경이로우며 감격한 일인가. 그들의 시선은 한순간도 놓치지 않으려는 듯 점점 높이높이 솟아올라 그 모습이 작아져 가는 주님을 응시하였다. 높이 올라간 예수를 구름이 감쌌다. 이제 그 모습은 보이지 않았다. 그래도 그들의 시선은 주님의 모습이 사라져 간 하늘 그 구름에 고정된 듯 머물러 있었다.

"갈릴리 사람들아…."

그들은 말소리에 놀랐다. 누군가가 입을 열었다. 그 소리 나는 곳을 바라본 사람들은 또 한 번 놀랐다. 흰옷 입은 천사 둘이 그들 곁에 서서 말하는 것이었다.

"어찌하여 서서 하늘을 쳐다보느냐. 너희 가운데서 하늘로 올리우신 이 예수는 하늘로 가심을 본 그대로 다시 오시리라 하였느니라."

승천하신 그 모습 그대로 다시 오실 주님을 또 한 번 목격하게 되기를 간절히 바라는 그들은 그날이 속히 오기를, 속히 오기를, 그리하여 재회의 기쁨을 맛보기를 갈망하며 예루살렘으로 돌아왔다.

가룟 유다를 대신할 새로운 사도 행 1:12–26

예루살렘에서 비교적 부유층이 살고 있는 옛날 다윗의 궁전 주변의 마을에 마리아와 그 아들 마가가 살고 있는 저택이 있다. 그 집 이층의 큰 방을 다락방이라고 한다. 백 수십 명이 들어갈 수 있는 규모다. 열두 제자가 주님과 마지막 저녁식사를 한 뜻깊은 현장이기도 하다. 제자들이 예루살렘에 있을 때 기거하다시피 하는 곳이기도 하다. 올리브 산에서 돌아온 그들은 할 말이 없었다. 다만 그리스도이신 예수께 선택되고, 가까이 따르게 되고, 부활과 승천을 목격하도록 특별히 구별되어 선택된 사실만 생각하여도 가슴이 뜨거워지는 감동이 있는 그들이다. 그들은 다시 오신다는 주님이 속히 오시기만을 조급하게 기다리며 기도하였다. 시간이 흐를수록 기도의 열기가 더해졌다. 죽음과 부활과 승천으로 이어진 지난 40일 동안의 그들의 스승 예수 그리스도를 생각만 하여도 감사와 감격이 더해졌다.

베드로는 생각하였다. 주님이 열둘을 택하여 사도로 세우셨는데, 그 중 하나가 배신자가 되어 목매 죽었으니 우리가 무리들 중에서 한 사람을 선택하여 열둘의 수를 채우는 게 마땅하지 않은가.

"여러분…"

베드로가 일어나 좌중을 둘러보며 입을 열었다. 모인 사람들이 120여 명쯤 되었다.

"가룟 유다를 생각하면 기가 막힙니다. 가룟 유다의 배신과 자살 사건을 모르는 사람이 예루살렘에 없을 정도입니다. 그에 관하여는 일찍이 시편에 예언된 그대로이니 우리는 그의 자리를 대신할 한 사람을 세워야 됩니다. 요단강에서 요한의 세례를 받은 때부터 지금까지 우리와 함께 주님을 따르고 승천하실 때까지 함께했던 사람 가운데서 한 사람을 세워 우리와 함께 주님에 대하여 증인이 될 사람이 있어야 합니다. 여러분이 추천하십시오."

조건이 제시되었다. 주님의 활동 개시 때부터 오늘까지 함께한 사람, 그리하여 주님에 관하여 증거할 사람이어야 한다.

두 사람이 천거되었다. 요셉과 맛디아.

"자, 주님의 뜻을 따라 선택되어야 할 한 사람이 누구인지 우리가 알 수 없으니 함께 기도합시다."

그들은 모두 기도하였다. 이 두 사람 중에 누가 주님의 택한 사도가 되어 사도의 직무와 봉사를 해야 합니까. 주님이 택하여 주십시오.

기도가 끝나자 제비를 뽑았다. 가룟 유다의 자리를 대신할 사도로 맛디아가 선택되었다.

불같이 바람같이 임한 성령

새 역사의 시작 행 2:1

그날, 곧 예수 그리스도가 십자가에 못 박혀 죽은 날로부터 50일째의 날, 그날이 오순절이다. 유월절 축제를 위해 예루살렘에 왔던 많은 유대인들 중 먼 타국에서 온 사람들 대부분은 그대로 머물렀다가 오순절까지 지키고 돌아가는 경우가 허다하였다. 오순절은 밀과 보리 수확의 감사절이기도 하지만 그보다는 모세를 통해 시내 산에서 하나님의 율법을 받은 날로 기념되었다. 즉 유월절이 민족 해방의 날, 그 민족의 새로운 역사가 시작된 가장 뜻깊은 날이라면, 오순절은 그들의 종교가 탄생한 날이 된다. 이스라엘의 3대 명절 중 하나다.

그러나 가나안 땅에 정착 후에도 이스라엘은 빈번한 외세의 침략으로 수탈당하고 포로로 잡혀가고 주권을 상실하는 경우가 많았다. 대표적인 비극이 앗시리아에 의해 기원전 722년에 북왕국 이스라엘이 무너졌는데, 거기에는 열지파가 속해 있었다. 그들은 대개 앗시리아, 곧 지금의 시리아로 잡혀갔다. 그렇게 조국 땅을 떠나 사는 유대인들을 '디아스포라'라 한다. 유대인은 디아스포라가 많다.

두 번째는 기원전 586년에 남은 두 지파가 형성한 남왕국 유다가 바빌로니아 제국에게 정복당하였다. 당시 노약자를 비롯한 쓸모없는 사람만 남겨두고 거의 모든 사람이 포로로 잡혀갔다. 그들은 70년 동안이나 바빌로니아 땅 메소포타미아에 정착하여 살았다. 그 후 페르시아 제국이 바빌로니아를 정복하고, 점령국 황제 고레스가 포로 귀환칙령을 내려 많은 유대인이 귀국하였으나 그 2세와 3세 등 남은 사람들도 많았다. 그들 역시 유대인 디아스포라다.

세 번째는 기원전 334년, 마케도니아의 알렉산더 대왕의 동방원정 때 정복되어 그가 통치하는 드넓은 제국 곳곳으로 흩어지게 되었으며, 네 번째는 기원전 63년에 로마의 폼페이우스에게 정복되어 지중해 중심의 유럽과 아프리카와 소아시아와 기타 여러 곳으로 흩어지게 되었다. 그 디아스포라들은 일년에 한 번 유월절을 지키기 위해 먼 길을 여행하여 예루살렘에 오고, 온 김에 아예 50일을 기다려 오순절을 지키고 돌아가는 경우가 많았다.

그리하여 예루살렘에는 아직도 많은 사람이 머물고 있었다. 더구나 성령을 보내줄 때까지 예루살렘을 떠나지 말고 기다리라고 하신 주님의 마지막 말씀에 순종하여 마가의 집 다락방에 모여 오순절까지 열흘 동안을 전혀 기도에만 힘쓴 사람들에게 마침내 그날, 오순절 날이 왔다.

120명에서 그날 하루에 3천 명으로 행 2:1-42

그날도 그들 120명은 기도에 열중하였다. 그야말로 뜨거운 기도가 계속되었다. 그러던 어느 순간 갑자기 강한 바람이 위로부터 불어오는 듯하였고, 이내 뜨거운 불이 그들을 덮는 듯하였다. 한 번도 경험해 보지 못한 그 현상에 그들은 놀랐다. 그러나 그 놀라움은 하나님의 영에게 사로잡힌 놀라움이어서 두려움이 아니라 알 수 없는 기쁨으로 가슴을 뜨겁게 하였다.

참으로 이상한 일이다. 지금까지 그들의 언어로 기도하던 그들의 입에서 그들이 알지 못하며 사용하지 않던 다른 언어들이 기도 소리로 터져 나오는 것이었다. 다른 언어, 여러 나라와 종족의 언어들, 그들 자신도 그게 무슨 뜻인지 전혀 알지 못하는 그런 언어들로 그들의 기도는 계속되었다. 그들의 공간이 엄청나게 시끄러워졌음은 말할 것도 없다.

집 밖에 사람들이 모여들었다. 동시에 120명이 여러 언어로 기도하는 소리가 어찌나 소란스러웠던지 무슨 굉장한 사건이라도 터진 듯하였다. 지나가던 사람들의 발걸음이 그 집 밖에 멈춰섰다. 동네가 들먹거리는 소리였다. 그래서 그 마을 사람들과 그들의 집에서 기거하던 디아스포라들이 모두 뛰쳐나왔다. 아침 아홉 시경이어서 동네와 거리가 고요에 묻혀 있었기에 그들의 소리는 멀리까지 들렸다. 몇몇이 그 집으로 들어갔다. 현장을 확인하지 않고는 안 될 정도의 소란이었기 때문이다.

120명은 자기들에게 대단한 사건이 일어났음을 알았다. 주님이 약속하신 하나님의 영 성령이 그들 각 사람에게 충만하게 임하였음을 그들은 누가 알려 주지 않아도 알 수 있었다. 그들은 필설로 표현할 길 없는 넘치는 기쁨을 느꼈고, 그 희열은 사람의 일생에서 경험하기 어려운 것임을, 그들은 모두가 공감하고 있었다. 그들의 얼굴이 빛났다. 그건 빛이었다.

성령의 충만, 그것은 단지 기쁨만이 아니었다. 그들은 그들이 알 수 없는, 그들이 만들 수 없는 담대한 마음이 되었다. 세상에 두려울 것이 없다. 하나님의 영이 함께하시니.

또 다른 마음도 생겼다. 그들의 예수, 죽음에서 부활하신 예수, 그를 믿으면 구원 받는다는 확신이 그들의 혀를 움직이게 하였다. 예수의 구원의 복음을 전하지 않고는 못 견딜 뜨거운 가슴이었다.

"이 사람들이 갈릴리 사람들인데 어떻게 로마 사람의 말을 하지?"

로마에서 로마의 언어를 쓰며 살던 디아스포라가 자기 일행에게 말했다.

"그것도 아주 유창하게 말이야."

그리스에서 온 사람은 그리스 말을, 소아시아에서 온 사람은 그들의 언어인 소아시아 말을 들었다. 이집트에서 온 사람은 그들 말로, 메소포타미아 언어로, 리비아의 언어로, 아라비아 언어로…. 동서남북 어떤 나라들에서 왔든 자기네가 쓰는 말을 그들이 하고 있음은 경이였다.

"이해 못할 일이군. 이해가 안 돼."

"술 취한 거야."

누군가가 말했다. 그것도 독한 술에 취했을 거라고들 수군거렸다. 저 벌겋게 달아오른 얼굴, 저 시끄러운 말소리들, 미친 듯 소리치는 기도 소리와 그 모습은 잔뜩 술에 취한 모습일 수 있었다.

"여러분…."

베드로가 벌떡 일어서며 소리쳤다. 다른 사도들도 일어섰다. 하나님의 성령을 조롱하며 비웃는 것을 용납해서는 안 된다.

"내 말을 잘 들으시오. 지금이 아침 아홉시요. 우리 중 누가 이 시간에 술을 마시며, 취하도록 마신단 말이오. 그런 경우는 우리 민족에게 없소이다. 내가 알아듣게 설명할 테니 잘 들으시오."

베드로는 집 밖의 사람들이 수천에 이른다는 것을 알고 아예 밖으로 드나드는 문을 열고 계단에 섰다. 인산인해였다.

"선지자 요엘이 일찍이 기록하였습니다. 하나님께서 말씀하시기를 말세에 내가 내 영을 모든 사람에게 부어 주리니 너희 자녀들이 예언할 것이며, 젊은이들은 환상을 보고, 늙은이는 꿈을 꾸리라 하였습니다. 그때에 하나님께서 남종과 여종에게 내 영을 부어 주리라 하셨습니다. 바로 지금 그 예언이 우리에게 이루어졌습니다. 여러분도 아십니다. 큰 권능과 기적과 표적을 베푸신 나사렛 예수님이 바로 우리가 고대하던 그리스도이십니다. 그런데 그분을 십자가에 못 박아 죽였습니다. 여러분도 그분을 죽이는 일에 동참하였습니다. 그러나 하나님께서는 그분을 다시 살리셨습니다. 다윗의 자손에서 그리스도가 태어나신다는 것을 다윗도 기록하였습니다. 부활을 예언하였습니다. 우리는 다시 살아나신 주님을 우리 눈으로 똑똑히 뵈었습니다. 하나님께서 예수를 높이셨고 그분은 약속하셨습니다. 성령을 아버지께 받아서 당신들이 지금 보고 들은 대로 우리에게 부어 주셨습니다. 그러므로 누구든지 주의 이름을 부르는 자는 구원을 얻는다고 하였습니다. 여러분, 여러분이 십자가에 못 박은 예수를 하나님이 주와 그리스도가 되게 하셨습니다."

군중은 두려움을 느꼈다. 당황하였다. 자기들로 빌라도의 법정 앞에서 대제사장이 하는 대로 예수를 십자가에 못 박으라고 외치지 않았던가. 자기들이 그리스도를 죽이는 데 공범 노릇을 하지 않았던가.

"그럼 우리가 어찌해야 됩니까?"

한 사람이 베드로에게 떨리는 음성으로 물었다.

"여러분이 회개하여 각각 예수 그리스도의 이름으로 죄를 용서받으십시오. 그러면 여러분도 성령을 선물로 받을 것입니다. 이것은 하나님의 약속입니다. 여러분과 여러분의 자녀와 먼 곳에 있는 사람들과 주 우리 하나님이 얼마든지 부르시는 사람들에게 하신 약속입니다. 이 패역한 세대에서 구원을 받으십시오."

놀랍게도 즉석에서 회개하는 사람들이 많아졌다. 회개하는 사람에게 제자들이 세례를 주었다. 계획에 없는 큰 행사가 벌어진 셈이다. 소문은 원근각지로 번져 나갔다. 그렇지 않아도 오순절 인파로 들끓는 예루살렘은 그 소문을 듣는 사람이 자꾸만 몰려와서 온종일 쉴 틈도 없이 예수 그리스도를 전하고 세례 주는 일이 계속되었다.

그날 오순절 날, 아침 아홉 시에 불과 120명에게 성령이 임하였는데 해질녘에는 세례 받은 사람이 3천 명에 달하였다.

사도들의 전도와 교회의 부흥

나사렛 예수 그리스도의 이름으로 행 3:1–4:4

어느 날 오후, 베드로와 요한이 오후 세 시 기도 시간에 맞추어 성전으로 올라갔다. 그들이 성전 동쪽에 있는 이방인의 뜰과 여인의 뜰을 연결하는, 금과 구리로 장식되어 아름답기로 유명하여 아예 〈아름다운 문/미문美門〉으로 불리는 그 문을 지나려는 때였다. 늘 거기서 출입자들에게 구걸을 하는 40세쯤 된 낯익은 앉은뱅이 거지를 만났다. 그는 출생 때부터 앉은뱅이로 태어나 40여 년 동안 한 번도 자기 다리로 일어서 보지 못한 불행한 자였다. 그 사람은 날마다 그 가족이나 친구들에 의해 미문으로 운반되어 구걸하므로 그를 모르는 사람이 없다.

"이 가련한 불구자를 그냥 지나치지 마시고 적선하여 주십시오."

그는 늘 그랬다. 베드로와 요한은 자기들에게 손을 내미는 그를 보자 걸음을 멈추었다. 그는 분명히 돈을 주리라 믿는지 기대하는 눈빛이었다. 베드로와 요한이 그를 주목하였다.

"우리를 보시오."

베드로의 말에 그가 주목하였다.

"우리에겐 당신에게 줄 돈이 없소. 그러나 우리에게 있는 것으로 당신에게 주겠소. 곧 나사렛 예수 그리스도의 이름으로 일어나 걸으시오."

말이 끝나는 것과 동시에 베드로가 그의 오른손을 잡아 일으켰다. 그러자 놀라운 일이 일어났다. 그 앉은뱅이의 발과 발목에 힘이 생겼고, 그는 벌떡 일어섰다. 상상을 초월하는 기적을 경험한 그는 걸어 보고 뛰어 보았다. 그래도 믿어지지 않는 듯 확인에 확인을 거듭하느라 또 뛰어 보고 걸어 보았다. 정말 멀쩡하다. 완전하다. 그는 소리쳤다.

"오 하나님 감사합니다! 감사합니다!"

그는 베드로와 요한을 따라 성전으로 들어가며 계속 소리쳤다. 나사렛 예수의 이름으로 내가 고쳐졌다고, 하나님 은혜라고.

그를 아는 모든 사람들이 믿어지지 않는 눈으로 그를 바라보며 다가왔다. 분명 미문의 앉은뱅이다. 그 얼굴이다. 그 행색 그대로다. 그런데 어떻게 저렇게 걷고 뛰는가. 그들은 순식간에 많은 사람에 에워쌌다. 그 중심에 베드로와 요한과 앉은뱅이였던 40세 정도의 그 주인공이 있었다. 사람들이 의아해하며 수군거렸다. 앉은뱅이였던 사람이 베드로와 요한의 옷자락을 붙잡았다. 자기를 고친 사람이 이들이라는 사실을 확인해 주기 위해서다. 워낙 사람이 많이 모이자 그들은 솔로몬 행각으로 이동하였다. 그곳이 사람들에게 말하기 좋아서였다.

"여러분…."

베드로가 다 알아들을 만큼 큰 소리로 말했다.

"이 일을 기이히 여기지 마십시오. 우리 개인의 권능과 경건으로 이 사람을 걷게 한 것처럼 왜 우리를 주목하십니까. 아브라함과 이삭과 야곱의 하나님, 곧 우리 조상의 하나님이 그 종 예수를 영화롭게 하셨습니다. 그런데 여러분이 예수를 빌라도에게 죽여 달라고 넘겨주었으며, 빌라도가 죄 없다고 선고한 것을 여러분이 죽이라고 외쳤습니다.

거룩하고 의로운 분을 부인하고 도리어 살인자를 석방하라고 하였습니다. 생명의 주를 죽게 하였습니다. 그러나 하나님이 죽은 자 가운데서 예수를 다시 살리셨습니다. 우리가 이 일의 증인입니다. 우리가 그 이름을 믿음으로 그 이름이 여러분이 보고 아는 이 사람을 고치셨습니다. 예수를 믿는 그 믿음으로 이 사람이 완전히 나은 것입니다. 그러나 여러분이 몰라서 그랬고 또 산헤드린 법관들도 몰라서 그랬을 것입니다. 그러나 하나님이 모든 선지자들의 입을 통하여 그리스도께서 이런 고난을 받으신다고 미리 말씀하신대로 된 것입니다. 그러므로 여러분이 회개하고 죄 사함을 받으십시오. 그리하면 하나님의 축복이 임할 것입니다. 예수 그리스도는 다시 오십니다."

앉은뱅이가 고쳐진 기적과 함께 베드로의 설교가 계속되자 회개하는 사람이 부쩍부쩍 증가하였다. 소문은 꼬리를 물고 확산되어 더 많은 사람들이 앉은뱅이를 확인도 하고 가슴을 파고드는 베드로의 설교를 듣기 위하여 성전으로 모여들었다. 구원 받는 사람이 급증하여 남자만도 5천여 명에 달하였다.

예수가 섰던 법정에 선 제자들 행 4:5–21

대제사장을 비롯한 산헤드린 법관들은 물론 유대 사회에서 존경 받는 율법학자들과 바리새인들은 곤혹스러웠다. 예수의 부활이 사실이라고 외쳐대는 사도들과 자기들이 죽게 한 예수의 이름으로 세상이 놀랄 만한 기적이 대낮에 성전 문에서 발생한 사건이 도성 전체를 흔들어댔기 때문이다.

"빨리 손을 쓰지 않으면 안 될 상황이군. 예수를 죽이면 다 끝날 줄 알았는데 그 제자들이란 자들이 그 예수가 다시 살아났다고 떠들고 다니니…."

대제사장의 근심어린 말에 제사장 하나가 덧붙였다.

"더구나 예수의 이름으로 미문의 앉은뱅이가 일어나 뛰고 걷는 것을 사람들이 다 확인하고 이미 알고 있습니다. 실로 난감한 일입니다."

"그들의 입부터 막아야 합니다. 죽은 죄수의 이름으로 백성들을 선동하고 있습니다. 서둘러 그들을 법정에 세워서 다시는 그 이름을 입 밖에 내지 못하도록 해야 됩니다."

소문을 듣고 또는 현장을 확인하고 그 분위기를 파악한 법관들이 자꾸 모여들면서 대책회의가 열렸다.

"날이 저물어 가니 오늘은 일단 감옥에 넣고 내일 아침 일찍 재판합시다."

최종 결정이 내려지자 성전 경비병들이 베드로와 요한을 잡아 감옥에 넣었다.

다음날 아침, 산헤드린 법원은 두 사람을 끌어내어 재판을 열었다. 예수가 재판 받은 그 법정에 그의 제자 두 사람이 두어 달 만에 그 자리에 또 섰다. 전직 대제사장과 현직 대제사장을 비롯한 모든 산헤드린 법관들이 모임으로써 법원이 이 두 사람의 문제를 매우 심각하게 우려하고 있음을 반증하였다. 법정에는 앉은뱅이였던 사람도 증인으로 불려와 있었다.

"너희가 무슨 권세와 누구의 이름으로 이런 일을 하였느냐?"

심문이 시작되자 베드로가 성령이 충만하여 담대하게 대답하였다.

"이 사람이 어떻게 구원 얻었느냐고 물으셨습니다. 여러분이 십자가에 못 박아 죽였으나 하나님께서 다시 살리신 나사렛 예수 그리스도의 이름으로 이 사람이 건강하게 되어 여러분 앞에 서 있습니다. 우리의 여호와 하나님은 천하 인간들이 구원 얻을 수 있는 다른 이름을 우리에게 주시지 않았습니다. 그 이름은 오직 나사렛 예수 그리스도뿐입니다."

법관들은 또 한 번 놀랐다. 학식 없는 사람이 이 법정에서 당당하게 기탄없이 말하였기 때문이다. 더구나 확실한 증인이 될 앉은뱅이였으나 멀쩡해진 사람이 그들 눈앞에 있지 않은가.

법관들은 수군거리다가 결정을 내렸다. 일단 두 사람을 법정에서 내보내고 토론하였다.

"저 두 사람을 어떻게 해야 되겠소? 분명한 기적이 나타났소. 예루살렘 사람들이 다 알게 되었고, 우리도 부인할 수 없으니…."

의견이 구구하였다. 그러나 묘안은 떠오르지 않았다. 한동안 갑론을박하던 법관들은 두 사람을 다시 불러 세우고 명령하였다.

"신성한 산헤드린 법정의 판결이다. 이후로 다시는 예수의 이름으로 말하지 말라. 그 이름으로 가르쳐서도 안 된다. 이를 어기면 엄벌에 처할 것이다."

"제가 묻고 싶습니다."

베드로가 말했다.

"하나님 앞에서 사람 말 듣는 것이 하나님 말씀 듣는 것보다 옳은지 판단해 보십시오."

당당함인가 당돌함인가. 법관들은 도리를 찾지 못하다가 다시 한 번 예수의 이름을 들먹이면 엄벌에 처한다고 경고한 후 석방하였다.

부흥하는 교회 행 4:23-37

두 사도가 풀려나 그들의 거처로 가자 많은 사람이 초조하게 기다리고 있었다. 두 사도의 보고를 들은 그들은 합심하여 하나님께 간절하게 기도하였다. 아무리 핍박이 오고 위험이 따라도 담대하게 주 예수의 복음을 전파하게 해 달라는 기도였다. 아울러 앉은뱅이가 일어난 것처럼 예수의 이름으로 표적과 기적이 일어나게 해 달라고 기도하였다. 기도를 마칠 때 그곳이 지진이라도 일어난 듯 진동하더니 무리가 다 성령으로 충만해져서 한결 담대하게 주 예수의 복음을 전파하게 되었다.

그 후 새로운 현상이 일어났다. 믿는 사람들이 한마음 한뜻이 되어 사랑으로 서로 돕는 일이 일어났다. 자기 소유를 자기 것이라 하지 않고 밭과 집을 팔아 사도들 앞에 헌금하였다. 그것을 가난한 사람들에게 나누어 주니 여기가 지상의 낙원이었다. 기쁨과 사랑이 충만한 예루살렘 교회의 모습이었다.

지중해의 섬 구브로(키프로스) 출신의 레위 지파 사람 바나바는 재산가였다. 그는 자기 토지를 팔아 구제를 위하여 헌금하였다. 제자들이 거처로 삼고 있는, 그리고 120명이 모여 기도하다가 성령을 받은 집 주인인 마가의 외삼촌인 그는 일찍부터 예수를 따르던 사람이며, 권위 있고 존경 받는 사람이었다.

부부의 죽음과 사도들의 증언

성령을 속인 죄 행 5:1–11

교회의 분위기는 사랑이라는 가장 아름다운 한 마디로 압축되었다. 모두들 기뻤다. 내 것 네 것이 없다는 이 사실 하나만으로도 살맛나는 세상이 되었다. 성령으로 충만하였기에 가능한 일이었다.

아나니아와 삽비라 부부는 우리도 땅을 좀 팔아서 헌금하자는 데 의견이 일치하였다. 경제적으로 여유가 있는 그들은 바나바처럼 존경 받는 위치에 서고 싶었다. 그래서 주저없이 밭을 팔았다. 거액이었다.

"이 많은 돈을 다 헌금해야 해요?"

아깝다는 생각이 들었다.

"글쎄…, 다 해야 하나?"

남편이 망설이자 아내가 냉큼 말했다.

"우리 쓸 돈 좀 남겨 둡시다. 이건 다 우리 돈이니까 우리 마음대로 할 수 있잖아요?"

"그야 그렇지."

부부는 그 일부를 떼어 집에 두었다. 그들의 돈이니 전부를 헌금하든 일부를 헌금하든 그들이 결정할 문제이다. 그러나 아나니아의 태도는 베드로 앞에서 바르지 못하였다. 거액의 헌금을 들고 온 아나니아가 베드로에게 말했다.

"땅을 좀 팔았습니다. 구제에 써 주십시오."

"이게 전부인가요?"

베드로가 물었다.

"예, 땅 판 돈 전부입니다."

아나니아가 거짓말을 감추려고 자신 있게 대답하였다.

"아나니아…."

베드로의 마음이 기쁘지 않았다. 마땅히 칭찬해 주고 기도해 주어야 하는데 마음이 내키지 않았다. 그는 그게 전부라면 그런가 보다 해야 하는데 그에게 충만하신 성령께서 아나니아가 진실하지 못하다고 깨우쳐 주는 것이었다.

"어찌하여 사탄에게 마음을 빼앗겨 이렇게 거짓말을 하고 있소? 누가 당신에게 땅을 팔아서 헌금하라고 시키지도 않았고, 또 당신 땅을 판 돈이니 그 돈이 전부 당신 것이오. 헌금하지 않고 당신이 다 써도 누가 탓할 사람이 없소. 그런데 어찌하여 거짓말을 하시오? 지금 당신은 내게 거짓말하는 게 아니라 하나님을 속이는 것이오."

베드로가 꾸짖자 아나니아가 말 한 마디 못하고 그자리에 쓰러졌다. 심장이 멈추었다.

"죽었습니다."

함께 있던 사람이 그를 일으키려다가 말했다. 매우 놀란 얼굴이다.

"장사 지내 주시오."

젊은이들이 시신을 싸서 메고 나갔다. 세 시간 쯤 지났을 무렵 죽은 자의 아내가 자못 자랑스러운 듯 당당하게 베드로에게 왔다. 거액을 헌금하였으니 분명 칭찬을 들으리라 생각한 것이다. 그녀는 남편의 죽음을 모르고 있었다.

"당신 남편이 가져온 돈이 땅 판 돈 전부요?"

삽비라가 대답하였다.

"그럼요. 남편이 땅 판 돈 전부를 헌금하였습니다."

"삽비라, 당신 부부가 서로 짜고 하나님의 성령을 시험하려 드시오? 당신 남편을 장사하고 오는 사람들이 문 밖에 이르렀는데 그들이 당신을 메어다 장사할 것이오."

그 말이 끝나자마자 아나니아처럼 삽비라도 그자리에서 죽었다. 마침 들어온 아나니아를 장사하고 온 젊은이들이 쉴 틈도 없이 삽비라의 시체를 메고 나가 그 남편 곁에 묻어 주었다.

부부의 사망 사건은 지상에 처음으로 생긴 예루살렘 교회의 성도들에게 큰 경계와 교훈이 되었다. 하나님은 속일 수 없으며 결코 속지 않으며, 때로 매우 엄격하다는 점을 알았기 때문이다. 하나님에 대한 경외심이 그들을 사로잡았다.

체포된 이유 행 5:12-18

베드로 등 사도들은 산헤드린 법원의 엄한 명령에도 아랑곳없이 날마다 성전의 솔로몬 행각에서 많은 사람들에게 예수 그리스도의 죽으심과 부활과 성령에 대하여 참으로 겁도 없이 담대하게 가르치는 데 열중하였다. 믿는 사람이 날마다 폭증하였다. 뿐만 아니라 예루살렘에서는 날마다 경이로운 일들이 일어났다. 예수의 제자들에 의해 예수가 일으킨 기적들이 재현되고 있었다. 소문이 파다해졌다. 무슨 병이든 제자들이 예수의 이름으로 기도하면 나았으며, 악하고 더러운 귀신 들린 사람들에게서 귀신이 떠나갔다. 예루살렘뿐만 아니라 주변의 성읍들에서도 온갖 환자들과 불구자들이 모여들었다. 워낙 많은 사람이 모여들므로 제자들의 손이 닿기 어려워지자 베드로의 그림자만 스쳐도 무슨 병이든 낫는다는 소문이 돌았다. 중환자들과 움직이지 못하는 불구자들은 베드로가 지나가는 길가에 들것에 실린 채 또는 침구를 깔고 누워 있었다. 매일매일 기적적 치유의 연속이었다.

대제사장과 그 주변 세력은 몹시 당황하는 한편 분노하였다. 그들이 받는 보고에 의하면 예수의 제자들이 모두 예수와 다르지 않다고 한다. 예수의 이름으로 모든 병을 고치고 귀신을 쫓아내고 절름발이가 걷고 뛰며 눈먼 자가 눈을 뜬다. 감히 성전의 솔로몬 행각에서 많은 사람에게 예수의 부활을 주장하는데 이를 믿고 따르는 사람이 급증하고 있다. 그럼에도 유대 사회에서 최고의 권위를 지닌 산헤드린이 조사권과 기소권과 재판권을 지닌 최고 권력 기관이면서 속수무책이라니, 이 얼마나 곤혹스럽고 분통 터질 노릇인가.

대제사장은 회의를 거듭하였다. 방치할 수 없는 사태였다. 예수의 이름을 믿고 따르는 사람이 급증하고 있으니 어떻게든 막아야 한다. 거듭되는 회의 끝에 달리 방법이 없으므로 체포하여 감옥에 가두자는 데 의견이 일치하였다.

무슨 악한 일을 하지 않았는데, 오히려 좋은 일만 하였는데, 그것이 모두 자기들이 죽인 예수의 이름으로 이루어지고 있다는 이유로 어느 날 제자들을 잡아다가 옥에 가두었다. 이번 재판에서는 단호한 조치를 내려 더 이상 예수의 이름이 퍼지지 못하게 하려는 대제사장의 결의가 대단하였다.

기적의 탈옥 행 5:19–26

감옥에 두 번째 잡혀 들어간 베드로와 요한을 비롯, 다른 제자들도 모두 성전 지하 감옥에 넣어졌다. 그러나 그들은 두렵기는커녕 기쁘고 즐거웠다. 왜냐하면 주님이 일찍이 이런 일이 있을 것을 아시고 가르쳐 주신 말씀이 떠올랐기 때문이다. "나를 인하여 핍박을 받으면 기뻐하고 즐거워하라. 하늘에서 상이 크다." 하시지 않았던가. 그들은 감옥에 들어와 있을 망정 서로 위로하고 격려하며 하나님께 감사하였다.

"일어나라."

제자들은 깜깜한 가운데서 들려오는 소리에 놀라 깨어났다.

"성전에 서서 생명의 복음을 백성에게 전하라."

천사였다. 옥문이 열려 있었다. 제자들은 비몽사몽간에 감옥에서 나왔다.

아침이 되자 성전으로 올라갔다. 성전에서 복음을 전하라고 탈옥시켰으니 하라는 대로 할 따름이다. 그들은 다시 잡혀갈 것을 두려워하지 않았다.

한편 산헤드린 법원은 재판관들이 다 모이자 경비병들을 감옥으로 보내 예수의 제자들을 데려오라 하였다. 그런데 잠시 후 허겁지겁 달려온 경비병의 보고에 재판관들은 모두 경악을 금치 못했다.

"옥문이 든든히 잠겨 있고 파수병도 문에 서 있는데 감옥에 있어야 할 죄수들은 한 명도 없습니다."

더 놀랄 일이 잠시 후에 벌어졌다. 성전에서 달려온 사람의 보고 때문이었다.

"감옥에 가두었던 사람들이 성전에서 백성을 가르치고 있습니다."

탈옥하였으면 멀리 도망치든가 꽁꽁 숨어 있어야 하는데 아침부터 공개된 장소인 성전에 나타나 백성들을 가르치다니, 어떻게 이런 일이 있을 수 있단 말인가.

"아무튼 그들을 잡아오거라. 아니 체포하지 말고 대제사장에게 가자고 권해서 데려와라. 그들을 따르는 자들이 많으니 충돌이 생기지 않도록 각별히 유의하라."

현명한 랍비 가말리엘 행 5:27–42

산헤드린 법정이 열렸다. 예수의 제자들을 향해 대제사장이 먼저 입을 열었다. 설명할 수 없는 기적들 앞에서 일말의 두려움이랄까, 주눅 들었다고 할까, 첫 재판 때처럼 거칠지는 않았다.

"예수의 이름으로 가르치지 말라고 이 법원이 판결한 사실이 있는데 너희들은 어찌하여 법원의 판결을 무시하고 그 이름을 전하는가. 우리가 그리스도를 죽였다고 선동하고 다니는 건 우리를 향한 공격이 아닌가?"

베드로가 제자들을 대표하여 대답하였다.

"사람에게 순종하기보다 하나님께 순종하는 것이 옳습니다. 당신들이 십자가에 못 박아 죽인 예수를 우리 조상의 하나님께서 다시 살리셨으며, 그를 믿고 회개케 하여 죄 사함을 얻게 하십니다. 그분이 우리의 구주가 되시고 왕이 되십니다. 우리가 모두 이 일에 증인입니다. 하나님께 순종하는 우리에게 주신 성령 또한 예수가 그리스도임을 가르쳐 주십니다."

대제사장과 재판관들은 몹시 분개하였다. 우리가 죽인 예수를 구세주라고 주장하는가 하면, 이 법원의 준엄한 판결에조차 신경쓰지 않겠다고 밝혔으니 말이다.

"저자들을 모조리 죽여야 합니다. 죽여 마땅합니다. 우리를 모욕하였습니다. 법원의 권위를 부정하였습니다."

흥분한 목소리가 터져 나왔다.

"죽일 죄가 충분합니다."

다른 목소리다. 모두들 당연히 그렇게 해야 된다고 웅성거렸다.

"그렇지 않으면 저자들의 입을 막을 길 없습니다. 모두 없애야만 됩니다."

"아, 여러분…."

그때 한 사람이 자리에서 일어섰다. 그리고 그들과 달리 차분한 목소리로 말했다. 라반 가말리엘이다. 라반은 랍비의 윗 단계 학자로서, 최고의 학문을 지닌 소수의 석학 중 한 사람이며, 유대 사회에서 지극히 존경스러운 사람으로 추앙되는 인물이다. 그가 발언하자 모두 경청하였다.

"일단 예수의 제자들을 밖으로 내보내고 발언하겠습니다."

그의 말대로 경비병들이 제자들을 다른 방으로 격리시켰다.

"여러분, 이런 일은 지극히 신중하게 다루지 않으면 안 됩니다. 여러분도 헤롯 대왕이 죽은 해에 등장한 드다를 기억할 것입니다. 자칭 선지자였고, 4백 명의 추종자가 있었습니다. 굉장한 사람이었는데 그가 죽으니까 다 흩어져서 없어졌습니다. 그리고 로마 황제가 인구조사를 실시한 25년 쯤 전에도 갈릴리에서 유다라는 사람이 나타나서 큰 무리를 거느렸습니다. 유다가 죽자 그들도

다 흩어졌습니다. 죽은 예수를 따르는 제자들도 가만 내버려두고 볼 일입니다. 만일 나사렛 예수가 하나님께로부터 왔다면 우리가 어찌할 수 없는 일이며, 자칫 하나님을 적으로 삼는 것이 됩니다. 그러나 드다와 유다처럼 사람에게서 난 것이라면 곧 없어질 것입니다."

설득력 있는 내용인데다가 라반 가말리엘의 학식과 권위가 워낙 출중하여 감히 반대하는 사람이 없었다. 그래서 제자들을 다시 불러 법정에 세우고 판결하였다.

첫째, 법원이 금지한 행동을 한 죄에 대하여 채찍질하고,

둘째, 앞으로 절대로 예수의 이름으로 가르치지 말 것.

예수를 채찍으로 때린 것처럼 제자들도 40대에서 한 대를 감한 39차례의 채찍질을 당하였다. 가죽이 터지고 찢어지는 가혹한 채찍질이다.

제자들은 석방되었다. 그들은 기뻐하였다. 죽지 않고 석방되어서 기쁜 게 아니라 죄 사함을 주시려고 채찍에 맞고 십자가에 죽으신 예수 그리스도의 이름으로 고난당한 것이 기뻤다. 그 기쁨으로 그들은 산헤드린의 판결을 아랑곳하지 않고 안에서나 밖에서나 예수는 그리스도라고 외치는 데 열심을 냈다.

첫 순교자 스데반 집사

일곱 명의 집사 행 6:1-6

지상 최초의 교회 예루살렘 교회는 죽음도 두려워하지 않는 사도들의 담대한 믿음과 열정과 기적과 표적이 일어나면서 부흥에 부흥을 거듭하였다. 그야말로 급성장이다. 120명이 모여 기도하다가 성령을 받은 후 3천 명으로 늘어나는가 하더니 5천 명으로 증가하고, 그 수는 날로 더하여 갔다.

이러한 급성장은 불협화음을 동반하였다. 가난한 사람이 많던 시절이어서 교회는 구제하는 일이 중요한 업무가 되었으며, 헌금과 분배에는 많은 봉사의 손길이 필요해졌다. 특히 본토 유대인 교인과 이방 사회에서 출생하고 살아오던 사람들, 그 중에서도 헬라 문화권에서 살던 사람들과의 분리와 갈등을 야기하였다. 헬라계 교인들이 불평을 터뜨리는 현상까지 초래되었다.

"우리 헬라계 사람들은 봉사에 힘쓰는데 본토인들은 그렇지 못하니, 이건 불공평한 게 아닌가?"

여기저기서 원망 소리가 터져 나왔다.

사도들은 바빴다. 워낙 수효가 많으니 가르치는 일과 관리하는 일이 겹쳐 기도와 가르치는 일에 열중할 수 없었다. 이 문제를 해결하지 않으면 그야말로 교회는 분열되고 복음은 활력을 잃을 수 있다. 사도들은 이 문제를 해결하기 위하여 예수를 믿는 많은 사람들에게 제안하였다.

"여러분, 우리는 기도와 복음을 전하고 가르치는 일에 전념해야 합니다. 그런데 구제 등 모든 일을 다해야 하는 실정이 아닙니까. 여러분 중에서 성령과 지혜가 충만하고 칭찬받는 일곱 사람을 추천하십시오. 그들에게 구제하는 일을 일임하고 우리 사도들은 우리가 해야 할 일에 전념하겠습니다."

그래서 일곱 사람을 안수하여 세웠다. 스데반, 빌립, 브로고로, 니가노르, 디몬, 바메나, 니골라가 그들이다.

스데반의 전도와 순교 행 6:8–7:60

그 일곱 집사 가운데는 봉사하는 일 외에도 뜨거운 열정으로 복음을 전하는 성령 충만한 집사도 있었다. 빌립과 스데반이 그랬다.

스데반은 틈만 나면 복음을 전하러 다녔다. 사람들이 모이는 장소에 가서 예수 그리스도의 구원의 복음을 담대하게 전하였다. 특히 회당을 순회하며 거기 모인 사람들에게 그리스도의 복음을 전할 때면 큰 기적이 동반하는 능력도 나타났다. 그를 시기하는 사람들이 어느 날 논쟁을 걸어 왔다. 어떻게든 저 입을 막아 보자는 집단행동이었다. 그러나 지혜와 성령으로 충만한 스데반을 꺾을 수 없었다.

"저건 모세와 하나님을 모독하는 소리잖아. 이대로 두면 안 되겠군."

그들은 억지 주장으로 스데반을 궁지에 몰아넣었다. 공격자들의 과장된 주장은 율법 위반자들을 고소하거나 기소할 수 있는 율법학자 등 유대교의 기득권층을 충동하기에 충분하였다.

"저자를 재판에 넘겨야 해."

결론은 산헤드린 법정에 세워 재판하자는 것이었다. 스데반은 모함을 받아 예수와 베드로와 요한 등 사도들이 그랬던 것처럼 유대인의 최고 법원인 산헤드린 법정에 세워졌다. 고소자가 증언하였다.

"나사렛 예수가 이 성전을 헐고 또 모세가 우리에게 준 율법을 고치겠다고 주장하였습니다. 우리가 똑똑히 들었습니다."

대제사장을 비롯한 법관들은 예수에 이어 그 제자들이 얼마나 골칫거리인지 아는 터라 괴롭고 난감하며 분노하였다. 그들이 스데반의 입에서 무슨 소리가 나오는지 주목하였다. 그런데 이상하다. 스데반의 얼굴에서 광채가 나지 않는가.

"여러분, 우리의 오늘이 있기까지는 하나님께서 아브라함을 부르시고 모세를 세우시고 율법을 주시고 선지자들을 보내 하나님의 뜻을 알려 주셨습니다. 그런데 우리 조상들은 하나님의 선지자들을 박해하였습니다. 모세와 다윗과 많은 선지자들이 하나님께서 우리에게 구세주를 보내주신다고 약속하였습니다. 그분이 오셨습니다. 나사렛 예수입니다. 그러나 당신들은 그를 죽였습니다. 우리의 조상들이 했던 것처럼 당신들도 성령을 거슬러 의인을 죽였습니다."

스데반의 법정 발언은 길게 이어졌다. 법관들은 잠자코 듣고 있었다. 그의 말은 다 옳다. 그래서 그들은 더욱 화가 나서 이를 갈았다. 그들과 반대로 스데반은 더욱 성령으로 충만하여 하늘을 우러러 주목하며 그의 눈에 보이는 것을 말하였다.

"보십시오. 하늘이 열리고 하나님의 아들 예수 그리스도가 그 우편에 앉은 것을…."

산헤드린은 발칵 뒤집혔다. 분노와 증오로 들끓는 그들은 길길이 뛰며 고함을 질러댔다.

"저런, 저놈을 당장 죽여 버려야 해!"

"죽여라!"

아우성이 터졌다. 마치 빌라도 앞에서 예수를 죽이라고 함성을 질러 대던 그날 그 현장을 방불케 하는 자리였다.

"끌어내다가 돌로 쳐 죽여라!"

마치 성난 야수처럼 스데반에게 달려든 그들은 지체 없이 그를 끌다시피하여 성 밖으로 나갔다. 누군가가 먼저 돌을 던지자 그들은 기다렸다는 듯 돌멩이 세례를 스데반에게 퍼부어댔다. 흥분한 무리들은 겉옷을 벗어 사울이라는 청년 앞에 두고 맹렬하게 돌을 던졌다.

"주 예수여, 내 영혼을 받아 주십시오!"

스데반이 외쳤다. 그래도 돌은 날아왔다. 그의 몸은 순식간에 피투성이가 되었다. 그가 다시 외쳤다. 십자가에서 예수가 말했던 것처럼.

"주님, 이 죄를 저 사람들에게 돌리지 마십시오."

그리고 눈을 감았다.

확산되는 십자가 복음

빌립의 사마리아 전도 행 8:4–8

스데반의 순교는 예루살렘 교회를 초긴장 상태로 만들었다. 베드로 등 사도들이 두 번이나 산헤드린 법원에 잡혀가 재판을 받았어도 아직 처형된 사람은 없었는데 스데반을 죽인 것이다. 이 사건 이후 대제사장 등 산헤드린과 율법주의자들은 기세등등하여 예수의 이름을 말하지 못하도록 압박하였다. 살벌하였다. 도처에 감시자들이 설치며 복음을 전할 수 없게 만들었다. 이제 복음을 전하려면 죽을 각오가 있어야만 하였다.

산헤드린은 대제사장의 명령으로 교회를 박해하기 시작하였다. 젊은 율법주의자들 중 사명감을 가지고 그 앞잡이 노릇 하는 사람이 늘어갔다. 그들은 율법을 준수하는 것만이 진리라고 확신하였으므로 율법 외적인 어떤 가르침도 용납하지 않았다. 그런 사람들 가운데 대표적으로 열심을 갖고 교회를 박해하는 데 앞장 선 사람이 '사울'이었다. 그는 산헤드린의 재판관이며 존경받는 대학자인 라반 가말리엘의 제자였다. 가말리엘은 베드로 등 제자들이 두 번째 법정에 섰을 때 더 두고 보자며 신중론을 편, 유대 사회에서 가장 존경받고 권위 있는 바로 그 학자다.

지금의 터키 남부 지방의 큰 도시 다소에서 태어나 가말리엘에게서 공부한, 유대 사회에서 장래가 촉망되는 실력파 율법학자의 선두 주자라 할 수 있는 청년 사울은 스데반의 처형장에 참여했던 경험도 있다. 그는 청년이지만 그 이름이 상당히 알려진 학자였다. 그의 신분은 로마 제국의 지배하에서 로마 시민권이라는 특권을 지녔으며, 그는 교회를 핍박하는 데 선봉장 노릇을 자청하였다.

교회는 크게 위축되었다. 이제 예루살렘에서는 예수의 이름을 들먹이는 것조차 위험하였다. 그러나 예루살렘과 사마리아와 땅 끝까지 가서 복음을 전하라던 부활 이후의 예수의 마지막 명령이 그들의 가슴에 뜨겁게 살아 있어 가만히 앉아서 눈치나 살피고 있을 수가 없었다. 첫 순교자 스데반과 함께 예루살렘 교회에서 안수 받은 빌립은 친구의 죽음을 생각하며 복음 일선에 나서겠다는 결의를 품고 북쪽 56km에 있는 옛 북왕국 이스라엘의 수도였던 사마리아로 떠났다. 최초의 선교사인 셈이다.

사마리아 지역과 사마리아 사람은 유대인의 기피 대상이다. 남북으로 왕래할 때도 사마리아를 우회하는 유대인이었다. 그들을 순수한 이스라엘의 혈통으로 간주하지 않기 때문이다. 기원전 722년에 앗시리아 제국에 의해 붕괴된 직후 정복자의 혼혈 정책으로 순수한 이스라엘의 혈통이 유지될 수 없었기 때문이다.

그러나 예수는 제자들을 데리고 사마리아를 찾아간 적이 있다. 예수는 한 우물가에서 사마리아 여인을 만났고, 다섯 번이나 남편을 바꾼 문제의 여인을 구원하였다. 그 여인은 구원의 기쁨을 참을 수 없어 사마리아 한복판에서 그리스도가 우리 마을에 왔다고 외쳤다. 그로 인하여 예수는 여러 날을 그 곳에 머무르며 하늘나라의 복음을 전하였다.

빌립은 사마리아에 들어가자 부지런히 예수 그리스도의 복음을 전하였다. 예수를 기억하는 사람들이 있어 복음은 빠른 속도로 확산되었다. 구원 받는 사람이 날로 증가하였다. 빌립은 회개하고 예수를 영접하는 사람들에게 세례를 주었다. 빌립에 의해 많은 병자들이 치료되는 기적도 일어났다.

마술사 시몬 행 8:9–25

빌립에 의해 구원 받은 사람 가운데 사마리아에서 모르는 사람이 없을 만큼 유명한 마술사가 있었다. 이름은 시몬. 서민에서 부유층, 고위층에 이르기까지 사마리아에서는 시몬을 위대한 인물로 존경하는 경향이 있을 정도로 그 명성이 대단한 사람이었다. 그는 빌립이 병을 낫게 하는 등 자기로서는 불가능한 기적을 많이 일으키는 데 크게 놀랐다. 자기가 최고라고 생각하였는데 빌립의 능력이 한결 뛰어나니 크게 부러워할 수밖에 없었다.

빌립은 혼자 힘으로 그 많은 새신자들을 감당할 수 없어 예루살렘 교회에 소식을 알리고 도움을 요청하였다. 예루살렘 교회는 그 기쁜 소식에 감동되어 즉시 베드로와 요한을 파송하였다.

두 사도에게서 빌립을 능가하는 기이한 능력을 목격한 시몬은 세상에 이런 희한한 일이 있다는 사실에 압도되었다. 유명한 마술사가 놀라고 감동받을 지경이면 빌립과 베드로와 요한에 의해 일어난 기적이 얼마나 많고 굉장하였는가를 미루어 짐작할 만하다. 베드로와 요한은 빌립에게 세례 받은 사람들이 성령을 받도록 안수하여 기도해 주었으며, 성령이 그들에게 임하였다.

"굉장한 권능입니다!"

놀란 시몬은 베드로와 요한 앞에 거액의 돈을 내놓으며 부탁하였다.

"내게도 그런 권능을 주십시오. 내가 안수하는 사람이 성령받게 해주십시오."

돈으로 하나님의 권능을 사려는 것이었다. 베드로가 시몬을 꾸짖었다.

"당신은 하나님의 선물을 돈으로 사려고 하였으니 당신의 돈과 함께 당신도 망할 것이오. 당신은 하나님 앞에서 바르지 못해 우리가 하는 복음 사역에 끼어들 수 없소. 당신의 악함을 회개하면 혹 용서하여 주실지도 모르오."

시몬은 두려웠다. 놀라운 권능을 지닌 사람이 망한다고 하였으니 망할 것이다. 그러나 회개하면 용서받을 수도 있다고 하였으므로 귀가 번쩍 뜨여 즉시 잘못을 빌었다.

두 사도는 사마리아의 여러 마을을 다니며 복음을 전하다가 예루살렘으로 돌아갔다.

에디오피아 왕국의 재무장관 행 8:26-40

베드로와 요한이 돌아간 후에도 사마리에 남아 전도하던 빌립은 어느 날 천사가 나타나 여기를 떠나 예루살렘에서 가사(지금의 팔레스타인 남서부 가자지구)를 향해 남쪽으로 떠나라는 지시를 받았다. 그는 즉시 순종하여 남쪽으로 길을 떠났다.

먼 길이었다. 예루살렘에서 남쪽으로 가는 길은 네게브 사막으로 이어지는 완만한 내리막길이었다. 작열하는 태양 아래 건조한 고온 지대가 이어졌다. 하지만 빌립은 지시 받은 대로 순종하였다. 마을도 인적도 없는 드넓고 메마른 사막을 걷고 또 걷고 있을 때 두 마리의 말이 끄는 호화롭게 장식된 마차가 역시 남쪽을 향해 빌립이 걷고 있는 쪽으로 오고 있었다. 분명 돈이 많은 귀족이거나 굉장히 높은 신분을 지닌 사람이 타고 있는 것이 분명했다. 뒤에는 흑인 호위병이 따랐다. 그때 성령께서 빌립에게 말씀하셨다. 마차로 가까이 가라는 것이었다. 마차 안에도 흑인이 타고 있었는데, 그 차림새로 미루어 높은 신분이었다. 그 높은 사람은 소리내어 두루마리 책을 읽고 있었다. 빌립은 놀랐다. 흑인이 성경의 이사야서를 읽는 게 분명하였기 때문이다.

"지금 읽고 계신 내용을 이해하시겠습니까?"

그 사람이 말했다.

"가르쳐 주는 사람이 없으니 알 리 없지요."

이렇게 대화가 시작되자 빌립은 그가 방금 들은 내용이 이사야의 예언서 중 그리스도에 관한 대목임을 알아채고 약간의 설명을 해주었다.

"방향이 같은 모양인데 내 마차에 타고 가면서 설명 좀 해주면 좋겠습니다."

빌립은 마차에 탔다. 이런저런 이야기가 오갔다. 흑인은 자기가 아프리카의 나일 강 상류 지역인 구스 땅의 메로에 왕국의 재무장관이라고 신분을 밝혔다. 메로에 왕국은 간다게 왕조가 통치하고 있었다. 메로에 왕국은 왕위가 모계로 계승되어 여왕이 다스렸다. 재무장관인 그는 내시이며, 어떤 경로로 여호와 하나님에 대해 알게 되어 예루살렘 성전으로 하나님을 경배하러 왔다가 이사야서 두루마리 책을 사서 읽으며 돌아가는 중이었다.

"이게 누구를 가리키는 것인지 모르겠군요."

이사야 53장 7절이었다.

"저가 사지死地로 가는 양과 같이 끌리었고 털 깎는 자 앞에 있는 어린양의 잠잠함과 같이 그 입을 열지 아니하였도다…."

빌립은 예언자 이사야가 그리스도의 죽음을 묘사한 대목임을 설명하고 실제로 그 일이 예루살렘에서 일어났으며, 죽은 지 삼일 만에 부활한 예수 그리스도를 가리킨다고 자세하게 설명해 주었다. 이어서 나사렛 예수의 3년여에 걸친 행적과 그의 복음을 상세히 전하였다.

"마침 물이 흐르는군요. 나도 세례를 받고 싶습니다. 마차를 물가에 멈춰라."

마차가 멈추자, 재무장관 내시와 빌립은 물로 내려갔다. 빌립이 세례를 주자 하나님의 영이 빌립을 어디론가 이끌고 갔다. 내시 장관은 구원 받은 기쁜 마음으로 그의 나라를 향해 길을 떠났다. 복음은 이렇게 먼 타국으로 번져 나갔다.

사울의 회심과 개종

기독교 박해의 선봉장 행 9:1-9

예루살렘이 심한 박해로 움츠러들었다. 그 선두에 실력파 학자 사울이 있었다. 기독교 박해가 그에게는 극히 정당한 일이었다. 죽은 예수의 부활 주장은 그에게 날조된 헛소리로 들려왔다. 예수가 그리스도라는 사실을 그는 결코 수용할 수 없었다. 그는 대제사장과 산헤드린의 위임을 받아 예루살렘에서 많은 기독교인들을 체포하였다. 극성스러운 박해자였다.

그는 바리새파 사람으로 율법준수주의자이며, 율법에 대한 해박한 지식을 갖고 있는 학자였기 때문에 예수의 부활을 주장하는 새로운 종교를 거짓 종교로 간주하고 증오하며 말살을 도모하였다.

이제 예루살렘에서는 드러내놓고 복음을 전하는 모습을 볼 수 없게 되었다. 그렇다고 그들이 벙어리가 된 것은 아니다. 그들은 예루살렘 밖으로 복음의 무대를 옮겨갔을 뿐이다.

예루살렘에서 동북쪽으로 사막 건너편 멀리 시리아의 수도 다마스쿠스에 특히 기독교인들이 많다는 정보가 사울의 발걸음을 이끌었다. 그곳 역시 로마제국의 통치하에 있었으므로 사울은 대제사장의 위임을 받아 대제사장이 써준 공문과 다수의 성전 경비병을 이끌고 먼 길을 떠났다. 대략 160여km나 되는 여정이라 여러 날이 소요되었다.

이윽고 대 도시 다마스쿠스 성이 시야에 들어왔다. 그는 젊은 피가 솟구치는 열정으로 정오가 가까워 눈부신 태양이 내려 쪼이는데도 그 동안의 피로가 다 풀리는 것 같았다. 그런데 이게 무슨 일인가. 성문에 가까워졌을 무렵 갑자기 그 뜨거운 태양보다 더 눈부신 빛이 마치 서치라이트처럼 사울에게 비췄다. 갑작스러운 강렬한 빛에 압도된 사울은 눈을 뜰 수 없었고, 그 자리에 엎어졌다. 너무나도 놀라운 일이라 분별력을 잃었다. 의식을 잃지 않은 것만도 다행이었다.

"사울아, 사울아, 네가 어찌하여 나를 핍박하느냐?"

그 빛 속에서 우람한 목소리가 들려왔다. 사울은 겁에 질렸다. 그 빛도 예사스럽지 않은데다가 그 음성은 사람의 목소리가 아니었다. 마치 땅을 뒤흔드는 천둥소리처럼 들렸기 때문이다. 실제로 그의 일행들은 나중에 천둥소리를 들었다고 말하였다. 사울은 떨리는 목소리로 간신히 되물었다.

"도대체 누구십니까?"

지체 없이 또 그 목소리가 들려왔다.

"나는 네가 핍박하는 예수다."

사울은 할 말을 잃었다. 아주 짧은 시간이지만 그의 의식세계는 대혼란을 경험하였다. 분명히 십자가에 못 박혀 죽은 예수란 말인가. 그 예수가 정말 살아 있단 말인가. 그 예수가 진정 하나님과 직접 관련된, 아니 하나님 자신인 것으로 느껴지는 것이었다. 자기가 하고 있는 일이 옳은 일이요, 죽은 예수의 부활을 주장하는 헛소리를 잠재우는 게 하나님을 위하는 일이라는 신념을 갖고 있는 사울로서는 뭐가 뭔지 헷갈리는 순간이었다.

사울은 그 목소리의 주인공을 부인할 수 없었다. 이 빛과 하늘에서 들려오는 이 소리는 하나님이 아니고는 할 수 없는 일이 아닌가. 그는 부들부들 떨면서 간신히 입을 열었다.

"제가… 어떻게 해야 합니까?"

"사울아, 일어나 성으로 들어가라. 네가 어떻게 해야 되는지 일러주는 사람을 만날 것이다."

부활의 증인으로 변한 박해자 행 9:10-22

이제 사울은 부활하신 주님을 강하게 의식하는 전혀 딴 사람으로 그 내면세계가 뒤바뀌었다. 그러나 엎드려졌던 자리에서 일어설 때 그는 아무것도 보이지 않는다는 사실을 알았고, 또다시 엄청난 두려움이 엄습해 왔다. 그는 일행의 도움을 받지 않고는 한 걸음도 옮길 수 없었다. 그에게 비췄던 강렬한 빛에 시력을 잃은 것이다.

그로부터 사흘 동안 사울은 다마스쿠스의 직가(곧은 거리)라는 거리에 있는 유다라는 사람의 집에 유하였다. 그는 아무것도 볼 수 없는 상태였고, 두문불출하며 먹고 마시지도 않았다. 말도 하지 않았다. 그는 오직 깊은 사색에 빠져들었다. 율법학자라서 그는 구약성경을 꿰뚫는다. 구약성경의 많은 예언서들이 일관되게 예고한 메시아, 구세주, 그리스도가 곧 나사렛 사람 예수였다는 사실을 깨닫는 데는 사흘이면 충분하였다. 그는 이 놀라운 진리를 알지 못해 예수 믿는 사람들을 박해하는 데 앞장섰던 잘못을 회개하였다. 사도들을 재판할 때 그의 스승인 라반 가말리엘의 말에 '이 사람들을 내버려 둡시다. 이것이 사람에게서 난 것이면 곧 사라질 것이며 하나님께서 난 일이면 우리가 하나님을 대적하는 것입니다. 그러니 좀 두고 봅시다.' 하던 말이 귓가에 쟁쟁하게 들려왔다.

'그래, 나사렛 예수, 그분이 우리의 죄를 대신하여 죽으신 희생양이었어. 그러므로 그분이 부활하셨으며, 그 제자들이 주장하는 대로 하늘로 들려 올라가신 거야. 그러면 그분은 다시 오신다고 예언되어 있으니 그렇게 될 거야. 내가 하나님을 상대로 싸운 격이군. 오, 이 어리석은 자여, 그러나 이제라도 진리를 알게 하시니 감사합니다. 이제 뭐가 뭔지 정확하게 알았습니다. 하나님 감사합니다.'

사울은 회개하고 감사하며 깊은 기도 속으로 빠져들었다.

그때 그 도시에 예수를 믿는 아나니아라는 사람에게 주님이 나타나셨다.

"아나니아야."

아나니아는 지체 없이 그 음성의 주인공을 알아차렸다.

"예! 주님, 말씀하십시오."

"일어나 직가에 있는 유다의 집으로 가라. 거기 다소 사람 사울이 있다. 그가 기도하고 있다. 사울은 네가 안수하여 눈을 뜨는 환상을 보고 있다."

아나니아는 다소 사람 사울의 이름만 들어도 등골에 식은땀이 흘렀다.

"주님, 그 사람에 대해서는 여러 사람에게 충분히 들어서 알고 있습니다. 예루살렘에서 그가 성도에게 얼마나 악랄한 짓을 하였는지 알고 있습니다. 그는 이 도시의 성도들까지 잡아갈 수 있는 권세를 가지고 왔습니다."

그는 두려움으로 말소리조차 떨렸다.

"아나니아, 사울에게 가라. 내가 그를 택하였다. 그가 내 이름을 이방인과 왕들에게 전하게 될 것이다. 그 과정에서 그가 많은 박해를 받게 된다는 것도 알려 주어라."

그는 비로소 주님의 뜻을 알았다. 박해자가 박해 받는 입장으로 변하였구나. 부활의 증인으로 크게 사용되겠구나. 아나니아는 주님의 명령대로 지체

없이 직가로 가서 유다의 집으로 들어갔다.

시력을 잃고 방 안에서 먹지도 마시지도 않으며 기도하고 있던 사울을 본 아나니아는 주님의 분부를 그에게 전하고 그의 눈에 손을 대고 기도하였다.

"사울, 당신이 여기에 오다가 만난 주님이 나를 보내셨소. 당신 눈이 다시 보게 되고 성령으로 충만하게 될 것이오. 이제부터 당신이 보고 들은 것을 전할 주님의 증인이 될 것이오."

안수하여 기도하자 사울의 눈에서 비늘 같은 것이 벗어져 다시 보게 되었다. 사울은 곧 세례를 받았다.

그로부터 다마스쿠스의 성도들과 함께 지내며 식사를 하고 체력이 회복된 사울은 유대인들이 모이는 회당에 가서 그가 경험한 이야기를 들려주었다. 그는 확신에 차서 나사렛 예수가 선지자들이 예언한 그리스도임을 증언하였다. 성경에 해박한 그의 지식과 직접 부활하신 주님을 만나고 그 음성까지 들은 그의 설교는 대단한 설득력을 지녀 많은 사람들이 예수를 믿게 되는 결과를 가져왔다.

심야의 탈출 행 9:23–25

사울은 다마스쿠스에 머물며 열정을 다하여 예수 그리스도의 복음을 전하였다. 그의 변화는 많은 유대인들에게 충격이었으나, 그 결과는 두 방향으로 나타났다. 예수를 믿게 되는 많은 유대인과 그와 반대로 과거의 사울처럼 예수의 부활을 부인하는 유대인들의 사울에 대한 격렬한 증오였다. 문제는 후자가 훨씬 많다는 점이었다. 그들은 사울의 적극적인 활동을 막아야만 한다는 데 공감하였다. 그러나 방법이 없었다. 급기야 그들은 사울을 제거하지 않으면 안 된다는 데 의견이 일치하기에 이르렀다.

"죽여 버립시다. 저런 배신자는 제거해야 합니다. 더 이상 좌시할 수 없습니다."

"그렇소. 그 자는 하루빨리 제거되어야 하오. 그의 영향력이 날로 증대되고 있소이다."

유대인들은 무리 지어 사울의 살해에 가담하였다. 암살 모의가 진행되었다. 그가 성 밖으로 도주하는 것을 잡기 위하여 성문마다 사람들을 보내 지키게 하였다. 이제 사울은 독 안에 든 쥐였다.

"너무 위험해졌습니다. 몸을 피해야 합니다. 탈출 방법을 짜내야 합니다."

성도들은 그들대로 대책을 강구하였다. 예수를 핍박하다가 핍박받는 신세가 된 사울을 구해서 주님이 직접 그를 선택하시고 부활의 증인으로 삼으셨으니 그 사명을 다할 수 있게 도와야만 하였다.

"이 성 안에 오래 머물 수 없습니다. 야밤을 이용하여 성 밖으로 탈출시켜야 합니다."

"어떻게요?"

"성문으로는 나갈 수 없으니 밤중에 성벽 너머로 탈출하는 방법을 찾아야 합니다."

유대인 성도들은 여러 방법을 의논하다가 한밤중에 성벽으로 탈출하는 길을 선택하였다. 그리하여 깊은 밤에 인적이 없는 골목길을 택하여 성벽에 도달하였다. 이미 밖에서 대기하고 있던 사람들과 합세하여 준비해 온 튼튼한 광주리에 굵은 밧줄을 매어 사울을 성 밖으로 탈출시켰다.

예루살렘의 사울 행 9:26-31

그는 다시 먼 길을 지나 그의 활동 무대였던 예루살렘에 도착하였다. 그러나 정작 예루살렘 교회는 그를 두려워하여 기피하는 것이었다. 그가 예루살렘에서 저지른 악랄한 박해를 모르는 사람이 없었기 때문이다. 베드로 등 사도들 역시 다마스쿠스에서 온 전갈을 받았으면서도 사울이 위장 전술로 교회 속으로 들어온 것으로 보았으므로 마음을 열지 않았다.

"나는 부활하신 주님을 직접 만났고 그분이 그리스도임을 믿습니다. 이제부터 박해를 받아 가며 부활의 증인으로 살아갈 것입니다. 나를 믿어 주시고 받아 주십시오."

사울이 아무리 진지하게 이야기해도 미심쩍어하며 경계 대상 1호로 간주하는 분위기였다.

"사울은 이제 우리와 한마음 한뜻입니다."

마가의 외삼촌 바나바가 사울을 변호하고 나섰다. 땅을 팔아 구제헌금을 한 바나바는 예루살렘의 많은 성도들이 존경하는 대표적 인물의 한 사람이었다.

"다마스쿠스로부터 자세한 소식을 전해 들었습니다. 신뢰할 만한 확실한 정보입니다. 사울은 이제 그리스도를 박해하는 사람이 아니라 그 반대입니다. 다마스쿠스의 많은 유대인들이 사울을 통해 구원받았으며, 그들이 위기에 처한 사울을 탈출시켜 우리에게 온 것입니다. 여러분, 나를 믿어 주십시오. 그리고 사울을 믿어 주십시오."

바나바는 그가 들은 대로 사울이 경험한 내용을 상세히 이야기하였다. 바나바를 신뢰하는 예루살렘 교회는 그의 확고한 보증을 믿고 사울을 받아들였다.

그러나 그것으로 사울이 안전해진 것은 아니다. 해박한 지식으로 율법과 예언자들의 말을 인용하며 나사렛 예수가 그리스도임을 가르치는 사울을 좌시할 수 없는 부류가 있었다. 예수 믿는 사람들을 잡아오겠다며 산헤드린의 공문을 들고 갔던 사울이 거꾸로 예수는 부활하였으며 그리스도라고 가르치는 입장이 되었으니 그 파급 효과가 극대화되어 믿는 사람이 날로 증가하였다. 대제사장을 비롯한 율법주의자들과 산헤드린은 어떻게 이런 일이 있을 수 있느냐며 연일 대책회의를 거듭하였다. 그들의 결론도 하나로 모아졌다.

"저대로 떠들게 놔둘 수 없지 않소. 다마스쿠스의 우리 동족들도 그를 죽이려하였으나 도망쳐서 여기까지 왔소이다. 하루속히 그를 죽여 없애지 않으면 아주 심각한 결과가 초래될 터이니 서둘러 그자를 제거해야겠소. 달리 방법이 없소이다."

예루살렘을 떠날 때만 하여도 충성스럽고 든든한 동지였던 사울이 이제는 제거 대상 1호로 지목되어 죽음이 시시각각 임박해지고 있었다. 예루살렘 교회는 다마스커스의 성도들처럼 사울을 피신시키기로 하였다. 그리하여 사울은 몇몇 성도들의 보호를 받으며 예루살렘을 벗어나 멀리 북서쪽의 로마 총독부가 있는 해안 도시 가이사랴를 거쳐 북으로 북으로 이동하였다. 마침내 그는 오래전에 떠나 있던, 가족들이 살고 있는 다소로 갔다. 지금의 터키 남부 지역이다.

아무튼 사울의 변화는 교회에 엄청난 활력을 불어 넣기에 충분하였다. 복음은 예루살렘과 사마리아와 갈릴리 지방으로 번져 나갔고, 교회는 왕성하게 부흥하였다.

능력의 사도 베드로

룻다의 애니아 행 9:32-35

사도들은 매우 바빠졌다. 팔레스타인 땅 도처로 복음이 퍼져 나갔고 부흥되었으므로 처음 복음이 출발한 예루살렘 교회에만 머물 형편이 못되었다. 사도들은 성도들이 있는 곳이면 어디든 찾아가서 가르치고 전도하는 일에 치중하였다. 베드로도 가만히 예루살렘에만 있을 수가 없었다. 예루살렘 교회에는 바나바를 비롯해 안수하여 일꾼으로 세운 여섯 명의 큰 기둥이 세워져 있지만 다른 지역은 지도자들이 약하여 순회하며 돌아보지 않을 수 없었다. 일찍이 사마리아에 갔었던 베드로는 다른 지역들을 순회하며 전도하고 가르치다가 룻다에 이르렀다. 예루살렘에서 북서쪽 40km쯤 되는 샤론 평야 지대의 룻다는 큰 도시는 아니지만 서해안 지대의 요충지였다. 그곳에도 기독교인들이 여럿 살고 있었다.

베드로의 소문은 널리 퍼져나갔다. 예루살렘에서 40여 년 동안 앉은뱅이로 지낸 사람을 일으켜 세웠는가 하면, 그의

그림자만 스쳐도 병이 낫는다고 믿는 사람들이 도처에서 몰려와 베드로가 다니는 길목에 누워 그를 기다리지 않았던가. 얼마나 많은 병자가 나았는지 수를 헤아릴 수 없다. 신문도 방송도 없는 시대였으나 입으로 전해지는 말은 빨랐다.

"애니아를 위해 기도해 주십시오."

룻다의 성도들이 맨 먼저 요청한 것은 8년이나 병상에 누워 지내는 애니아를 고쳐 달라는 호소였다. 예수 그리스도의 이름으로 병이 낫는 것은 주님의 뜻이며 그의 제자들이 할 일이므로 베드로는 그에게 갔다. 파리한 얼굴로 환자는 누워 있었다.

"애니아, 예수 그리스도께서 당신을 낫게 하시니 일어나 자리를 정돈하시오."

성전 미문의 앉은뱅이가 일어난 것처럼 애니아도 그 즉시 몸을 일으켰다. 언제 중풍환자였냐는 듯 애니아는 자기가 8년이나 누워 지낸 병상의 침구를 정돈하였다. 이 놀라운 소문은 빠르게 룻다에 번져 많은 사람이 예수를 믿는 계기가 되었다.

욥바의 다비다 행 9:36-43

룻다의 기적은 거기서 북서쪽으로 16km 정도 거리에 있는 항구 도시 욥바에도 번졌다. 어느 날 욥바에서 두 사람의 성도가 룻다에 있는 베드로를 찾아왔다.

"서둘러 욥바로 함께 가 주십시오. 다비다가 병들어 죽었습니다. 욥바의 가난한 성도를 위해 많은 구제를 하던 착한 성도인데…."

베드로는 죽은 사람을 살린 경험이 없었다. 하지만 예수님이 가버나움 회당장의 딸을 살려내는 현장에 함께 있던 그였다. 뿐만 아니라 나인 성 밖에서는 과부의 아들이 죽어 장사 지내러 가는 것을 살려내신 현장에 그가 있었고, 죽은 지 나흘이 되어 이미 무덤에서 부패가 시작된 베다니의 나사로를 살려내시는 현장에도 그는 함께 있었다. 예수 그리스도의 이름으로 온갖 병을 고친 베드로다.

"갑시다."

지체 없이 길을 떠났다. 욥바는 팔레스타인에서 가장 오래되고 큰 항구 도시였다. 선지자 요나가 배를 타고 스페인으로 도망치려 했던 곳이며, 솔로몬이 성전을 지은 목재가 북쪽 레바논에서 뗏목으로 운반되어 온 항구이기도 하다. 지중해 세계로 뻗어나가는 대항구여서 세계 여러 나라의 배들이 오가는 서해안 최고의 대도시였다.

다비다는 착한 여자로 소문이 자자했다. 예수님의 말씀을 실천하는 아름다운 믿음의 여인이었다. 베드로는 곧장 다비다가 싸늘한 시체로 누워 있는 방으로 안내되었다. 여인들이 여러 명 거기서 슬프게 울고 있었다. 평소 다비다에게 많은 도움을 받은 사람들이었다. 그녀들은 가난한 과부들이었다. 베드로가 나타나자 다비다가 만들어 준 옷을 내보이며 그 죽음을 안타까워하였다.

"알겠습니다. 다들 잠시 나가 계세요."

그들을 내보낸 후 베드로는 무릎을 꿇고 기도하였다. 전능하신 주님께 이 여인을 살려 달라고 간구하였다. 기도를 마치고 시체를 향해 돌아선 베드로가 부드러운 목소리로 말하였다. 명령이었다.

"다비다야, 일어나라."

시체가 눈을 떴다. 그 눈이 베드로를 주목하였다. 이어서 자리에서 몸을 일으켜 앉았다. 베드로가 성전 미문의 앉은뱅이에게 그랬던 것처럼 다비다에게 손을 내밀어 일으켰다.

"다들 들어오시오. 다비다가 살아났습니다."

베드로의 소리에 밖에서 기다리던 여인들이 방으로 들어와 일어나 앉은 다비다를 보고 잠시 어리둥절해하더니 이내 기뻐서 어쩔 줄을 몰라하며 야단법석을 떨었다. 이 놀라운 소문은 잠깐 사이에 욥바에 번졌다. 그로 인하여 예수를 믿는 사람이 부쩍 증가한 것은 말할 나위도 없었다.

도시가 워낙 크므로 베드로는 한동안 욥바에 머물며 그들을 가르쳤다.

이방인에게 복음을

로마군 백부장이 본 계시의 환상 행 10:1-8

욥바에서 해안도로를 따라 곧장 북으로 올라가면 또 하나의 항구 도시를 만난다. 로마의 황제 카이사르의 이름을 따서 만든 가이사랴는 총독부가 있는 로마식 도시였다. 예루살렘에서 북서 102km 지점이다. 가이사랴는 욥바 다음가는 항구도시로서 지리적으로 요충지였다.

팔레스타인의 유대인을 통치하는 로마의 행정수도인 만큼 상당수의 로마군이 주둔해 있었고, 로마인 내지 로마 시민권자들도 많았다. 새로 건설된 도시라서 길이 곧고 반듯하며 깨끗한 도시였다.

로마군 보병의 핵심전력은 100명 단위로 구성된 백인부대다. 그 대장을 백부장이라 한다. 백부장 고넬료는 가이사랴에 오래 있어 유대인의 사정과 형편을 잘 이해했다. 그는 특히 유대인이 믿는 여호와 하나님을 믿고 있었다. 그러다 보니 유대인을 누구보다 이해하고 친절하게 대해 주었다. 그는 유대인들이 하루 세 번 기도하는 시간이면 기도하였고, 가난한 유대인들을 여러모로 구제하며 도우며 살았기에 칭찬 받는 이방인이었다.

그날도 오후 3시 기도 시간이 되자 고넬료는 하나님께 기도하기 시작하였다. 그러자 문득 천사가 들어왔다.

"고넬료야."

용맹무쌍한 로마군 백부장인 그는 느닷없이 나타난 천사에게 잔뜩 겁을 먹었다. 이런 경험이 없었기 때문이다.

"무슨 일이십니까?"

떨리는 목소리로 간신히 물었다.

"너의 기도와 구제를 하나님이 아신다. 너는 지금 사람들을 욥바로 보내라. 거기 베드로라고 하는 시몬이 와 있으니 그를 초청하라. 욥바 해변에 있는 가죽업자 시몬의 집에 묵고 있다."

천사는 금방 사라졌다. 환상이었다. 현실로 착각될 만큼 너무도 생생한 환상이었다. 고넬료는 이 기이한 환상이 하나님의 계시라고 믿었으므로 지체 없이 하나님을 잘 섬기는 부하 병사 한 명과 하인 둘을 불러 욥바로 보냈다.

베드로가 이해할 수 없었던 환상 행 10:10–23

다음날 12시 경이었다. 욥바의 베드로는 시장기가 있어 음식을 먹고 싶었다. 그러나 아직 준비가 덜 되어 그가 묵고 있는 가죽업자 시몬의 집 옥상으로 올라갔다. 마침 기도 시간이었으므로 베드로는 조용한 옥상에서 하나님께 기도하기 시작하였다. 시장해서일까, 베드로의 시야에 하늘로부터 그릇 같은 것이 내려오는 것이 들어왔다. 가까이 보니, 네 귀퉁이를 끈으로 맨 채 하늘에서 내려온 보자기에는 여러 가지 짐승과 파충류와 새들이 들어 있었다. 하늘에서 소리가 들려왔다.

"베드로야, 일어나 잡아 먹어라."

주님의 음성이었다. 베드로는 보자기 속의 여러 생명들을 보면서 대답하였다.

"주님, 이런 것들은 제가 먹지 않는 것입니다. 모세의 율법으로 금한 부정한 것들이 있습니다."

하나님의 금식 목록에 들어 있는 것들을 먹으라고 하니 이해할 수 없었다. 마

치 자기를 시험해 보는 것이 아닌가 하는 생각이 들기도 하였다.

"하나님께서 깨끗하게 한 것을 네가 부정하다고 하느냐?"

두 번째 음성이었다. 그래도 베드로는 먹지 않겠다고 하였다. 그러자 세 번째 똑같은 음성이 들려왔다. 깨끗한 것이니 먹으라는 것이었다. 그는 세 번 다 먹지 않겠다고 대답하였다. 그러자 보자기가 다시 하늘로 올라갔다.

꿈인지 생시인지 알 수 없는 환상이었다. 베드로는 이해할 수 없었다. 배가 고파서 그런 환상을 보았다면 왜 하필 몸을 부정하게 하는 것들을 먹으라는 것인지 그는 전혀 알 수 없었다.

"베드로라고 하는 시몬이 이 집에 계신가요?"

마침 그때 문 밖에서 들려오는 낯선 목소리가 있었다. 자기를 찾는 소리였다. 베드로는 그때 그들의 소리가 아닌 다른 목소리가 내면으로부터 들려오는 것을 들었다. 성령의 소리였다.

"너를 찾는 손님이 왔구나. 의심치 말고 그들과 함께 가라. 내가 보낸 사람들이다."

베드로는 즉시 아래로 내려가 손님들을 맞아들였다. 고넬료가 보냈다는 그들의 말을 듣고서야 베드로는 그 부정한 것들이 이방인을 가리킨다는 사실을 깨달았다. 그렇다면 이방인에게 복음을 전하라는 뜻 아닌가. 유대인만 구원의 대상으로 알았는데, 하나님은 유대인만의 하나님인줄 알았는데, 예수 그리스도는 유대인만의 구세주인 줄로 알았는데….

고넬료가 보낸 사람들과 긴 이야기를 하다 보니 가이사랴까지의 그 먼 길을 떠나기에는 너무 늦었다. 그들은 하루를 묵고 다음날 아침 길을 떠났다. 성령의 인도하심이니 마다할 수 없지 않은가. 욥바의 성도 두 명이 베드로를 수행하였다.

복음의 새 장을 연 이방인의 성령 충만 행 10:24-48

다음날, 고넬료는 친지와 가까운 친구들을 다 불러 모아 놓고 이제나저제나 베드로가 오기를 기다렸다. 어제 아침에 출발하였다면 거의 도착할 시간이 되었기 때문이다. 그는 기다리다 못해 집 밖으로 나갔다.

마침 심부름 간 부하와 두 종이 낯선 세 사람과 함께 가까이 다가오고 있었다. 고넬료는 어찌나 기쁘고 반가운지 베드로가 대문 밖에 도착하기가 바쁘게 땅바닥에 엎드려 큰 절을 올렸다. 마치 신에게 경배하듯이. 베드로는 당황하여 얼른 그를 일으키며 말하였다.

"나도 사람입니다. 이러지 마십시오."

주인의 안내를 받아 집으로 들어간 베드로는 깜짝 놀랐다. 예상 밖으로 사람이 많았기 때문이다. 로마군 장교와 병사들과 그 가족들이었다.

"여러분, 유대인은 외국인과 사귀지 않는다는 것을 아실 것입니다. 그런데 하나님께서 내게 여러분에게 가라고 지시하셨습니다. 여러분이 왜 나를 청하였는지 궁금합니다."

고넬료가 대답하였다.

"나흘 전 오후 3시 기도 시간에 제가 기도하고 있었는데 홀연히 빛난 옷을 입은 한 사람이 내 앞에 나타났습니다. 그 사람은 하나님께서 나의 기도와 구제를 아신다면서 욥바로 사람을 보내어 베드로라 하는 시몬을 청하라 하시면서 머물고 계신 집까지 알려 주셨습니다. 우리는 주님이 당신에게 명하신 말씀을 듣기 원하여 이렇게 다 하나님 앞에 모였습니다."

베드로는 감격하였다. 이방인 중에서도 유대인을 정복하고 지배하는 로마의 군인들과 그 가족들이 유대인 못지않게 하나님을 경외할 뿐만 아니라 하나님께서도 그들을 기뻐하시어 이런 자리를 만들어 주셨으니 유대인과 이방인을 구별할 하등의 이유가 없지 않은가.

"여러분, 내가 이제야 하나님께서 외모로 사람을 보지 않으신다는 사실을 깨달았습니다. 어느 나라 어느 민족이든지 하나님을 경외하면 하나님께서 다 받으신다는 것을 알았습니다."

베드로의 설교가 이어졌다. 세례 요한으로부터 나사렛 예수의 하신 일과 가르치신 내용과 십자가에 죽으시고 부활하셨으며 하늘로 들려 올라가셨으며,

다시 오신다는 복음을 전하였다. 예수 그리스도의 이와 같은 일은 일찍부터 선지자들에 의해 충분히 예언된 것임을 설명하였다.

"예수 그리스도를 믿는 사람은 다 죄 사함을 얻고 구원을 받습니다."

그러자 또 한 번 놀랄 일이 벌어졌다. 성령이 그들 위에 임하는 것이었다. 그들의 입에서 방언이 나오고 기뻐하며 하나님께 영광 돌리는 것이었다. 의심의 여지없이 오순절 날 마가의 다락방에 모인 120명에게 임하였던 성령 충만의 재현이었다. 베드로는 물론 그를 수행해 온 유대인들은 이방인에게도 하나님의 성령이 내리는 것을 보았다. 이 얼마나 놀라운 일인가.

"이 사람들이 우리와 같이 성령을 받았으니 세례를 주어야 하겠소."

베드로는 일행과 함께 그들 모두에게 세례를 주었다. 베드로는 며칠을 더 유하면서 예수 그리스도의 복음을 가르쳤다. 주님의 마지막 말씀이 이명처럼 들려왔다.

"예루살렘과 온 유대와 사마리아와 땅 끝까지 이르러 나의 증인이 되리라."

기독교 복음의 확산

예루살렘 교회의 충격 행 11:1–18

로마인 고넬료와 그 집에 모였던 사람들이 복음을 받아들이고 성령까지 받았다는 놀라운 소식이 예루살렘에 전해지자 사도들을 비롯한 많은 유대인 기독교인들이 크게 놀라며 한편으로는 의문에 빠졌다. 하나님이 이방인도 사랑하신단 말인가. 주님이 이방인에게도 성령을 주신단 말인가. 믿고 싶어도 믿어지지 않았고, 이해되지도 않았다. 하나님은 아브라함의 후손인 이스라엘 사람만의 하나님으로 알고 믿었던 그들이었기 때문이다. 나아가 이방인은 사람 취급도 않던 그들이었다.

베드로가 예루살렘으로 돌아가자 유대 기독교인들의 비난이 쏟아졌다.

"베드로, 당신이 이방인의 집에서 먹고 자고 그랬다는 게 사실입니까?"

"할례도 모르는 이방인들과 어떻게 어울린단 말이오?"

크게 잘못된 일이라는 반응이었다. 노골적으로 비난하는 사람들도 적지 않았다.

"여러분…."

베드로가 입을 열었다. 그는 욥바에서 본 환상과 경험을 사실대로 토로하였다. 이방인의 집에 초청받아 간 것이 그의 생각과 의지와 판단이 아니라 하나님께서 직접 가라고 해서 간 것임을, 아울러 고넬료가 본 환상과 되어진 일들을 소상히 밝혔다.

"여러분, 내가 고넬료의 집에서 주님의 복음을 전할 때에 우리에게 임하였던 성령이 그들 모두에게 똑같이 임하였습니다. 내가 무엇인데 하나님이 하시는 일을 막는단 말입니까. 이 일은 전적으로 하나님께서 하신 일입니다."

베드로의 긴 설명을 듣고 나서야 모두들 다시 한 번 놀라며 수긍하였다. 주님은 이방인도 우리와 똑같이 보시고 구원하신다는 사실을 확인하였으니 이제 복음이 이방인에게도 전해지게 된 것이다.

안디옥 교회의 바나바와 사울 행 11:19-30

한편 스데반의 순교 이후 각지로 흩어져 간 성도들은 그들이 있는 곳에서 복음을 전하였다. 그 결과 많은 사람들이 구원받아 그 수가 폭발적으로 증가하였다. 북으로는 가이사랴 윗 지방인 레바논의 해안 평야 지대, 그 서쪽의 큰 섬 구브로(키프로스)에 이르기까지. 그리고 해안에서 27km 내륙에 위치한 큰 도시 안디옥에도 해안 지대 성도들의 전도로 많은 기독교인들이 생겼다. 특히 안디옥에는 헬라인들도 예수를 믿었다. 그들 전도자들에게 성령이 함께하시며 역사하여 많은 기적들이 나타나곤 하였다.

안디옥의 부흥 소식이 예루살렘에 전해졌다. 문제는 새 신자들을 제대로 가르칠 사람이 없어 한계를 느낀다는 것이었다. 예루살렘 교회는 회의를 열어 착하고 성령이 충만한 바나바를 급히 안디옥으로 파송하였다. 새 신자들을 말씀으로 양육하는 일이 중요하기 때문이다.

바나바로 인해 안디옥에는 허다한 무리가 예수를 믿게 되었다. 어찌나 숫자가 많은지 바나바 홀로 감당하기에는 역부족이 되었다. 손을 잡고 함께 일할 동지가 절실하였다. 바나바는 문득 고향 다소로 피신시킨 사울이 생각났다. 해박한 지식과 부활하신 주님을 직접 만나고 증인으로 부름 받은 사울이야말로 고향에 조용히 틀어박혀 있어서는 안 될 유능한 인물이었다.

"그래, 사울을 데려오자. 그는 앞장서서 하나님 말씀을 가르치는 일을 해야 할 사람이야."

안디옥에서 다소를 가려면 동서로 길게 놓인 타우르스 산맥을 넘어야 한다. 높고 험한 산이라서 여간 힘든 길이 아니었다. 그러나 바나바는 그 험하고 먼 길을 갔다. 오랜만에 상봉한 두 사람은 시간 가는 줄 모르고 이야기의 꽃을 피웠다. 사울은 바나바의 제안을 기꺼이 받아들였다. 그리하여 두 사람은 협력하여 안디옥 교회를 이끌었다. 그들이 1년여를 동거동락하며 함께 힘써 사역한 결과 안디옥 교회는 대부흥을 이루었다. 그곳 사람들은 예수 믿는 사람들을 가리켜 '그리스도인'이라 칭하기 시작하였다. '그리스도를 믿고 따르는 사람'이라는 뜻이다.

예루살렘을 비롯한 본토의 흉년으로 기근이 심해졌다. 그러자 안디옥 교회는 기쁜 마음으로 정성스레 헌금하여 바나바와 사울의 손을 통해 전달함으로써 서로 돕는 미덕을 보이기도 하였다.

헤롯의 박해와 베드로의 탈옥

헤롯 아그립바 1세가 빼어 든 박해의 칼 행 12:1-5

헤롯 대왕은 예수님이 탄생하였을 때 그 아기 예수를 죽이기 위해 베들레헴의 두 살 이하 남자 아기를 모조리 죽인 잔악한 사람이었다. 그는 그 해에 죽었다. 그러자 로마는 그의 자리를 대신할 로마인 총독을 보냈고, 예수님은 본디오 빌라도가 총독으로 재임할 때 처형되었다. 그 후 헤롯 대왕의 손자인 헤롯 아그립바 1세가 유대 땅에 총독이 된 것은 예수님의 처형 사건으로부터 11년이 지난 뒤였다. 헤롯 아그립바 1세는 총독이지만 명칭은 왕이었다. 그의 나이 40세였다.

그는 잔인했다. 병적인 성격이기도 하였다. 그는 유대인을 다스리는 왕이 되어 가이사랴의 총독부에서 권력을 휘두르며 4년을 보냈다. 헤롯 대왕이 다스리던 전 지역을 손 안에 넣었으므로 할아버지처럼 대왕이라도 된 듯 교만해졌다. 한편 그는 유대인의 환심을 사서 평안하게 통치하기 위하여 12사도 중 한 사람인 야고보를 체포하여 목을 베어 죽였다. 10년이 훨씬 지났어도 유대인들 대부분은 예수 믿는 사람들을 증오하였다. 특히 유대 사회의 지도층 인사들, 이를테면 대제사장을 비롯한 산헤드린 법관들과 율법학자 등 영향력을 행사하는 계층들은 예수에 대한 증오를 조금도 누그러뜨리지 않았다. 사도 야고보를 처형하자, 유대인들은 갈채를 보냈다.

헤롯 아그립바 1세는 '바로 이것이구나.' 하고 쾌재를 불렀다. 그래서 이번에는 사도들의 대표요 교회의 중심 인물인 베드로를 체포하여 투옥시켰다. 유월절 축제 기간에는 총독 또는 왕이 가이사랴의 병력을 이끌고 예루살렘의 안토니아 요새에 머물며 치안에 신경을 곤두세우는 기간이었다.

베드로는 유월절에 체포되었다. 헤롯은 그를 유월절이 끝나는 대로 처형할 계획이었다. 유대인들은 본디오 빌라도 총독 시절에 베드로 등을 성전 감옥에 가두었으나 귀신도 모르게 탈옥하였던 일을 왕에게 상기시켜 주었다. 재발을 방지하여 반드시 베드로를 죽게 하려는 의도였다. 그래서 헤롯은 베드로를 특별 관리하도록 엄명하였다.

로마군의 병영인 안토니아 요새는 든든하게 돌담으로 둘러싸였으며, 문들은 철문이었다. 감옥은 천하장사라도 탈출할 수 없도록 이중삼중의 철문으로 잠겨지고, 파수병들은 눈을 부릅뜨고 요소요소마다 지켰다. 더구나 베드로의 탈옥을 막기 위하여 4개조 16명의 병력을 배치하였다. 그 중 두 명의 병사는 베드로의 양 옆에 죄수와 함께 쇠사슬로 묶어 두었고, 두 명의 병사는 그 옥문을 지켰다.

내일이 베드로를 처형할 날이다. 밤이 깊어갔다.

그 밤에 120명이 성령을 받은 마가의 집 이층 방에서는 마가의 어머니 마리아를 비롯한 많은 여인들이 밤을 지새우며 간절히 기도하고 있었다. 내일이면 처형될 교회의 최고 지도자 베드로의 생명을 보호해 달라는 기도였다.

천사가 베드로를 구출함 행 12:6-19

베드로는 두 병사에게 쇠사슬로 묶인 채 잠들어 있었다. 갈릴리 호수에서 함께 고기를 잡던 어부 야고보의 순교를 생각하다가 잠들었다. 복음을 위한 순교는 지상에서 가장 거룩한 죽음이며 명예로운 죽음이 아닌가. 그런 생각을 하니 날이 밝으면 죽을지언정 마음이 평온하였다.

누군가가 베드로의 옆구리를 찼다. 눈을 떴다. 감방 안이 눈부시게 밝았다.

"급히 일어나라."

눈부시게 흰옷을 입은 사람이 그에게 명령하였다. 베드로는 영문도 모르고 일어났다. 그러자 양손에 묶인 쇠사슬이 저절로 풀어졌다.

"어서 띠를 띠고 신발을 단단히 신어라."

베드로는 비몽사몽간에 하라는 대로 하였다.

"겉옷을 입고 따라오라."

천사가 분명한 그 사람이 앞서 나갔다. 철문이 소리 없이 열렸다. 파수병은 눈을 뜨고 있었으나 제지하지 않았다. 둘째문의 파수병도 눈을 뜨고 서 있으면서 천사와 베드로가 나가는 것에 개의치 않았다. 베드로는 참 이상한 일이라고 생각하였다. 아마 꿈속일 것이라고 생각하였다. 두 개의 옥문을 지나 성 안으로 들어가는 마지막 철문 앞에 이르자 그 육중한 문이 소리도 없이 활짝 열렸다. 성 안으로 들어서서 한동안 말없이 걷는데 갑자기 앞서 가던 흰옷 입은 사람이 홀연히 사라졌다. 베드로는 그때서야 이게 꿈도 환상도 아닌 사실임을 확인하였다. 그는 분명 예루살렘 거리에 있었으며, 묶여 있던 쇠사슬은 보이지 않았다.

"오, 하나님께서 천사를 보내시어 나를 구출하셨구나!"

그는 너무도 감격하고 감사하여 빠른 걸음으로 인적이 없는 어두운 밤거리를 지나 교회의 본부격인 마가의 어머니 마리아의 집으로 갔다. 대문은 굳게 잠겼으나 이층방에 불이 켜진 것으로 보아 이 시간에도 사람들이 모여 기도하고 있다는 것을 알 수 있었다.

"문을 열어 주시오."

대문을 두드렸다. 잠시 후 낯익은 하녀 로데가 나왔다.

"누구세요? 이 밤중에…."

"로데, 나다, 나 베드로다."

어찌된 일인지 로데는 문을 열지 않고 다시 집 안으로 달려들어갔다.

"베드로가 오셨습니다!"

여인들에게 하녀가 소리쳤다.

"쟤가 제정신인가?"

누군가의 말에 하녀는 더 큰소리로 말했다.

"대문 두드린 사람이 다름 아닌 베드로입니다. 참말입니다."

"감옥에 있는 베드로가 어떻게 나오느냐? 베드로의 천사라면 몰라도…."

밖에서는 계속 문 두드리는 소리가 들려왔다. 문을 열라는 베드로의 목소리도 들려왔다.

"정말 베드로의 목소리군요. 우리 나가 봅시다."

여인들이 우르르 밖으로 나갔다. 문을 여니 과연 베드로였다.

집 안에 들어가자 베드로는 탈옥 경위를 말해주고, 이 사실을 다른 사도들에게 알려 주라는 말을 남기고 그 집을 떠났다. 몸을 숨겨야 했기 때문이다.

날이 밝자 안토니아 요새에 큰 소동이 일어났다. 특별히 지키던 죄수가 사라졌기 때문이다. 두 병사와 함께 묶은 쇠사슬은 어떻게 풀렸으며, 한순간도 잠들지 않았던 두 명의 병사 앞을 어떻게 통과하였으며, 굳게 잠긴 철문은 어떻게 열었는가. 도무지 수수께끼였다. 외부로부터 침입자가 있었다는 흔적도 없고 탈옥의 흔적도 없다. 그런데 죄수는 흔적도 없이 사라졌다.

헤롯 아그립바 왕은 노발대발하였다. 4개조 16명의 파수병들을 엄격히 심문하였다. 어디에서도 답은 나오지 않았다. 날이 밝으면 죽이려 하였는데 어디로 사라졌단 말인가. 도무지 설명이 안 되는 기상천외의 사건으로 헤롯 왕을 비롯한 요새의 모든 로마인들은 어안이 벙벙하여 어쩔 줄 몰랐다. 대노한 왕이 소리쳤다.

"베드로를 지키던 병사들을 모조리 죽여라."

헤롯 아그립바 1세의 급사 행 12:20-23

헤롯 아그립바 1세는 가이사랴로 돌아갔다. 그로부터 얼마 안 지나 북부에 있는 두로와 시돈의 신하들이 방문하였다. 두로와 시돈은 북에서 남으로 뻗은 레바논 산맥 서편의 좁은 해안 지대여서 곡물 농사가 없다시피 하여 남부의 팔레스타인에 의존도가 높았다. 따라서 그들은 헤롯 왕에게 아부해야 하는 입장이었다.

헤롯은 날을 잡아 그들을 접견하였다. 금빛 찬란한 의관을 갖추고 그들 앞에 나가 일장의 연설을 하자 그들이 이구동성으로 찬사를 보냈다.

"폐하의 말씀은 사람의 소리가 아니라 신의 소리입니다."

왕은 여호와 하나님을 안다. 증조부 때 유대교로 개종한 이두메인(야곱의 쌍둥이 형 에서의 자손)의 후손이며, 대를 이어 유대 사회에서 왕족의 신분으로 살아온 그는 모세의 율법도 알고 선지자들의 글도 안다. 그럼에도 그는 영광을 하나님께 돌리지 않고 자기를 가리켜 신이라고 하는 소리를 침묵으로 수용하였다. 이에 하나님은 노하셨고, 천사를 보내 급사하게 하였다. 왕의 시의侍醫들은 위장을 비롯한 소화기관에 벌레들이 있어 사망한 것으로 진단하였다.

그의 조부 헤롯 대왕이 아기 예수를 죽이려다가 그 해를 못 넘기고 죽더니, 40여 년 후에 그의 손자가 베드로를 죽이려다가 급사한 것이다.

최초의 복음 선교사들

3인의 선교사 행 13:1-12

예루살렘은 박해가 심해 교회가 위축되었으나 북부의 대도시 안디옥의 교회는 바나바와 바울(사울의 새 이름/성경은 13장에서부터 사울을 바울이라 한다)에 의해 계속 부흥되었다. 예언의 은사를 받은 사람들이 있는가 하면 성경을 잘 가르치는 사람들도 많아졌다. 아프리카에서 온 흑인도 있고, 헤롯 왕과 한 젖을 먹고 자란 마나엔도 있다.

교회가 금식하며 기도할 때였다. 성령께서 바나바와 바울을 따로 세워 선교사로 파송하라고 말씀하셨다. 그리하여 교회는 두 사람에게 안수하고 파송하였다. 교회가 공식적으로 파송한 최초의 선교사다.

공식적인 선교사는 두 사람이었으나, 예루살렘 마리아의 아들 마가는 외삼촌 바나바를 따라 수행원으로 동행하였다.

세 사람은 먼 길을 걸어 해안으로 가서 96km를 배 타고 구브로(키프로스)로 갔다. 바나바가 살던, 동서로 225km나 길게 뻗은 큰 섬이다. 그들은 동쪽에서부터 서쪽으로 종단하며 유대인의 회당에서 복음을 전하였다. 마침내 섬의 서쪽 끝머리에 가까운 행정수도 바보에 이르렀다. 로마의 총독이 있는 곳이었다.

총독은 지혜로운 서기오 바울이고, 그 측근인 바예수라는 사람은 자칭 선지자로 행세하는 점쟁이 박수였다. 총독은 바나바와 바울을 불러 그들이 전하는 복음을 들었다. 그런데 바예수가 총독의 구원을 노골적으로 방해하였다. 자칭 선지자에다가 점쟁이니까 별별 거짓말로 복음의 부당성을 지적한 것이다. 이에 화가 난 바울이 성령이 충만하여 바예수를 지목하며 말하였다.

"당신은 악한 꾀와 악행을 저지르는 마귀의 자식이오. 정의로움의 원수요. 주님의 바른 길을 굽게 하는 짓을 당장 중단하시오. 당신은 한동안 눈먼 채로 지낼 것이오."

그 말이 끝나기가 무섭게 바예수는 앞이 보이지 않아 허둥거렸다. 그 모양을 본 총독 서기오 바울은 예수를 인정하게 되었다.

마가의 귀향과 비시디아 전도 행 13:13-52

선교사 일행은 바보에서 배를 타고 지금의 터키 서남부에 위치한 항구 도시 버가로 갔다. 일행은 육로로 북상하여 비시디아 지방의 안디옥으로 갈 예정이었다. 그런데 마가는 고향이며 어머니가 있는 예루살렘으로 돌아가겠다고 하였다. 오랜 안디옥 생활과 긴 섬을 종단하며 겪은 고생이 그를 지치게 하였는지 모른다. 아니면 시련의 연속인 타국의 내륙 지방 여행이 두려웠을 것이다.

버가 항에서 마가를 배편으로 떠나 보낸 바나바와 바울은 말없이 계획대로 내륙으로 들어갔다. 안디옥이라는 도시는 도처에 여러 개가 있었다. 로마가 정복하기 전 그 지역을 통치하던 셀류쿠스 왕국을 세운 첫 왕의 이름을 기념하는 도시들이다.

비시디아 지방은 고원지대로서 통행이 불편할 정도가 아니라 매우 위험한 곳이었다. 험한 산들을 넘어야 했기 때문이다. 맹수들과 강도들이 들끓는 위험지대를 지나야 한다.

힘들게 비시디아 안디옥에 도착한 바나바와 바울은 여장을 풀고 잠시 쉬며 안식일을 기다렸다. 복음을 전하는 데는 안식일의 회당만큼 좋은 곳이 없다. 유대인들이 다 모이기 때문이다.

안식일이 왔다. 두 사람은 회당으로 갔다. 회당장은 율법과 선지자들의 글을 읽은 후 관례대로 백성에게 말할 기회를 주었다. 바울이 나섰다. 그는 선지자들의 예언대로 구세주가 오셨으나 사람들이 그를 알지 못하여 십자가에 못박아 죽였으며, 하나님께서 다시 살리신 나사렛 예수에 대하여 길게 설명하였다.

"나사렛 예수, 그분이 그리스도입니다. 누구든지 예수 그리스도를 믿으면 죄사함을 받고 구원을 얻습니다. 그를 믿지 않으면 하나님의 심판이 임합니다."

그의 긴 설교는 청중의 마음을 상당히 움직였으므로 폐회하여 돌아갈 때는 다음 안식일에도 다시 와서 더 들려 달라고 요청하는 사람이 여럿이었다. 그들 중 많은 사람이 아예 바나바와 바울을 따라와 장시간 바울의 강론을 경청하였다.

다음 안식일에 다시 바울과 바나바가 회당을 찾았을 때 놀랄 만한 일이 생겼다. 바울의 소문을 들은 사람들이 대거 몰려와 회당이 넘쳐났다. 바울과 바나바는 소신 있게 예수 그리스도의 복음을 전하였다. 받아들이는 사람도 다수였지만 거부감을 갖는 유대인도 적지 않았다. 그들은 예수가 그리스도라는 주장에 동의할 수 없었다. 그래서 몇몇 사람이 일어나 두 사람의 말을 비방도 하고 반박도 하였다. 유대인의 복음 거부에 바울과 바나바는 몹시 마음이 아팠다. 고넬료 등 로마 군인과 그 가족이 복음을 받아들인 사건을 떠올리며 유대인이 거부하면 이방인에게 복음을 전할 수밖에 없음을 그들은 실감하였다.

두 선교사는 그 지방의 주민들을 상대로 복음을 전하였다. 호응이 높았다. 구원 받는 사람이 증가하였다. 그러자 이번에는 복음을 거부하는 유대인들이 그 도시의 실력자들을 선동하여 바울과 바나바를 핍박하기 시작하였다. 핍박은 나날이 심해졌다. 두 선교사는 더 버틸 수 없음을 알고 발의 흙까지 털어버리고 동남쪽에 있는 도시 이고니온으로 선교 무대를 옮겼다.

선교 여행과 예루살렘 회의

이고니온과 루스드라 전도 행 14장

이고니온 전도도 회당 중심이었다. 반응은 비시디아 안디옥과 일반이었다. 순수하게 복음을 믿는 사람들도 많고, 그 반대자들도 많았다. 유대인 사회는 지지자와 반대자로 분리될 지경이었다. 두 선교사는 성령으로 충만하여 담대히 복음을 전하였다. 반대자들은 힘을 모아 두 사도를 돌로 쳐 죽일 기세였다. 두 선교사는 할 수 없이 그곳을 떠나 하룻길쯤 되는 다른 도시 루스드라로 갔다.

역시 회당 집회에서 복음을 전하였다. 모두들 진지하게 들었다. 그자리에 앉은뱅이 한 사람이 있었다. 한 번도 자기 발로 일어서거나 걸어 보지 못한 어른이었다. 그는 설교하는 바울에게서 끝까지 시선을 떼지 않고 경청하였다. 은혜 받는 모습이 역력하였다. 바울은 그에게 구원 받을 믿음이 있음을 알고 큰 소리로 말하였다.

"당신 발로 지금 일어서시오."

청중은 어리둥절하였다. 그들이 다 아는 앉은뱅이에게 지금 일어서라니….

그런데 이게 무슨 일인가. 앉은뱅이가 혼자 일어서는 것이었다. 얼떨결에 일어선 앉은뱅이 자신도 믿어지지 않는지 몇 걸음 움직여 보더니 그자리에서 뛰고 걸었다. 이런 일은 듣지도 보지도 못한 일이었다.

"당신들은 사람의 모습으로 우리 가운데 온 신이 틀림없습니다!"

한 사람이 소리쳤다. 다른 사람이 그 말을 받았다. 바나바는 제우스 신이고 바울은 헤르메스 신이라고 그들은 단정하였다. 그리스의 주신主神과 그 신을 대변하는 신으로 본 것이다. 회당은 순식간에 벌집을 쑤신 듯 뒤집히다시피 하였다. 어떤 사람은 잽싸게 달려나가 제우스 신전의 제사장에게 알렸다. 제우스 신이 사람의 모습으로 왔다고. 제사장은 놀라 허겁지겁 제물로 드릴 소와 화환들을 가지고 두 사람에게 달려와 제사를 드리려 하였다. 놀란 바울과 바나바는 우리도 당신들과 똑같은 사람이라고 설득하여 간신히 제사를 만류하였다.

그 직후 이전에 선교 활동을 하던 안디옥과 이고니온에서 극렬하게 두 선교사를 증오하는 유대인들이 몰려와 바울을 성 밖으로 끌어내어 까닭없이 돌을 던져댔다. 잠깐 사이에 바울의 몸은 돌더미에 묻혔다. 그들은 죽은 줄 알고 돌아갔다.

그러나 한참 후 의식을 회복한 바울은 간신히 돌무덤을 헤집고 나왔다. 두 사람은 다음날 길을 떠나 남쪽의 도시 더베로 가서 전도하였다. 거기서도 많은 사람이 구원을 받았다.

그들은 그들이 거쳐 온 도시들을 되짚어 가며 믿는 사람들을 굳게 세우고 그들을 선교사로 파송한 안디옥 교회로 귀환하였다. 1차 선교 여행은 고난과 위험도 많았으나 대성공이었다.

구원의 은혜에 차별은 없다 행 15:1-35

안디옥 교회에 교리적인 문제가 생겼다. 유대에서 온 사람들이 교회에서 모세의 법대로 할례를 받지 않으면 구원이 없다고 가르친 것이다. 지금까지 바울과 바나바가 가르친 것은 누구든지 예수 그리스도를 믿으면 구원받는다는 것이었다. 할례는 구원과 무관함을 분명히 하였다. 그런데 할례를 받지 않으면 구원 받지 못한다니 교회에 갈등이 생겨 혼란이 일어났다. 교리적인 갈등은 심각한 문제가 아닐 수 없다. 교회가 시끄러울 수밖에 없다. 교회는 바울과 바나바를 예루살렘으로 보내 이 문제에 대한 명쾌한 답을 가져오게 하였다.

예루살렘 교회에서 회의가 열렸다. 사도들과 장로 등 교회의 지도자들이 다 한자리에 모였다. 처음 있는 일이었다. 회의의 주제는 예수를 믿게 된 이방인들의 할례 문제였다.

서로의 주장이 팽팽하게 대립되었다. 할례는 필수적으로 받아야 한다는 주장과 그 반대의 주장으로 옥신각신하였다. 마지막으로 베드로가 일어섰다.

"여러분, 우리나 이방인들이나 우리 주 예수님의 은혜로 구원 받는 줄로 믿습니다."

할례로 구원 받는 것이 아님을 강조한 말이다. 예수님의 육신의 동생인 야고보도 거들었다. 그는 이미 예루살렘 교회에서 주도적인 역할을 하고 있는 지도자였다.

"나도 같은 생각입니다. 이방인 중에서 구원 받는 사람들에게 할례를 요구할 필요가 없습니다."

회의의 결론은 할례가 구원의 조건이 될 수 없다는 것이다. 회의 결과는 곧 문서로 작성되어 교회들로 보내졌다. 바울과 바나바는 안디옥 교회로 돌아가서 회의 결과를 알렸다.

제2차 선교 여행

바울과 바나바의 충돌 행 15:36–41

첫 선교 여행을 다녀온 지 꽤 오래되었다. 그들이 잘 믿고 있는지 궁금하기도 하고 또 새로운 영혼을 구원해야 된다는 마음이 절실하였다.

"바나바, 우리가 전에 선교한 지역으로 가서 형편을 살펴보아야 하지 않겠소?"

바울의 제안에 바나바도 동의하였다.

"내 조카 마가도 데리고 갑시다."

바울은 생각이 달랐다. 지난 번 선교 여행 때 마가가 도중하차한 것을 못마땅하게 생각하는 터였다.

"끝까지 견디지 못하고 중도에서 돌아간 건 힘든 복음 전도자로서 큰 잘못이었다고 생각합니다."

고생도 안 하였고 사회 경험이 미숙하며 나이도 젊어 저지를 수 있는 실수를 용납하지 못하는 바울을 바나바는 이해할 수 없었다. 두 사람은 심하게 다투었다. 그래서 두 사람이 각각 떠나기로 하였다. 바울은 실라를 데리고 육로로 북쪽으로 올라가 지난 번 선교한 지역들을 돌아보기로 하였다. 바나바는 조카 마가를 데리고 첫 선교 여행 때 갔던 대로 배를 타고 키프로스 섬으로 갔다.

유럽 선교에 나선 3인의 선교사 행 16:1-10

바울과 실라는 육로로 북쪽으로 가서 타우르스 산맥을 넘어 1차 선교 때 갔던 더베와 루스드라로 갔다. 바나바와 함께 갔을 때 세운 교회들을 보살피고 가르치기 위해서였다. 루스드라에에서 훌륭한 청년 디모데를 만났다. 그의 부친은 헬라 사람인데 모친은 예수를 잘 믿는 유대인이다. 외조모 역시 독실한 기독교인으로 어려서부터 디모데에게 성경을 가르쳐 바르게 양육하였기에 믿음이 좋은 청년이었다. 바울은 디모데를 아들이라도 되는 듯 사랑하였다. 앞으로 주님의 일에 크게 쓰임 받을 인재임을 확신하였기 때문이다. 바울은 이번 선교 여행에 디모데를 데리고 감으로써 좋은 경험과 훈련을 겸하게 하는 것이 유익하다고 판단하였다.

"디모데, 우리와 함께 가겠느냐? 내 계획은 지난 번 선교지인 이고니온과 비시디아의 안디옥을 거쳐 소아시아 지방으로 가는 것이다. 소아시아 해안을 따라 북으로 올라가서 드로아까지 간 후 거기서 다음 선교지를 생각할 것이다. 멀고 험한 길이 되겠지만 주님은 땅 끝까지, 심지어 이방인에게까지 복음 전할 것을 명하셨다."

디모데는 흔쾌히 일행에 합류할 것을 약속하였다. 그리하여 바울과 실라와 디모데 세 사람은 함께 다음 선교지로 출발하였다.

그들은 비시디아 지방의 안디옥을 거쳐 서쪽으로 서쪽으로 소아시아를 향해 가면서 여러 성읍에서 복음을 전하였다. 믿는 사람이 더하여졌다. 바울 일행은 복음을 전함은 물론 예루살렘 교회의 회의에서 결정된 내용들을 가르쳤다.

참으로 먼 길이었다. 서해안에 도착하자 소아시아 일대의 성읍들에서 전도하며 해안을 따라 북상하였다. 큰 항구 도시 에베소와 서머나 등을 거쳐 아시아로 갈 계획이었다. 그러나 어찌된 일인지 아시아로 가는 길이 열리지 않았다. 성령께서 허락하지 않으셨다. 드디어 드로아에 이르자 거기 머물면서 다음 선교여행을 위하여 기도하였다. 이를테면 지금의 터키 서북부에서 동쪽으로 횡단해 가면 메소포타미아를 지나 지금의 이라크와 이란과 파키스탄을 거쳐 중국 비단장수들이 개척해서 교역로로 활용하는 이른바 실크로드를 따라 중국으로 갈 수 있다. 거대한 아시아 대륙을 선교할 생각이다.

그러던 어느 날 밤이었다. 바울의 환상 중에 마케도니아 사람 하나가 서서 마케도니아로 건너와서 우리를 도와 달라고 호소하는 것이었다.

"하나님께서 우리를 유럽으로 가라고 하시는군. 마케도니아는 동쪽에서 가자면 유럽의 관문인데 일단 첫 성인 빌립보로 가는 것이 하나님의 뜻이야."

그는 일행에게 그가 본 환상을 이야기하고 결론을 내렸다.

마케도니아의 빌립보 행 16:11-12

마케도니아는 드로아에서 바다 건너편 북서쪽에 있는 헬라의 북부가 된다. 지금의 터키 이스탄불에서 조금만 서쪽으로 가면 되는 곳이다. 그들은 배를 타고 유럽 땅으로 갔다. 아시아에서 가자면 유럽의 첫 성인 빌립보에 일행이 도착하자 일단 거기 머물면서 전도하기로 하였다.

빌립보는 알렉산더 대왕의 나라였던 마케도니아 왕국의 수도였다. 알렉산더가 3만 5천 명의 병력을 이끌고 동방원정을 출발한 곳이다. 10년에 걸친 정복 전쟁으로 터키 서부 지역과 팔레스타인과 이집트와 시리아와 메소포타미아의 페르시아와 인도까지 진격했던 알렉산더는 젊은 나이에 일찍 세상을 떠났다. 그러나 그의 부하 장군들에 의해 몇 개로 갈라진 왕국들이 로마가 정복하기까지 2백 수십 년을 통치함으로써 그 넓은 지역을 헬라의 언어와 문화로 뒤덮은 역사를 지니고 있다. 그야말로 유럽의 동부 관문인 빌립보는 로마 제국의 지배 하에 있으나 유럽과 아시아를 동서로 잇는 중요한 교통 요지였으며 활기 넘치는 번화한 도시였다. 많은 로마 군인들과 세계의 상인들이 오가는 길목이다. 거기서 복음을 전하면 그 확산 효과가 극대화될 것이다.

유럽의 첫 교회 탄생 행 16:12-15

빌립보에 여러 날 머물며 살펴보니 아쉬운 게 한 가지 있었다. 지금까지 다닌 도시마다 유대인 디아스포라가 많아 유대인이 안식일에 모이는 회당이 있었는데, 빌립보는 예외였다. 유대인 거주자가 별로 없어 회당이 없었다. 회당 중심의 선교에 차질이 생긴 셈이다.

안식일이 왔다. 회당이 없어 성 밖 강변으로 갔다. 거기서 몇몇 유대인들이 안식일에 기도한다는 미흡한 정보를 얻었기 때문이다. 정말 그랬다. 다만 유대인 여자 몇이 강변에 앉아 기도하고 있었다. 바울 일행이 다가갔다. 인사를 나눈 후 바울이 입을 열어 예수 그리스도의 복음을 전하였다. 여인들 가운데 '루디아'라는 여자가 있었다. 그녀는 바울이 전하는 복음을 마음을 활짝 열고 주의 깊게 들더니 그대로 믿었다. 그자리에서 그녀와 그 가족이 모두 세례를 받았다. 그녀는 주님의 구원의 은혜에 감사하고 감격하여 바울 일행을 자기 집으로 초대하였다.

"저를 예수 그리스도를 믿는 사람으로 인정하신다면 저의 집을 거처로 삼아 머물러 주시면 감사하겠습니다."

루디아는 부유층이었다. 그녀는 당시 왕족이나 부유한 귀족층이나 입을 수 있는 자주색 염료로 물들인 옷과 옷감을 파는 상인이었다. 자주색 옷과 옷감은 고가품이었다. 따라서 그녀의 고객은 특권층이나 부유층이었다.

귀신들린 점쟁이 행 16:16–19

행인이 많은 빌립보의 거리에서 점을 치며 예언해 주는 여자가 있었다. 많은 사람들이 그 여인의 점괘를 믿었다. 비싼 가격으로 점을 쳐 주는 그 여인은 온종일 거리에 앉아 많은 돈을 벌었다. 그러나 그녀는 늘 가난하였다. 왜냐하면 그녀가 버는 돈을 그녀의 주인에게 다 바쳤기 때문이다. 그 주인은 빌립보에서 막강한 힘을 갖고 있었다.

어느 날 바울의 일행이 기도하는 곳으로 가다가 그 점쟁이를 만났다. 점쟁이 여인은 대번에 세 사람이 믿는 예수 그리스도가 얼마나 위대한 신인지 알아차렸다. 그녀가 귀신 들려 있었으므로 하나님의 영을 알아본 것이다.

"이 사람들은 지극히 높으신 하나님의 종들입니다. 여러분에게 구원의 진리를 전하는 사람들입니다."

점쟁이가 점치는 자리에서 일어나 바울 일행을 따라다니며 똑같은 소리를 내질러대는 것이었다. 하나님의 적인 귀신이 주님의 복음을 도울 리 없다. 방해하려는 것이다. 그런데도 그 여인은 바울 일행을 만날 때마다 따라다니며 이 사람들이 믿는 신은 가장 위대하고 높으신 신이라고 외쳐댔다. 바울은 이대로 놔두어서는 안 되겠다고 생각하였다. 더 참을 수가 없었다. 그래서 그날도 따라다니며 외쳐대는 점쟁이 안에 들어 있는 귀신을 향해 꾸짖었다.

"예수 그리스도의 이름으로

내가 네게 명한다. 귀신아, 여인에게서 나오라."

그 말이 끝나자마자 여인에게서 귀신이 떠났다. 그녀는 제정신으로 돌아왔다. 그 일로 새로운 문제가 생겼다. 여인이 다시는 점을 치지 못하게 된 것이다.

"당신들이 뭔데 내 장사를 망쳐?"

점쟁이의 주인이 화가 머리끝까지 나서 바울 일행을 찾아왔다. 그는 점쟁이가 귀신이 들렸든 제정신이든 그게 중요하지 않았다. 돈을 버는 장삿일이 사라진 것이 중요했다. 그러니 화가 날 수밖에 없다. 주인은 동료들을 데리고 와서 소란스럽게 난동을 부렸다. 그래도 직성이 풀리지 않자 바울과 실라를 붙잡아 관가로 데리고 가서 로마인 행정장관에게 고소하였다. 그 부류들이 우르르 몰려 따라갔다. 성난 무리였다.

주 예수를 믿으라 행 16:19-40

"이 사람들은 유대인입니다. 그런데 우리 로마 사람에게 자기네 풍속을 지키라고 강요하는 등 성읍을 시끄럽게 합니다. 이자들을 엄중히 처벌해야 합니다."

그의 일행들이 아우성을 치며 동조하였다. 분위기가 심상치 않았다. 로마인 행정장관은 그 지역의 최고재판관이었으므로 바울과 실라의 옷을 찢어 벗기고 채찍질하도록 명령하였다. 예상하지 못한 가혹한 시련이었다. 거기서 끝나지 않았다. 두 선교사는 그날로 감옥에 투옥되었다.

"이자들을 단단히 지켜라."

감옥의 책임자는 장관의 명령을 받아 깊은 감옥에 그들을 가두고 발에 차꼬(발을 끼워 움직이지 못하게 만든 형틀)를 채웠다. 바울과 실라는 선 채로 움직일 수 없게 되었다. 온몸은 벗겨진 채 채찍으로 맞아 피투성이 되어 고통스러운데 발목엔 차꼬를 채워 세웠으니 그 불편과 아픔이 어느 정도인가.

밤이 깊었다. 누울 수도 앉을 수도 없는 두 사람은 꼼짝없이 선 채로 기도하였다. 아시아로 가려고 하였는데 하나님께서 이곳으로 가라고 지시하여 오지 않았는가. 그런데 이 꼴이 되었고, 내일 또 무슨 일이 생길지 모른다. 언제까지 감옥에 갇혀 있게 될지도 모르고, 그들 마음대로니 아예 처형할지도 모르는 일이다. 땅 끝까지 복음을 전하라는 사명을 받았으니 우리로 그 사명을 다하게 하옵소서…. 그러나 감사한 일이다. 주님을 믿기 때문에 핍박을 받으면 기뻐하고 즐거워하라고 말씀하신 주님이시다. 죄를 지어 들어온 것이 아니고, 주님을 위해 복음을 전하다가 들어왔으니 이렇게 되나 저렇게 되나 감사한 일이고 기쁜 일이다. 기도를 하고 나니 저절로 찬송이 흘러 나왔다. 두 사람은 불편도 고통도 잊고 하나님께 찬송을 불렀다.

그 찬송 소리에 죄수들은 잠이 깨었다. 무슨 생각이 들었을까. 어떤 죄수는 미쳤다 할 것이고, 참 유별난 사람들이라고 생각할 것이며, 이 밤중에 잠도 못 자게 한다고 불평하는 사람도 있을 터이다.

그러나 하나님은 기뻐하셨다. 과연 나의 충실하고 신실한 종들이라고, 그 믿음으로 계속해서 복음을 전하라고 격려하고 칭찬하고 싶으셨을 것이다. 그래서 감옥 터가 뒤흔들리게 하셨다. 지진이 난 것이다.

갑작스러운 심한 진동에 죄수들은 놀라 일어나 어둠 속에서 두려움으로 떨며 우왕좌왕하였다. 굳게 잠긴 감옥 문들이 다 열렸다. 감옥이 무너질지도 모른다. 바울과 실라는 물론 그들처럼 발이 묶인 죄수들의 차꼬가 저절로 풀렸다. 활동이 자유로워졌다.

감옥의 책임자도 놀라 깨었다. 엄중히 감시해야 할 바울과 실라를 비롯해 모든 죄수가 갇혀 있던 옥문이 다 열려 있었다.

"다 도망쳤겠구나!"

그는 덜컥 겁이 났다. 지진도 무서웠지만 그 중요한 죄수들이 탈옥한 게 더 두려웠다. 로마의 군법이 그를 죄수들 대신 처형할 것이다. 그는 앞뒤 분별력을 잃고 칼을 뽑았다. 자결을 결심한 것이다.

"당신 몸을 상하게 하지 마시오. 도망간 죄수는 한 명도 없소."

바울이 그를 향해 큰 소리로 말했다. 그는 또 한 번 놀랐다. 부하에게 허겁지겁 등불을 달라 하여 감옥 안을 들여다보니 중요한 죄수 바울과 실라가 차꼬가 풀린 채 거기 그대로 있는 것이었다. 간수는 그 사람들이 사람으로 보이지 않을 지경이었다. 점쟁이에게 들어가 있던 귀신을 쫓아냈다더니 과연 특별한 사람들이라고 생각하였다. 문이 열리고 차꼬가 풀렸는데도 도망치지 않았다는 한 가지만으로도 그들은 보통 위인이 아니었다. 감옥의 소장 책임자인 그는 냉큼 감방 안으로 들어가 두려움으로 바울 앞에 엎드려 절하였다. 그리고 바울과 실라를 정중하게 자기 집으로 데리고 갔다.

"제가 어떻게 하여야 구원을 얻겠습니까?"

그는 아직도 두려웠다. 이런 훌륭한 분들을 중죄인 취급하여 가혹하게 다루었기 때문이다. 이 두 사람이 자기에게 화를 내기라도 하면 큰 재앙을 받을 것만 같았다. 지진만 해도 심상치 않은 일이라고 생각하였다.

"주 예수를 믿어야 합니다. 그러면 당신과 당신 집이 구원을 얻습니다."

주 예수가 누구인지 그는 알지 못한다. 그래서 바울과 실라는 그와 그 가족들에게 나사렛 예수의 복음을 전하였다.

간수와 그 가족은 복음을 받아들였다. 주인은 바울과 실라의 상처를 닦고 약을 바른 후 세례를 받겠다고 하였다. 그 밤에 그 가족은 물론 그의 하인들까지 모두 세례를 받았다. 이어서 음식을 준비하여 두 사람을 극진히 대접하였다.

아침이 되자 관청에서 바울과 실라를 석방하라는 통보가 왔다. 소장은 자기 일처럼 기뻐서 그 사실을 두 선교사에게 알렸다.

"두 분을 석방하라고 전갈이 왔습니다. 너무 잘 되었습니다. 이젠 자유의 몸입니다. 평안히 가십시오."

"무슨 소리요?"

바울이 의외의 반응을 나타냈다.

"생각해 보시오. 우리는 로마 시민인데 죄목도 없이 사람들 앞에서 채찍질하고 감옥에 가두었다

가 사람을 보내어 슬그머니 나가라고 하다니…, 그럴 수 없소. 그들이 직접 와서 석방해야 하오."

석방 소식을 가져온 관리는 그 말을 듣고 서둘러 관청으로 달려갔다. 큰일이 벌어진 것이다. 로마인이 아니라도 로마의 시민권을 갖고 있으면 로마인과 똑같은 권리와 대우를 받도록 되어 있었다. 로마인이나 그 시민권자를 정당한 재판절차 없이 매질하고 투옥하는 것은 불법이었다. 관리의 보고를 받은 행정장관은 이 일이 상부에 알려지면 큰 징계를 받을 것이 뻔하므로 서둘러 감옥으로 가서 바울과 실라에게 정중하게 사과하고 석방하였다.

두 사람은 곧장 빌립보의 교회로 사용되는 루디아의 집으로 갔다. 많은 사람들이 모여 바울과 실라를 걱정하고 있었다. 바울과 실라는 그들을 권면하고 다른 도시로 떠났다. 빌립보의 교회는 든든히 서 갔다.

헬라의 중심 도시 아테네의 바울

데살로니가의 소동 행 17:1–10

바울과 실라의 빌립보 수난은 교회가 든든히 설 만큼의 시간이 흐른 후에 생긴 일이었다. 그래서 땅 끝까지 선교가 목적인 그들은 빌립보에만 머물 수 없었다. 행정관도 이 도시를 떠나 달라고 간청하였으므로, 세 사람은 서쪽으로 향하였다. 그들은 작은 성읍 암비볼리와 아볼로니아에서 전도하고 거기서 해안도로를 따라 남쪽으로 향하여 마케도니아의 행정수도이며 항구도시인 데살로니가로 갔다. 그곳은 로마에서 아시아로 가는 간선도로가 경유하는 곳이기도 하여 교통이 편리하였으며, 12만 명 가량의 인구가 사는 대도시였다.

바울 일행은 안식일에 유대인의 회당에 가서 예수의 복음을 전하였다. 그런데 놀랍게도 유대인보다 헬라인들이 더 관심을 갖고 복음을 주의 깊게 듣고 믿었다. 심지어 헬라의 귀부인들도 예수를 믿었다. 구원 받는 사람이 날로 증가하여 큰 무리가 되었다.

문제는 유대인들의 반발이었다. 구원 받는 유대인도 많았으나 율법에 얽매인 정통파 유대인들은 바울 일행을 증오하였다. 율법만이 절대적이라고 믿고 있는 그들에게 나사렛 예수가 그리스도요, 그분을 믿어야만 구원 받는다는 복음은 받아들이기 어려웠다. 그런데도 많은 유대인과 헬라인들이 현혹시키는 말에 넘어가서 예수 믿는 사람이 되는 것에 그들은 좌시할 수 없을 만큼 시기심을 느꼈다. 증오는 폭력을 야기한다.

유대인들이 드디어 일을 저질렀다. 그들은 동족을 선동하여 집단을 이루고 바울 일행을 잡으려 하였다. 난폭한 그들의 손에 잡히면 살인적 폭력이 일어날 것이었다. 폭도처럼 거칠어진 그들은 바울 일행이 묵고 있는 야손의 집을 습격하였다.

다행스럽게도 바울 일행은 집 안에 없었다. 화가 난 그들은 집 주인 야손과 그 집에 함께 있던 믿음의 형제들을 끌고 관가로 갔다.

"도시마다 다니며 소란케 하는 자들이 데살로니가에도 왔습니다. 이 자들은 로마의 가이사 황제를 거역하고 예수라는 새로운 왕을 믿어야 된다고 가르쳤습니다. 야손이 그런 자들을 자기 집에 머물게 하였습니다. 이 자들은 모두 그를 추종하는 자들입니다."

야손과 그 집에 있다가 끌려온 그리스도인들을 반역죄라도 지은 듯 떼를 지어 끌고 와서 고소하였다. 관원들은 문제가 단순하지 않으며 자칫 불행한 사건으로 번질지도 모른다고 우려하였다. 그래서 일단 야손과 그 일행을 구금하였다가 폭도들이 돌아간 후 보석금을 받고 석방하였다.

데살로니가는 바울 일행에게 매우 위험한 도시가 되었다. 그리스도인들은 위험을 피해 서쪽으로 80km 거리에 있는 도시 베뢰아로 바울 일행을 야밤을 이용하여 피신시켰다.

베뢰아의 성경공부 행 17:10–15

가는 곳마다 그랬던 것처럼 바울 일행은 베뢰아에서도 유대인의 회당을 찾아 복음을 전하였다. 정통파 유대인들이 예수의 복음을 반대하는 대표적인 이유는 복음이 율법을 파괴하거나 무력화시키는 것으로 오해하는 데 있었다. 실은 그래서 바리새인들과 제사장들이 앞장서서 나사렛 예수를 십자가에 못 박아 죽게 한 것이다.

베뢰아의 유대인들은 순수하였다. 구약의 율법과 예언서들을 중심으로 예수 그리스도의 복음을 가르치면 순수하게 받아들이는 것이었다. 그들은 궁금하면 질문하고 답해 주면 수긍하고 따랐다. 그래서 바울은 날마다 성경을 강론하다시피 하였다. 유대인과 많은 헬라인, 특히 귀부인들이 예수를 믿었다.

순풍에 돛 단 듯 베뢰아에서는 빌립보나 데살로니가에서 생겼던 험악한 일이 일어나지 않았다. 평온한 가운데 교회는 날로 부흥하였다. 그럴 무렵 예상치 못한 일이 벌어졌다.

데살로니가의 극성스러운 유대인들이 바울 일행이 베뢰아에서 예수의 복음을 전한다는 소문을 듣고 폭도처럼 몰려왔다. 그들은 베뢰아의 유대인들을 선동하여 회당을 중심으로 소요가 일어난 듯 시끄럽게 하였다. 도시 전체가 살기등등하였다. 그리스도인들은 위험을 느껴 바울을 배에 태워 베뢰아를 탈출시켰다.

우상의 도시에 복음이 행 17:16-34

바울은 안내자들의 도움으로 무사히 아테네에 도착하였다. 안내자들이 돌아갈 때 실라와 디모데를 속히 아테네로 보내라고 일렀다.

발칸반도에서 가장 큰 도시 아테네는 헬라의 수도이며, 교육과 문화의 중심 도시였다. 특히 아테네라는 도시 이름이 수호여신 아데나에서 유래하였으며, 그 여신에게 제사하는 신전이 아크로폴리스 언덕 위에 도시를 압도하는 웅대한 모습으로 서 있었다. '파르테논' 신전이 그것이다. 그 외에도 헬라에서는 많은 우상을 섬기고 있어 가히 우상의 도시라고 할 만하였다. 그 아름다운 도시를 대리석으로 지은 우상의 신전들이 장악한 형세였다. 바울은 그 크고 아름다운 도시가 우상으로 덮여 있는 모습을 보며 화가 났다.

바울은 일행을 기다리는 동안 안식일에는 유대인의 회당에서, 평일에는 사람이 많이 모이는 시장거리 등에서 만나는 사람들에게 복음을 전하였으며,

많은 토론을 하였다. 바울의 깊은 지식과 이론적인 복음 전도에 많은 사람들이 경탄하며 믿기도 하였으나 철학과 교육과 문화의 도시에 걸맞은 학자들의 반론도 만만치 않아서 열띤 토론이 벌어지기 일쑤였다.

시장 거리는 복잡하고 잡음도 많다. 새로운 학문과 지식에 민감한 아테네 사람들 중에 바울의 논리에 흥미를 가진 철학의 양대 산맥이라 할 수 있는 스토아 학파와 에피쿠로스 학파의 철학자들도 바울에게 흥미를 느끼는가 하면 반감을 갖기도 하였다.

"저 수다쟁이가 하는 소리가 도대체 무엇이지?"

"글쎄, 우리가 모르는 다른 나라의 철학이나 종교인 모양인데…."

"간단히 말하자면 예수라는 사람을 죽였는데 사흘 만에 다시 살아났다는 거야. 그 예수야말로 진짜 신이라고 주장하더군."

"여긴 시끄러우니 아레오바고 언덕으로 데리고 가서 거기서 본격적으로 토론해 보는 게 좋겠군."

많은 사람들이 바울을 데리고 아레오바고 언덕으로 올라갔다. 거기는 철학과 학문의 토론장이나 마찬가지였다. 헬라인뿐만 아니라 아테네에는 많은 외국인이 거주하고 있었다. 새로운 학문이나 종교라면 무척 관심이 많은 그들은 그런 토론장을 찾는 일로 시간을 보내는 사람이 많았다.

"당신이 말하는 새 종교는 도대체 무엇이오? 우리가 듣기에는 아주 이상한 소리 같은데…."

바울은 청중을 돌아보며 담대하게 논리적으로 말했다.

"내가 아테네에 와서 보니 신들이 참 많습니다. 심지어 여러분이 섬기는 신 중에는 '알지 못하는 신'이 있을 정도입니다. 그런 신전을 보았습니다. 다시 말해 많은 신을 섬기는데 혹 빠진 신이 있으면 그 신이 진노할까 봐 '알지 못하는 신'에게도 제사를 지냅니다. 여러분에게 종교성이 많다는 증거입니다. 오늘 내가 여러분이 알지 못하면

서도 섬기는 그 신에 대해 말씀드리겠습니다. 그 신은 우주와 그 가운데 있는 만유를 지으신 하나님입니다. 세상을 창조하시고 섭리하시는 하나님은 사람이 만든 신전에 계시는 신이 아닙니다. 하나님은 금이나 은으로 만들어서 섬길 수 없습니다. 내가 여러분이 알지 못하는 신을 알려 주었으니 이제부터는 하나님을 섬겨야 합니다. 그분은 장차 세계를 심판하십니다. 심판의 권한을 예수 그리스도에게 맡기셨습니다. 예수 그리스도는 인간을 구원하시기 위해 세상에 오셔서, 우리의 죄 때문에 대신 죽으신 분입니다. 그러나 하나님께서 다시 살려 내셨고 하늘에 올라가셨습니다. 그 예수는 이 땅에 다시 오십니다. 그때 죄인을 심판하십니다."

사람들은 죽은 사람이 다시 살았다는 소리에 비웃기도 하였으나, 많은 사람들이 바울의 설교에 흥미를 느껴 좀 더 구체적으로 듣기를 원하였다. 그날의 설교를 듣고 예수를 믿게 된 사람이 여럿인데, 그 중에는 아레오바고의 관리와 여인들도 있었다.

고린도와 에베소 전도

1년 6개월 체류 전도 행 18:1-11

바울은 한동안 아테네에 머물며 열심히 복음을 전하다가 서남쪽의 큰 섬 고린도로 옮겼다. 작지만 강한 나라 스파르타가 있던 오랜 역사를 지닌 고린도는 흥망성쇠의 변천을 겪다가 바울이 활동하던 시대에는 총독부가 있는 행정수도가 되었다. 또한 상업과 무역의 중심지로 번영하여 그 섬 전체의 인구가 60만에 달하였다. 번영의 부작용으로 물질주의와 향락과 우상숭배가 만연되어 있기도 하였다.

그 도시의 정상에 솟아 있는 거대한 아프로디테의 신전에는 1천여 명의 여인들이 있었으며, 신전 매춘이 이루어지는 곳이었다.

바울은 고린도에 온 지 얼마 안 되는 유대인 아굴라와 브리스길라 부부의 집에 머물며 전도하였다. 천막 제조업자인 그들 부부를 도와 바울도 천막 제조 일에 종사하며 전도하였다. 안식일이 되면 바울은 회당으로 가서 예수 그리스도에 대해 가르쳤다. 믿는 사람이 많아졌다.

실라와 디모데가 고린도의 바울과 합류하자 복음전도는 더욱 활기를 얻었다. 그러자 늘 그랬듯 동족인 유대인들의 강한 저항에 직면하게 되었다. 바울은 그들을 향해 당신들이 그리스도를 대적하니 나는 이제부터 이방인에게 가서 복음을 전하겠다고 선포하였다.

그래도 복음의 열매는 많았다. 회당장 그리스보와 그 가정이 구원 받았다.

회당 옆에 사는 디도 유스도도 예수를 믿었다. 바울은 한동안 디도 유스도의 집에 머물렀다.

"두려워 말라."

어느 날 환상 가운데 주님이 나타나서 바울에게 용기를 주었다.

"내가 너와 함께 있으니 그 어떤 사람도 너를 대적하여 해롭게 하지 못하리라. 이 도시에 믿는 사람이 많지 않으냐."

바울 일행은 용기를 얻어 더 열심히 그리스도의 복음을 전하였다.

계속되는 박해 행 18:12-22

유대인 사회에는 바울 일행을 미워하는 사람들이 자꾸만 늘어갔다. 급기야 그들은 무리 지어 바울을 총독 갈리오에게 끌고 갔다.

"이 사람이 우리 율법을 어기면서 다른 종교를 전하니 처벌해 주십시오."

바울이 고소에 대해 자신을 변호하려 하자 총독이 입을 열었다.

"이 사람이 범죄를 해서 고소한다면 내가 재판하겠지만 당신들 종교의 율법에 관한 문제라면 내가 재판할 사안이 아니니 당신들의 율법으로 처리하시오."

한마디로 거부당한 유대인들은 예수 믿는 회당장 소스데네스를 그자리에서 집단으로 구타하였다. 총독은 모른 체하고 안으로 들어갔다.

그 후 얼마를 더 고린도에 머물던 바울은 많은 그리스도인들과 작별하고 지중해 동편의 항구 도시 에베소로 떠났다. 브리스길라와 아굴라 부부가 바울을 따랐다. 에베소에 잠시 머물며 전도하던 바울은 더 머물 것을 권하는 에베소의 유대인들에게 기회가 있으면 다시 오겠다고 약속한 후 선편으로 팔레스타인의 가이사랴를 거쳐 오랜만에 그가 출발한 안디옥 교회로 돌아갔다. 두 번째 선교 여행이 마감된 것이다.

제3차 선교 여행

에베소의 장기 체류 행 18:23–19:12

바울은 안디옥에서 얼마 동안 지낸 다음 다시 선교 여행을 떠났다. 갈라디아와 브루기아 지방을 돌아다니면서 그리스도인들을 격려하다가 에베소로 갔다. 브리스길라와 아굴라 부부는 아직도 에베소에 머물고 있었다. 바울이 그곳에 도착하기 전, 성경 지식이 해박한 알렉산드리아 출신의 유대인 아볼로가 에베소에 와서 복음을 전하고 있었다. 하지만 그는 요한의 세례에 대해서만 알고 있어서 브리스길라와 아굴라는 그를 초대하여, 하나님의 길에 대해 자세히 설명해 주었다. 아볼로는 바울이 도착하기 전 고린도로 떠났다.

이런 연유에서인지 큰 항구 도시 에베소에는 예수 믿는 사람들이 적지 않았다. 바울은 예수 믿는 사람들에게 물었다.

"여러분은 성령을 받았습니까?"

"아닙니다. 우리는 성령이란 것이 있다는 말도 들어보지 못했습니다."

바울이 다시 물었다.

"그렇다면 세례는 어떻게 받았습니까?"

"요한의 세례를 받았습니다."

"요한의 세례는 회개의 세례입니다. 요한은 사람들에게 장차 자기보다 뒤에 오실 분을 믿으라고 했는데, 그분이 바로 예수입니다."

그들은 이 말을 듣고, 주 예수의 이름으로 세례를 받았다. 바울이 안수 기도를 해주니 열두 명이 성령을 받았다. 에베소 교회는 활기 넘치게 부흥하기 시작했다.

바울은 석 달 동안 회당에 들어가서 하나님 나라에 관해 호소력 있는 설교를 했다. 그러나 몇몇 사람은 완고하여 믿으려 하지 않고, 공공연하게 그리스도를 거역하는 말을 떠들어댔다. 그래서 바울은 제자들을 데리고 회당을 떠나 두란노의 강당에서 날마다 토론을 벌였다.

그렇게 2년이 지나자, 아시아 지방에 사는 유대인들과 그리스인 모두가 주님의 말씀을 듣게 되었다. 예수의 복음을 전하는 과정에서 기적도 많이 일어났다. 심지어는 바울의 몸에서 손수건이나 앞치마를 가져다가 병든 사람에게 얹으면 병이 떠나고 악한 귀신이 물러갔다. 사람들은 바울을 두려워하였고, 그가 전하는 예수 그리스도의 복음을 믿었다.

고린도 교회에 보낸 편지 고전 1–16장

바울이 에베소에 머무는 동안 고린도에서 반가운 손님이 찾아왔다. 몇 년 전 바울이 세운 고린도 교회에서 몇몇 신도들이 바다 건너 에베소에까지 바울을 찾아온 것이다. 에게 해를 마주보고 있는 고린도와 에베소는 500km나 떨어져 있었다. 그 먼 길을 마다 않고 바울을 찾아온 이유가 어디에 있는지, 바울은 자못 궁금하지 않을 수 없었다. 하지만 그가 가져온 소식은 참으로 씁쓸한 것이었다.

교회에 심상찮은 내분이 일어나 교인들끼리 편을 갈라 서로 다툴 뿐만 아니라, 음행을 저지른 자들이 부끄러운 줄도 모르고 당당한 모습으로 교회 안에서 버젓이 설치고 있다는 소식이었다. 그뿐인가. 교인들끼리 세상 법정에 소송을 걸어 시비를 가리고 있다고 하였다. 있을 수 없고 있어서도 안 될 일들이 바울이 세운 고린도 교회를 진흙탕으로 만든 것이다. 깊은 고민이 바울을 짓눌렀다.

당시 고린도는 그리스 제일의 상업 도시로, 행정상 로마 제국 내 아가야 도道의 수도였다. 따라서 고린도 교회는 인근의 지역 교회들에게 큰 영향력을 미치는 중요한 위치에 있었다. 그런 고린도 교회가 내분과 음행으로 스스로 무너진다면, 다른 주변 지역의 교회들도 큰 타격을 받을 수밖에 없었다.

사실 바울은 고린도를 떠나올 때부터 걱정을 떨쳐버리지 못하였다. 무역과 상업으로 번창한 부유한 항구 도시 특유의 환락 문화가 휩쓸고 있는 도시인 데다가, 온갖 우상숭배가 만연된 소돔 같은 도시의 한복판에 세워진 교회였기 때문이다. 결국은 우려했던 일들이 일어나 교회가 심각한 홍역을 겪고 있다는 가슴 아픈 비보였다.

바울은 고심 끝에 무겁게 입을 열었다.

"내가 편지를 써 주겠소. 그대들은 이 편지를 교회에 전달하여 모두 돌려 읽게 한 다음, 모두들 편지 내용대로 행하게 하시오. 내가 이곳 에베소 교회의 일이 마무리되는 대로 가급적 속히 고린도 교회로 가겠소."

그렇게 하여 쓰여진 편지가 '고린도전서'이다.

나의 형제들이여, 나는 여러분이 다툼을 벌이고 있다는 말을 글로에의 집안 사람들 편에 듣게 되었습니다. 여러분들은 '나는 바울파다', '나는 아볼로파다', '나는 게바파다', '나는 그리스도파다'라고 하면서 편을 가른다고 합니다. 그렇다면 그리스도가 나누어졌다는 말입니까?
(고전 1: 11–12)

바울은 이렇게 질책하면서도, 서로 옳고 그름을 따지면서 다투는 것이 자기 자신을 귀하게 여기지 못한 데에 그 원인을 있음을 날카롭게 지적한다.

여러분은 여러분 자신이 하나님의 성전인 줄을 알지 못합니까? 여러분 안에 하나님의 성령이 사신다는 것을 알지 못합니까? … 하나님의 성전은 거룩합니다. 여러분이 바로 하나님의 성전입니다.
(고전 3:16-17)

그런 다음 사람의 몸은 하나의 지체로 이루어진 것이 아니라 많은 지체로 이루어져 있으며, 각자 맡은 바 역할이 다를 뿐 본래는 하나라는 것을 역설한다. 모두가 한몸에 속해 있는데, 눈이 손더러 "너는 쓸모가 없어."라고 나무라고, 머리가 발더러 "너는 필요 없어."라고 말한다는 것은 얼마나 우스꽝스러운 일이겠는가? 한 지체가 고통을 당하면 모든 지체들이 함께 고통을 당하고, 한 지체가 영광을 받으면 모든 지체가 함께 즐거워한다면서, 성도 여러분은 각자가 그리스도의 몸의 지체임을 힘주어 강조한다.

바울은 편지의 말미에 훗날 세상 사람들에 의해 널리 애송되는 그 유명한 사랑의 경구를 이렇게 노래한다.

사람들과 천사들의 언어로 방언을 할지라도, 사랑이 없다면, 나는 단지 울리는 징이나 요란한 꽹과리에 지나지 않습니다.
내가 예언의 은사를 받아서 바닥 모를 신비와 모든 지식을 다 통달할지라도, 또 산을 옮길 만한 믿음을 지녔다 한들, 사랑이 없다면, 나는 아무것도 아닙니다.
내가 가진 모든 것을 가난한 이에게 나누어 주고 불 속으로 몸을 던질 수 있다 한들, 사랑이 없다면, 나는 아무것도 얻을 것이 없습니다.
사랑은 오래 참고, 친절합니다. 사랑은 시기하지 않고, 뽐내지 않습니다. 사랑은 교만하지 않습니다.
사랑은 무례하지 않고, 자기의 이익을 구하지 않으며, 쉽게 화내지 않습니다. 사랑은 잘못된 것도 마음에 기록하지 않습니다.
사랑은 불의를 기뻐하지 않으며, 진리와 함께 기뻐합니다.
사랑은 모든 것을 덮어 주고, 언제나 믿습니다. 사랑은 늘 소망을 품고, 모든 것을 견딥니다.

사랑은 실패를 모릅니다. 하지만 예언도 사라지고, 방언도 멈추고, 지식도 언젠가는 다 사라집니다.

우리는 부분적으로 알고 부분적으로 예언하지만, 모든 것이 온전해질 때가 오면, 불완전한 것은 사라질 것입니다.

우리가 어렸을 적에는 말하는 것이나 생각하는 것이나 판단하는 것이나 모두 다 어렸지만, 어른이 되면 어렸을 때의 것들을 등지게 됩니다.

지금은 우리가 거울을 들여다보듯 희미하게 보지만, 그날이 오면 얼굴과 얼굴을 맞대고 분명히 볼 것입니다. 지금은 내가 부분적으로 알지만, 그날이 오면 하나님께서 우리를 아시듯 온전히 알게 될 것입니다.

믿음과 소망과 사랑은 언제까지나 남아 있을 것이지만, 그중에서도 으뜸가는 것은 사랑입니다.

(고전 13:1-13)

고린도 교회에서 온 대표들에게 첫 번째 편지를 써서 들려 보낸 바울은 그것으로 문제가 해결되기를 기도하는 마음이었다. 그러나 한편으로는 불안한 마음을 어쩔 수 없었다. 직접 고린도에 가서 교회를 돌보고 싶었지만, 여러 형편상 그럴 수 없기 때문에 지극히 안타까웠다. 몸은 하나지만 그가 여러 곳에 세운 교회들이 있고, 각각 문제들을 안고 있어서 선뜻 고린도로 떠날 수 없었다. 고심하던 바울은 특별히 아끼는 제자 디도를 불렀다.

"디도, 자네가 나를 대신하여 고린도에 다녀오게나. 교회의 형편을 깊이 관찰하면서 어떻게든 서로가 사랑으로 어려운 상황을 이겨내도록 힘을 불어넣어 주게."

바울의 특사 자격으로 디도가 먼 길을 떠났다. 바울은 그에게서 기쁜 소식이 오기를 기다렸지만, 무한정 기다리고 있을 수가 없었다. 에베소의 상황도 급박하게 돌아가고 있어서 그 역시 에베소를 떠나야 할 형편이 되었기 때문이다.

에베소의 소동 행 19:21-41

에베소에는 거대한 아르테미스 신전이 있었다. 다산多産의 신이라는 그 우상은 어찌나 규모가 큰지 사람이 만든 게 아니라 하늘에서 내려왔다고 할 정도였다. 에베소에 오는 사람은 누구든지 아르테미스 신전을 구경하였고, 은으로 작게 만든 기념품인 아르테미스 신상을 사 갔다. 그런 까닭에 에베소에는 그런 기념품 제조업자와 상인들이 많았다. 하지만 그리스도의 복음이 널리 퍼지면서 그들의 사업에도 지장이 초래되기에 이르렀다.

어느 날, 아르테미스 은상銀像 제조업자로 막강한 영향력을 행사하는 데메드리오가 동업자들을 선동했다.

"여러분, 생각해 보시오. 우리가 아르테미스 신상을 만들어 잘살고 있는데, 바울이라는 유대인이 나타나 사람의 손으로 만든 것은 신이 아니라고 떠들고 다녀 우리 생업이 끝장날 지경에 이르렀소. 어디 그뿐이오? 세상이 다 아는 위대한 아르테미스 신의 위엄도 떨어지고 있소. 우리가 그대로 보고 있을 수는 없는 노릇이 아니오?"

예수를 믿는 사람들이 급격히 증가하면서 기념품 신상의 판매가 막혀 가는 중이라서 무슨 수를 써야겠다고 벼르던 그들인지라, 불에 기름을 부은 격이 되어 소요가 일어났다.

"에베소의 아르테미스 여신 만세!"

그들은 큰 무리를 이루어 에베소 성을 휩쓸고 다니면서 소요를 일으켰다. 그들은 혈안이 되어 바울의 일행인 가이오와 아리스다고를 붙잡아 끌고 원형극장으로 몰려갔다.

바울은 험악한 상황에서도 위험에 빠진 동지를 구하기 위해 공연장으로 달려 들어가려 했다. 어떻게든 그들을 구출해야만 했다. 그러나 바울이 다치기라도 하면 큰일이었기 때문에 믿는 사람들이 모두 그를 말렸다.

한편 공연장에 몰려든 군중의 소요는 멈추지 않았다. 그들 중에는 왜 이렇게 소란스러운 일이 생겼는지 이유도 모르는 사람이 허다하였다. 그저 군중심리로 휩쓸렸기 때문이다. 소요 사태는 두 시간이나 계속되었다.

드디어 에베소 시청의 서기관이 그들 앞에 나타났다. 더 큰일이 벌어지기 전에 어떻게든 소요를 막아야 했기 때문이었다.

"에베소 시민 여러분, 좀 조용히 합시다. 우리 에베소가 위대한 여신 아르테미스를 숭배하는 도시라는 걸 모르는 사람은 없습니다. 이 사람들은 신전에서 절도를 한 것도 아니고 여신의 숭배를 방해한 것도 아닌데 여러분은 이들을 이렇게 붙잡아 놓았습니다. 경솔해서는 안 됩니다. 진정하십시오. 총독도 있고 재판도 할 수 있으니, 법에 따라 고소하는 게 옳습니다. 여러분이 지금처럼 소요를 계속하면, 법에 따라 소요죄로 고발당할 수도 있습니다. 그럴 경우 우리에게는 이런 소동을 벌일 만한 정당한 근거가 전혀 없기 때문에, 변명할 여지가 없게 될 것입니다."

그러자 소요 사태가 진정되었다. 그는 이 말을 한 다음, 군중들을 해산시켰다.

드로아의 기적 행 20:1–12

소요가 진정되자 바울은 에베소를 떠나기로 마음먹었다. 어느덧 3년 가까운 세월을 그곳에서 지낸 셈이었다.

바울은 그리스도인들에게 작별을 고하고 다시 선교의 길에 올랐다. 제2차 선교 여행 때 갔던 마케도니아와 헬라 지역의 여러 도시로 다니며 격려한 다음 늦어도 오순절까지는 예루살렘으로 돌아갈 예정을 세웠다.

바울은 한 도시에 오래 머물지 않았다. 드로아에 도착한 바울은 그곳에 먼저 와 있는 디모데 등 여섯 명과 합류했다. 바울은 안식일 다음날 큰 건물에 모여 예배를 드렸다.

바울은 이튿날 떠날 예정이어서 열정적으로 성경을 가르쳤다. 예수 그리스도에 대해 가르칠 것이 너무나 많았기 때문에 바울은 밤이 깊도록 설교를 계속했다. 많은 사람들이 열심히 듣고 있었다.

그때 청중 가운데 창가에 걸터앉아 졸고 있던 한 청년이 눈 깜짝할 사이에

그만 떨어지고 말았다. 3층에서 떨어졌으므로 바울이 급히 청년에게 갔을 때는 이미 죽어 있었다. 그러나 바울은 그를 끌어안고 사람들에게 말했다.

"걱정하지 마시오. 이 사람은 아직 살아 있소."

청년이 다시 살아났다. 사람들은 놀라워하면서 다시 모여 성찬식을 하였다. 날이 밝자 바울은 그리스도인들과 작별한 후 배를 타고 남쪽으로 해안을 따라 이동하였다. 죽었다가 살아난 청년 때문에 드로아의 그리스도인들은 큰 기쁨과 위로를 받았다.

밀레도의 고별사告別辭 행 20:13-38

항해 나흘 만에 바울 일행은 밀레도에 도착했다. 에베소가 가까운 항구였지만, 바울은 예루살렘으로 갈 길이 촉박하여 에베소에 들를 수가 없었다. 그래서 사람을 보내 에베소 교회의 지도자들을 그리로 오게 하였다. 그들이 도착하자 바울이 말했다.

"여러분은 내가 아시아에 첫발을 들여놓은 그날부터 오늘까지 여러분과 함께 어떻게 지내 왔는지를 잘 알고 계십니다. 나는 눈물을 삼키면서 겸손하게 주님을 섬겨 일해 왔습니다. 유대인들이 나를 해치려고 음모를 꾸민 일이 한두 번이 아니었습니다. 나는 유대인이든 그리스인이든 회개하고 우리 주 예수 그리스도를 믿어야 한다는 한 가지 사실만을 강조했습니다. 이제 나는 거역할 수 없는 성령의 강한 힘에 이끌려 예루살렘으로 갑니다. 거기서 무슨 일이 나를 기다리고 있는지는 잘 모릅니다. 다만 한 가지 내가 아는 것은, 성령께서 내가 가는 도시마다 투옥과 고난이 기다리고 있다는 것을 알려주신다는 사실입니다. 그러나 주 예수께서 내게 맡기신 이 일을 다할 수만 있다면 나는 목숨이 조금도 아깝지 않습니다. 나는 여러분들을 찾아다니면서 하나님 나라를 가르쳐 왔습니다. 그러나 이제 여러분은 내 얼굴을 다시는 보지 못하게 될 것입니다. 내가 떠난 후에 사나운 이리 떼와 같은 거짓 교사들이 나타나서 양 떼들을 마구 해칠 것입니다. 정신 바짝 차리십시오. 내가 여러분과 함께 보낸 3년을 잊지 마십시오. 밤낮으로 여러분을 보살피고 여러분을 위해 내가 흘린 많은 눈물을 기억하십시오. 이제 나는 하나님과 그분의 은혜로운 말씀에 여러분을 맡깁니다. 나는 다른 사람의 금이나 은이나 의복을 탐낸 적이 없습니다. 나는 약한 자를 돕는 일에 늘 본보기가 되려고 애써 왔습니다. '주는 것이 받는 것보다 복이 있다'라고 하신 주님의 말씀을 기억하면서, 힘써 일하며 약자를 도우려고 애썼습니다. 여러분도 내가 가르친 말씀대로 약한 사람들을 도우십시오."

말을 마친 바울은 그 자리에 무릎을 꿇고 그들과 함께 하나님께 기도를 드렸다. 그들은 작별을 슬퍼하면서 바울을 끌어안고 울었다. 바울의 세 차례에 걸친 선교 사역은 이렇게 눈물로 마감되었다.

예루살렘 성전의 소동

예루살렘으로 가는 길 행 21:1-16

바울 일행의 계획에는 없었으나 그들이 탄 배가 두로 항에 멈추었다. 화물을 내리기 위해서였다. 그곳에 7일을 머무는 동안 그곳 그리스도인들과 함께 지냈는데, 그들은 입을 모아 예루살렘에 가지 말라고 간곡하게 만류했다.

하지만 다시 출항한 일행은 돌레마이에 들렀다가 가이사랴로 갔다. 그곳에서는 일곱 집사 중 한 사람인 전도자 빌립의 집에서 며칠을 머물렀다. 빌립에게는 예언하는 네 딸이 있었다. 하루는 유대 지방에서 온 예언자 아가보가 바울의 허리띠를 들고 자기 손발을 묶으면서 말하였다.

"예루살렘에 가면 이 허리띠 임자를 이렇게 결박하여 이방인의 손에 넘길 것입니다."

바울이 체포되어 로마인 총독의 감옥에 투옥된다는 예언을 행동으로 보여준 것이다. 사람들은 그 말을 듣고 바울에게 예루살렘으로 가지 말라고 간곡히 만류하였다. 그러자 바울이 말했다.

"왜 이렇게 울면서 제 마음을 아프게 하십니까? 저는 주 예수를 위해서라면 예루살렘에서 결박을 당하는 것뿐만 아니라 죽을 각오까지 되어 있습니다."

아무도 바울을 막지 못하였다. 가이사랴를 출발한 바울 일행은 육로로 예루살렘으로 갔다.

바울을 죽이려는 폭동 행 21:17-40

바울은 예루살렘에 도착하자 교회의 최고 지도자로 있는 예수님의 동생 야고보를 찾아가 그동안의 일들을 보고했다. 야고보는 하나님께서 이방인들에게 이루신 일들에 대해 하나님을 찬양하며 바울에게 말했다.

"사랑하는 형제여, 당신도 아시다시피 수만 명의 유대인들이 믿게 되었는데, 그들 모두가 율법을 지키는 데에 열성적인 사람들입니다. 그런데 그들이 듣기로는, 이방인들 중에 섞여 살고 있는 유대인들에게 당신은 아이들에게 할례를 주지 말 것이며 우리 관습을 따를 필요도 없다고 가르치고 있다는 말을 들었습니다. 그러니 우리가 어떻게 하면 좋겠습니까? 그들은 당신이 여기 왔다는 것을 알게 되면 당신을 해치려 할지도 모릅니다. 그러니 당신은 우리가 말하는 대로 따르십시오. 먼저 성전에 가서 정결 의식을 행하여 머리를 깎고, 그 비용을 치러 주십시오. 그러면 당신이 유대의 율법을 지키면서 살아가고 있다는 것을 의심하지 않을 것입니다."

바울은 야고보의 말대로 성전에 올라가 정결 의식을 행했다. 정결 의식이 끝나는 이레가 되는 날이었다. 유대인들이 성전에 있는 바울을 보고 소리쳤다.

"저 사람은 율법을 어기는 자요. 더구나 이방인들을 데리고 성전에 들어가서 이 거룩한 곳을 더럽힌 자요."

바울이 이방인을 데리고 성전에 들어갔다는 것은 사실이 아니었다. 거리에서 이방인과 함께 다니는 모습을 본 그들은 틀림없이 그 이방인을 데리고 성전에 들어왔을 것이라고 오해를 한 것이다.

바울은 이미 유대인들의 표적이었다. 그가 에베소 등지의 소아시아 지방에 오래 머물면서 유대인과 이방인에게 예수의 복음을 전하면서 할례를 받지 않아도 된다고 가르친 것과 이방인도 하나님을 믿을 수 있다고 주장한 내용들을 소문으로 들어 잘 알고 있었기 때문이다. 예루살렘에서 학자로 잘 알려져 있는 데다가 예수 믿는 사람들을 박해하는 데 일등공신이었던 바울이었으므로 그의 놀라운 변화를 배신으로 인식하는 유대인들이 많았다.

누군가의 선동으로 수많은 유대인들이 우르르 몰려들어 바울을 해치려 하였다. 하지만 성전에서 피를 흘릴 수는 없는 일이어서 그들은 바울을 밀어붙이며 밖으로 나갔다. 돌로 쳐 죽일 생각이었다.

"죽여 버려라!"

군중은 폭도로 돌변하였다. 성전 밖 예루살렘 거리가 들끓었다. 성전 북쪽에 바짝 붙어 있는 로마군의 안토니아 요새에서 그 광경을 내려다보고 있던 병사가 사태의 심각성을 느끼고 즉시 상부에 보고하였다. 어떤 이유로든 폭동이 일어나면 로마군은 진압해야 할 책임이 있었다. 천부장은 즉각 병력을 지휘하여 출동하였다. 살인이 저질러질 위험성이 있었기 때문에 군인들은 서둘렀다. 바울을 밀어붙이던 군중은 로마군의 위협적인 개입에 주춤하였다. 천부장은 일단 바울을 두 쇠사슬로 묶으라고 명령하였다. 문제의 핵심 인물이 바울이라는 것은 너무나도 뻔했기 때문이다.

"이 사람은 누구이며 무슨 짓을 하였소?"

천부장의 질문에 폭도들 여럿이 한꺼번에 말하는 데다가 군중의 소음이 섞여들어 무슨 소리인지 전혀 알아들을 수가 없었다. 천부장은 이대로 안 되겠다는 판단에서 바울을 요새로 데리고 가라고 명령했다. 바울이 끌려가는 데도 군중은 그를 죽이라고 고함을 치며 따라왔다. 군사들은 바울의 신변 보호를 위해 그를 떠메고 갔다. 계단을 오를 때, 바울이 천부장에게 그가 알아들을 수 있도록 헬라어로 말했다.

"할 말이 있습니다."

천부장은 놀라워했다.

"헬라어를 할 줄 아시는군요. 그러면 당신이 바로 얼마 전에 반란을 일으키고 폭도 4천 명을 이끌고 광야로 도주했던 그 이집트인이오?"

"아닙니다. 나는 유대인이고, 길리기아 다소의 시민입니다. 저 사람들에게 제가 한마디 할 수 있도록 허락해 주십시오."

"좋소. 여기서 말하도록 하시오."

바울은 그자리에서 군중을 향하여 조용히 달라고 부탁한 후 그들의 언어인 아람어로 말하였다. 군중은 그가 무슨 소리를 하는지 듣기 위해 조용해졌다.

바울의 신앙 간증과 법정 재판

그리스도에 의한 변화의 과정 행 22장

"여러분, 저는 여러분과 똑같은 유대인입니다. 길리기아의 다소 출신으로 예루살렘의 대학자 라반 가말리엘의 제자입니다. 저는 가말리엘 선생 밑에서 유대의 율법과 관습에 대해 철저히 교육을 받았고, 오늘 여러분이 보여주신 것과 똑같이 저도 하나님을 열심히 믿어 왔습니다. 저는 예수 믿는 사람들을 잡아 감옥에 넣기도 하고 죽이기도 하였습니다. 저는 대제사장과 법관들로부터 체포 영장을 받아 예수 믿는 사람들을 잡으러 다마스쿠스에 갔었습니다. 그런데 다마스쿠스에 가까이 이르렀을 때였습니다. 홀연히 하늘에서 밝은 빛이 저를 비추더니, 그 빛 속에서 음성이 들려왔습니다. '사울아, 사울아, 어찌하여 네가 나를 핍박하느냐?' 저는 놀라서 물었습니다. '당신은 누구십니까?' 그러자 빛 속에서 다시 음성이 들려왔습니다. '나는 네가 핍박하는 예수다.' 저와 함께 가던 일행은 그 빛은 보았지만 음성은 듣지 못했다고 합니다. 저는 어찌할 바를 몰라 '내가 무엇을 해야 합니까?' 하고 물었습니다. 그러자 주께서 말씀하셨습니다. '일어나 다마스쿠스로 가라. 거기에 가면 앞으로 네가 해야 할 일을 일러 줄 사람을 만나게 될 것이다.' 저는 그 강렬한 빛 때문에 앞을 볼 수 없게 되어서, 함께 가던 사람들이 제 손을 붙들고 다마스쿠스로 들어가야만 했습니다."

청중은 바울의 신비한 이야기를 듣느라 모두들 침묵하고 있었다.

"다마스쿠스에 들어간 지 사흘째 되던 날, 아나니아라는 사람이 와서 제게 손을 얹고 '사울 형제여, 눈을 뜨시오!' 하고 말했습니다. 그러자 바로 그 순간에 저는 그를 볼 수 있게 되었습니다. 그러자 아나니아가 다시 말했습니다. '이제부터 당신은 당신이 보고 들은 것을 사람들에게 말해야 합니다. 하나님이 당신을 선택하셨습니다. 이제 세례를 받고 죄를 씻으시오.' 그 후 예루살렘으로 돌아와 성전에서 기도하고 있을 때, 하나님께서 제게 말씀하셨습니다. '속히 예루살렘을 떠나라. 네가 나를 증거하더라도 그들은 네 증언을 받아들이지 않을 것이다.' 저는 주께 대답했습니다. '주님, 이 사람들은 제가 회당을 돌아다니면서 주님을 믿는 사람들을 잡아다가 감옥에 가두고 매질한 것을 잘 알고 있습니다. 게다가 주님의 증인인 스데반이 피를 흘리고 죽임을 당할 때, 저는 그자리에서 그 일을 승인했고, 그를 돌로 치는 사람들의 겉옷을 지켜주기까지 했었습니다.' 그러나 주께서는 '예루살렘을 떠나라. 나는 너를 멀리 이방 사람들에게 보내겠다.' 하고 말씀하셨습니다."

바울의 말을 여기까지 듣고 있던 유대인들은 일제히 소리를 질렀다.

"이런 자를 살려두어서는 안 된다! 죽여야 마땅하다!"

그들은 미친 듯이 고함을 지르고 옷을 벗어 던지며 흙을 움켜쥐고 공중에 던졌다.

분위기가 살벌해지자 천부장은 바울을 요새로 데려가서 채찍질하고 심문하여 유대인들이 분노하는 이유를 밝혀내라고 명령하였다. 병사들은 즉시 바울을 끌고 가 채찍질하기 위해 가죽끈으로 묶었다. 바울이 옆에 있는 백부장에게 말했다.

"로마 시민을 재판도 하지 않고 채찍질할 수 있소? 그것은 불법이 아니오?"

백부장은 당황하여 급히 천부장에게 가서 보고하였다.

"어떻게 해야 할까요? 저 사람이 로마 시민이랍니다."

"그가 로마 시민이라고?"

천부장이 즉시 바울에게 가서 물었다.

"당신이 정말 로마 시민이오?"

"그렇습니다. 로마 시민입니다."

그러자 파견대장이 말했다.

"나도 시민권을 가지고 있는데, 돈이 꽤 많이 들었소."

바울이 대답했다.

"저는 태어날 때부터 로마 시민입니다."

천부장은 즉시 바울을 묶은 가죽끈을 풀게 하였다. 그는 로마 시민인 바울을 결박하라고 한 것 때문에 자신이 문책을 받을까 봐 겁이 났던 것이다.

다음날, 천부장은 산헤드린 법원에 통보하고 바울을 데리고 가서 그들 앞에 세웠다. 로마 시민이 무슨 일로 유대인들에게 그토록 증오의 대상이 되었는지 사실을 알아보아야 했다.

산헤드린 법정의 바울 행 23:1-11

법정이 열리자 바울이 입을 열었다.

"형제들이여, 나는 지금까지 양심을 따라 하나님을 섬겨 왔습니다…."

그러나 다음 말을 잇기도 전에 대제사장 아나니아가 바울 곁에 서 있는 사람들에게 명령하였다.

"저자의 입을 쳐라."

바울이 즉각 반박하였다.

"나를 때리라니 그게 무슨 소리요? 율법에 따라 재판해야 할 자리에 앉아서 율법을 어기다니오!

당신은 스스로 율법을 어겼소. 그러니 하나님께서 당신을 칠 것이오."

바울 곁에 서 있던 사람들이 바울에게 말했다.

"대제사장을 모욕하다니 그런 언사가 어디 있소?"

바울이 말했다.

"형제들이여, 저는 그가 대제사장인 줄은 몰랐습니다. 성경에 '네 백성의 지도자들을 욕하지 말라.' 하고 씌어 있는 것은 저도 잘 알고 있습니다."

잘못을 시인한 바울은 법관이 바리새인과 사두개인이 주축을 이루고 있음을 잘 아는 터라 지혜롭게 입을 열었다.

"나는 바리새인의 아들이며 바리새인입니다. 내가 이 법정에 선 것은 죽은 자의 부활을 믿는다는 이유에서입니다."

바리새인들은 부활을 믿고 영혼을 믿는다. 그러나 사두개인들은 부활도 영혼도 부인한다. 그래서 바울의 발언은 바리새파와 사두개파 간의 말다툼을 불러 일으켰다.

"부활의 문제라면 저 사람은 죄가 없습니다."

바리새파의 서기관이 소리치자 사두개인 제사장이 받아쳤다.

"그건 말도 안 되는 소리요. 일단 재판을 합시다."

"부활 문제라면 재판의 대상이 아니오."

두 파가 대립하여, 급기야는 고함이 터져 나왔다. 잠깐 사이에 두 파가 극한 대립으로 치달아 마치 싸움판처럼 되었다. 천부장은 이러다가 저 두 파에 의해 바울이 찢겨지지나 않을까 염려되었다. 그는 부하들에게 일러 급히 바울을 호위하여 법정을 나가게 했다.

그날 밤, 꿈속에 주님이 바울 곁에 서시더니 말씀하셨다.

"용기를 내라! 예루살렘에서 네가 나에 대해 증언한 것처럼, 로마에서도 증언해야 한다."

바울은 용기를 얻었다. 언제나 주님이 함께하시며 지켜주실 것이라는 확신이 생겼기 때문이다.

바울 호송 작전 행 23:12-22

유대인들은 포기하지 않았다. 바울이 로마군의 병영에서 보호를 받게 되자 더욱 이를 갈며 죽이고자 작당하였다. 극렬분자 40명이 바울 살해를 위한 조를 짰다. 그들은 대제사장을 찾아가 맹세하였다.

"우리는 바울을 죽이기 전에 아무것도 먹지 않기로 굳게 맹세하였습니다. 그러니 바울에게 더 물을 게 있다고 천부장에게 알려서, 그를 산헤드린 법원으로 데려오게 하십시오. 우리가 매복해 있다가 그를 죽이겠습니다."

그러나 암살조 40명의 매복 정보를 바울의 조카가 미리 알게 되었다. 그는 안토니아 요새로 가서 바울을 면회하여 그 사실을 알렸다. 바울은 백부장에게 부탁하였다.

"이 청년을 천부장에게 데려다 주시오. 중요한 정보를 전할 것이오."

백부장은 바울의 조카를 천부장에게 인도하였다.

"바울이 이 청년을 천부장님께 데려가라고 하였습니다. 무슨 중요한 정보가 있다고 합니다."

천부장은 청년의 손을 잡고 안으로 들어가서 낮은 소리로 물었다.

"중요한 정보라는 게 무엇인가? 바울이 너를 보냈으니 바울과 관계된 것인가?"

"산헤드린 법원이 천부장님께 내일 바울을 다시 보내달라고 요청할 것입니다. 더 조사할 것이 있다고 할 것입니다. 절대로 응해 주지 마십시오. 유대인 40명이 암살조를 만들었습니다. 그들은 바울을 살해하기 전에는 아무것도 먹지 않겠노라고 대제사장에게 맹세하였습니다. 그들이 매복해 있다가 바울을 산헤드린으로 데리고 갈 때 살해할 것입니다. 확실합니다."

천부장은 청년에게 이 정보를 내게 말했다는 사실을 누구에게도 말하지 말라고 당부하고는 돌려보냈다.

총독 벨릭스 앞에 선 바울 행 23:23-35

죄 없는 로마 시민을 유대인들이 그들의 종교와 관련하여 죽이려고 한다는 사실을 알고 있는 천부장은, 바울을 보호하기 위해 특단의 조치를 취하였다. 예루살렘에 머무는 것은 일단 위험하므로 멀리 가이사랴의 총독부로 호송할 계획을 세운 것이다. 그는 백부장 둘을 불러 은밀하게 지시하였다.

"오늘 밤 아홉 시에 가이사랴로 출발할 수 있도록 보병 200명과 창병 200명, 기병 70명을 대기시켜라. 바울을 말에 태워 벨릭스 총독에게 호송할 것이다. 내가 총독 각하께 편지를 써 줄 테니 전하도록 하라."

편지 내용은 이러했다.

예루살렘 안토니아 요새의 천부장 글라우디오 루시아는 총독 벨릭스 각하께 문안드립니다. 호송해 간 바울이라는 사람은 로마 시민입니다. 유대인들이 그를 증오하여 죽이려는 것을 구해서 보호하였습니다. 무슨 일로 유대인들이 그를 살해하려 하는지 알기 위해 그를 법정으로 데리고 갔으나 알고 보니 그들의 율법 문제였습니다. 저의 조사 결과, 바울에게는 죄가 없습니다. 그런데도 유대인들은 40명의 암살조직을 만들어 결사적으로 바울을 살해하려 합니다. 유대인들에게는 바울에 대해 고소할 게 있으면 총독 각하께 하라고 통지하였습니다.

세계 최정예의 로마 군인 470명의 호위를 받으며 예루살렘을 야밤에 떠난 바울 일행은, 그날 밤 안디바드리에 도착했다. 다음날 아침 보병과 창병은 예루살렘으로 돌아가고, 70명의 기병이 바울을 호송하여 가이사랴로 갔다.

총독 벨릭스는 이집트 여왕 클레오파트라의 손녀를 아내로 맞이하였고, 사도 야고보를 죽이고 베드로도 죽이려다 급사한 헤롯 아그립바 1세의 딸 드루실라를 세 번째 부인으로 맞았다. 그는 천부장 글라우디오 루시아의 편지를 읽고 바울을 앞에 세웠다.

"그대는 어디 출신인가?"

"길리기아의 다소에서 태어났습니다."

"예루살렘에서 당신을 고소하는 사람들이 오면 그때 재판을 열도록 하겠다."

총독은 헤롯 궁 안에 바울을 가둬 두고 지키라고 명령을 내렸다.

총독의 재판과 바울의 상소

고소와 변호 행 24:1–23

닷새 후, 바울을 고소하겠다는 무리들이 예루살렘에서 가이사랴로 왔다. 대제사장 아나니아와 장로들, 그리고 더둘로라는 법률가였다. 총독은 바울을 불러들여 재판을 시작하였다. 먼저 더둘로가 바울을 다음과 같이 고소했다.

"벨릭스 총독 각하, 우리 유대인들은 각하 덕분에 오랫동안 평화를 누려 왔습니다. 각하의 탁월한 지도력으로 이 나라의 많은 것들이 크게 개선되었습니다. 우리는 모든 면에서 탁월하신 총독 각하에 대해 늘 깊이 감사드리고 있습니다. 이제 각하를 오래 괴롭히지 않고자 이 사람에 대한 고소의 줄거리만을 간략하게 말씀드리고자 하오니 잠시 들어 주시기 바랍니다. 이 사람은 온 세상을 돌아다니며 유대인들을 충동질하여 반란을 일으키려고 하는 말썽쟁이입니다. 이 사람은 나사렛 예수당의 우두머리로 성전까지 더럽히려고 하였고, 우리가 그를 체포했던 것도 그 때문입니다. 각하께서 친히 이 사람을 심문해 보신다면, 우리의 고소가 정당하다는 것을 아시게 될 것입니다."

더둘로의 말이 끝나자 다른 유대인들은 입을 모아 더둘로의 말이 사실이라고 주장했다. 총독이 바울에게 말할 기회를 주자, 바울이 말했다.

"제가 예루살렘에 간 지 열이틀이 되었는데, 그 동안 저는 성전에서 누구와도 말한 적이 없습니다. 저를 고발한 사람들은 회당이나 성읍의 어느 곳에서도 제가 군중을 선동하는 것을 본 적이 없습니다. 그러니 이 사람들은 저를 고소한 내용에 대해 어느 것도 입증할 수가 없을 것입니다. 그러나 저는 각하 앞에서 이것만은 인정합니다. 저는 이 사람들이 이단이라고 부르는 '예수의 도'를 따르고 있습니다. 그 도에 따라 저는 우리 조상들의 하나님을 섬깁니다. 저는 유대의 율법과 예언서에 기록된 모든 것을 믿습니다. 저는 이 사람들과 마찬가지로 올바른 사람이나 불의한 자들이나 장차 부활하게 될 것을 믿습니다. 이런 까닭에 저는 하나님 앞에서나 사람들 앞에서 언제나 양심에 부끄러움이 없는 생활을 하려고 애쓰고 있습니다. 이 사람들이 저를 미워하여 죽이려고 하는 것은, 제가 죽은 자의 부활을 믿기 때문입니다."

총독도 예수 그리스도의 부활과 그리스도의 추종자들인 그리스도인에 대해 많은 정보를 갖고 있었다. 그러나 그 종교의 핵심 인물을 만난 것은 처음이어서 바울을 통해 자세히 듣고 싶은 마음이 들었다. 총독이 말했다.

"오늘은 이만 하지요. 천부장 글라우디오 루시아가 예루살렘에서 오면 그때 판결할 테니 오늘은 모두 돌아가시오."

총독은 바울을 가두어 두되 누군가 바울을 찾아오면 면회를 허용해 주고, 뒷바라지를 하도록 편의를 봐주라고 일렀다. 가이사랴에는 집사 빌립을 비롯하여 많은 그리스도인이 살고 있었다. 바울이 여러 날 묵은 적도 있었다. 베드로를 통해 성령을 받은 백부장 고넬료와 그의 친지들도 가이사랴에 살고 있었다.

총독 부부에게 전도 행 24:24-27

며칠 후 총독은 바울을 불러냈다. 그 자리에는 사도 야고보를 죽인 헤롯 아그립바 1세의 딸로 총독의 아내가 된 드루실라도 있었다. 그들은 바울에게서 예수 그리스도에 관해 듣고 싶어하였다. 얼마나 좋은 기회인가. 바울은 예수 그리스도의 죽음과 부활과 승천에 대해 이야기해 주었다. 예수님이 가르치신 중요한 교훈도 전했다. 하늘로 올라가신 주께서는 다시 이 땅에 오실 것이며, 그 때에는 온 천하를 심판하실 것이라고도 하였다. 심판한다는 말에 총독은 두려움을 느꼈다.

"오늘은 그만하면 되었으니, 가 보시오. 기회를 봐서 당신을 다시 부르겠소."

그 후에도 벨릭스 총독은 여러 차례 바울을 불러 복음을 들었다. 그러나 복음을 받아들이지도 않았고 그를 석방하지도 않았다. 혹 뇌물이라도 많이 줄까 하고 기대하는 눈치였다. 바울이 마음만 먹으면 가이사랴의 교회가 후원할 테지만, 바울은 전혀 그럴 의사가 없었다. 총독은 그가 총독에서 물러나기까지 2년 동안이나 공연히 바울을 가이사랴에 가두어 두었다.

12대 총독 베스도 행 25:1-12

A.D.60년, 열두 번째 총독 베스도가 벨릭스의 후임으로 가이사랴에 부임하였다. 그는 부임한 지 사흘 만에 예루살렘으로 갔다. 대제사장을 비롯한 고위층 유대인들이 새 총독이 예루살렘으로 오자 즉시 방문하였다. 그들은 바울을 당장 예루살렘으로 보내 달라고 요구했다.

"각하께서 우리에게 호의를 베푸시어 말썽 많은 바울을 예루살렘으로 보내 주십시오. 우리의 산헤드린 법원에서 그를 재판해야 합니다. 그것이 그 죄수 문제를 합리적으로 매듭짓는 것입니다."

그들은 바울이 호송되어 오는 길에 매복해 있다가 그를 죽일 계획이었다. 베스도는 바울에 관한 보고를 이미 상세하게 들은 터여서, 다른 결정을 내렸다.

"바울이 현재 가이사랴에 구금되어 있는 데다가 나 또한 곧 돌아가야 하니 고소할 사람들이 나와 함께 가이사랴에 가도록 합시다. 거기에서 재판하는 게 좋겠소!"

열흘 쯤 그곳에서 지낸 후 총독이 예루살렘을 떠났다. 가이사랴에 도착한 다음 날, 총독은 바울을 법정에 세웠다. 법정에서는 예루살렘에서 함께 온 산헤드린의 고소인들이 열변을 토하며 바울의 죄를 나열하였다. 그러나 그들은 어느 죄목에도 증거를 대지는 못했다. 자신을 변호할 차례가 오자 바울이 말했다.

"저는 유대인의 율법을 어긴 일도 없고, 성전을 모독하거나 더럽힌 적도 없습니다. 로마의 법을 어긴 적도 전혀 없습니다."

그러나 총독은 새 부임지의 대제사장을 비롯한 지도층 인사와 그 백성에게 환심을 사고 싶었다. 그래서 유대인들이 요구한 대로 제안하였다.

"바울, 예루살렘의 산헤드린에 가서 이 사건의 재판을 받는 게 어떻소?"

바울은 그것이 유대인들의 음모라는 것을 직감으로 알 수 있었다. 주님은 그가 로마에 가서 황제에게 재판을 받게 될 것임을 일찍이 알려주셨다. 로마 시민에게는 황제에게 상소하여 재판 받을 특권이 있었다.

"각하께서도 아시는 대로 저는 유대인에게 추호도 죄 지은 게 없습니다. 만일 제가 사형받을 만한 죄를 지었다면 저는 죽음을 피하지 않을 것입니다. 그러나 유대인들이 고발한 내용이 사실이 아니라면, 어느 누구도 저를 이 사람들에게 넘겨주어서는 안 됩니다. 저는 황제에게 상소합니다!"

뜻밖의 상소였다. 황제에게 상소를 한다면, 상황이 전혀 달라진다. 총독은 배석자들과 잠시 의논한 후, 바울의 뜻을 받아들였다.

"좋소. 당신이 황제에게 상소했으니, 당신을 로마의 황제에게로 보내겠소!"

베스도와 아그립바 2세 행 25:13-27

이튿날 헤롯 아그립바 2세가 누이 버니게와 함께 가이사랴의 베스도 총독을 방문하였다. 부임을 축하하기 위해 온 것이었다.

사도 야고보를 처형한 헤롯 아그립바 1세의 아들인 그는, 로마 황제의 명으로 한때 팔레스타인 북부 지역의 분봉왕이었다가 지금은 요단 강 동편 지역의 왕이었다. 그의 누이 버니게의 자매인 드루실라는 베스도의 전임 총독 벨릭스의 세 번째 아내였다.

베스도 총독은 아그립바 2세 남매를 극진히 대접하였다. 대화 중에 2년이나 감옥에 갇혀 지내는 바울이 화제로 떠올랐다.

"벨릭스가 제게 넘겨주고 간 죄수 한 사람이 있습니다. 제가 예루살렘에 갔을 때, 대제사장과 장로들이 그를 고발하면서 처형해 달라고 요구해 왔습니다. 저는 그들에게, 고발자들 앞에서 자기를 변호할 기회도 주지 않은 채 유죄 선고를 내리는 것은 로마의 관례가 아니라고 대답해 주었습니다. 유대인들이 바울을 고소하러 여기까지 따라왔을 때, 저는 그 다음날로 재판을 열고 바울을 법정으로 불러냈습니다. 그러나 그들의 고소 내용이 내 예상과는 전혀 달랐습니다. 그들 자신의 종교적인 문제와 예수라는 죽은 사람에 대한 일이었는데, 바울은 예수가 살아 있다고 주장했습니다. 저는 그런 문제를 어떻게 처리해야 할지 몹시 난처했습니다. 그래서 예루살렘에 가서 재판받을 생각이 없느냐고 물었습니다. 그러자 바울은 황제에게 상소를 했습니다. 저는 황제에게 보낼 준비가 될 때까지 그를 다시 감옥에 가두어 두라고 명령했습니다."

베스도의 말을 들은 아그립바 2세는 바울에게 관심을 보였다.

"그의 말을 내가 직접 들어 보고 싶소."

베스도가 대답했다.

"그럼 내일 그를 만나 들어 보도록 하십시오."

이튿날 아그립바와 버니게는 화려한 옷을 갖춰 입고 그 도시의 유지들과 함께 법정으로 들어갔다. 베스도의 명령으로 바울이 끌려 나왔다. 총독이 바울을 가리키며 말했다.

"아그립바 왕이여, 그리고 함께 자리하신 여러분, 저 사람 바울은 유대인들이 죽여야 된다고 고소하여 여기에 갇혀 지내고 있습니다. 나도 그를 심문해 보았으나 죽일 만한 죄를 발견하지 못하였습니다. 바울이 황제 폐하께 상소하였으므로 나는 그를 로마로 보내기로 결정하였습니다. 그런데 죄수를 황제 폐하께 보내며 죄목도 정하지 못하였으니 상소문에 쓸 만한 내용이 없습니다. 그래서 이 자리에 그를 세웠습니다. 아그립바 왕께서 그를 심문하시게 되면, 황제 앞에 써야 할 내용의 근거가 나올 것이라고 생각합니다. 죄목을 구체적으로 제시하지도 않고 죄수를 황제에게 보낸다는 것은 문제가 있지 않겠습니까?"

바울을 재판하는 헤롯 아그립바 2세 행 26장

전 총독 벨릭스도 바울의 무죄를 알고 있었다. 후임 총독 베스도 역시 바울의 죄목조차 결정하지 못하여 난감해하고 있었다. 그러면 왜 전임 총독은 그가 로마로 돌아가기까지 2년 동안 바울을 억류해 두었을까.

처음에 그는 뇌물을 기대하였지만 시간이 흐르면서 바울을 석방하게 되면 큰 문제가 생길 것이라는 염려와 불안 쪽으로 생각이 바뀌게 되었다. 그를 석방하면 유대인들의 반발을 사서 사사건건 대립과 마찰이 일어날 것이 뻔했다. 유대인들의 반발이 폭동으로 번질 가능성도 있었다. 그렇게 되면 유대 사회의 치안을 책임진 총독의 신분이 유지되기 어렵다. 그런 이유에서 바울을 죄목도 없이 2년 동안이나 붙잡아 두었다가 후임자에게 짐을 떠넘긴 셈이었다.

부임하자마자 바울의 문제가 유대 지도층에 의해 불거지자 베스도 총독은 여간 난감한 게 아니었다. 석방하자니 유대인들과의 충돌이 걱정되었고, 로마 시민으로서 황제의 재판을 받게 해달라는 바울의 요구에 따르자니 죄목도 정하지 못한 채 로마로 보낼 수가 없는 노릇이었다. 베스도에게는 죄 없는 죄수 바울이 골칫거리였다. 그럴 때 헤롯 아그립바 왕이 온 것은 얼마나 다행인가. 그가 무죄판결을 내려 석방한다면 총독에게 화살이 날아올 일은 없어진 셈이다. 유죄판결을 내리면 그 죄목으로 황제에게 상소하면 된다. 베스도 총독이 바울의 문제로부터 자유로워질 수 있는 절호의 기회가 아닐 수 없었다.

"바울, 너 자신을 위하여 하고 싶은 말이 있으면 하라."

헤롯 아그립바가 재판장의 자격으로 말하였다. 바울에 대해 충분한 정보를 갖고 있는 아그립바로서는 심문할 내용이 마땅치 않았기 때문에 먼저 변론의 기회를 준 것이다.

"아그립바 왕이며, 기회를 주셔서 감사합니다. 당신은 유대인의 풍속과 종교에 대해 누구보다 잘 아시므로 너그러이 들어주십시오."

헤롯 왕가는 야곱의 쌍둥이 형 에서의 후손으로 이방인이지만 유대교로 개종한 가문이며, 아그립바의 증조할아버지 시절부터 4대에 걸쳐 유대인과 함께 살아왔고 유대인을 통치해 왔으므로 사실상 유대인이었다. 그러니 로마 출신 총독보다는 바울 자신의 진술을 깊이 이해해 줄 것이라고 전제를 한 것이다.

"저를 고소한 사람들을 비롯하여 많은 유대인들이 저를 잘 알고 있습니다. 저는 바리새파 사람으로 엄격한 율법주의자였고, 율법에 관한 한 유대 사회에서 인정받는 학자였습니다. 나사렛 사람 예수의 처형 사건 이후 저는 그의 부활을 주장하는 사람들을 제거하는 데 앞장섰습니다. 심지어 대제사장의 위임을 받아 시리아의 다마스쿠스에서 예수 믿는 사람들을 잡아 오려고 원정길에 오르기도 하였습니다. 다마스쿠스 성이 저만치 보이는 곳에 이르렀을 때였습니다. 정오 무렵이었지요. 태양보다 더 눈부신 빛이 하늘에서 내려오더니 저와 제 일행을 두루 비추었습니다. 저희는 그만 모두 땅에 엎어지고 말았습니다. 바로 그때 저에게는 아람어로 다음과 같은 소리가 들렸습니다. '사울아, 사울아, 왜 네가 나를 박해하느냐? 가시 돋친 채찍에 발길질을 하면 너만 다칠 뿐이다.' 제가 '당신은 누구십니까?' 하고 묻자, 주님이 대답하셨습니다. '나는 네가 박해하는 예수다. 일어나 네 발로 굳게 서라. 내가 네게 나타난 것은 너를 내 종으로 삼아, 네가 나를 본 것과 내가

장차 네게 보여줄 일들에 대해 증인으로 삼기 위해서이다. 내가 너를 네 동족과 이방인들 속에서 건져 내리라. 나는 너를 그들에게 보내어 그들의 눈을 뜨게 하고, 그들을 어둠에서 빛으로, 사탄의 권세에서 하나님께로 돌아오게 하려고 한다. 그들이 죄사함을 받고 나를 믿게 함으로써 거룩하게 된 사람들 가운데에 서게 하려고 한다.' 그 후부터 저는 다마스쿠스와 예루살렘과 유대 온 땅과 이방 땅을 두루 다니며, 회개하고 하나님께 돌아오라고 설교를 했습니다. 유대인들이 성전에서 나를 잡아 죽이려고 한 것도 바로 그런 이유입니다. 저는 하나님의 도우심으로 오늘도 선지자들과 모세가 예언한 그대로 예수 그리스도의 부활과 구원을 전하게 되었습니다."

총독이 큰 소리로 말했다.

"바울, 당신은 미쳤구려! 배운 것이 너무 많다 보니 정신이 돌아 버렸어!"

바울이 대답했다.

"총독 각하, 제가 미친 게 아닙니다. 맑은 정신으로 진실을 말한 것뿐입니다. 아그립바 왕이여, 왕께서는 제가 한 말을 이미 다 알고 계십니다. 이 일은 어느 한구석에서 은밀하게 벌어진 일이 아니라서 천하가 다 알고 있습니다. 왕께서도 선지자들을 믿으시지 않습니까?"

왕이 입을 열었다.

"그대는 그 말 몇 마디로 나를 설득하여 그리스도인이 되게 할 수 있으리라고 생각하오?"

바울이 대답하였다.

"아그립바 왕이여, 저는 전하뿐만 아니라 오늘 제 말을 듣고 있는 모든 분들이, 쇠사슬에 묶인 처지인 것만 제외하고는 저와 같은 사람이 되기를 하나님께 빕니다."

바울에게 무엇을 묻겠으며 무슨 말을 더 듣겠는가? 총독과 왕과 버니게는 자리에서 일어섰다. 재판은 판결 없이 끝났다. 법정에서 나가며 아그립바가 총독에게 말했다.

"바울은 무죄군요."

총독도 동의한다는 듯 침묵이었다.

"바울이 황제에게 상소하지 않았더라면 석방해도 될 걸 그랬습니다."

못내 아쉽다는 투였다.

로마로 가는 바울의 뱃길

험난한 항해 행 27:1–20

총독은 백부장 율리오를 죄수 호송 책임자로 임명했다. 이탈리아로 가는 배에는 바울과 다른 죄수 몇 사람이 동승했다. 바울의 두 번째 선교 여행에 동반자였던 의사 누가도 그 배에 탔다.

지중해는 평소에 편서풍이 분다. 그러나 겨울이 가까워지면 유라굴로라는 태풍이 불어와서 항해하는 뱃사람들을 위협한다. 호송 책임을 맡은 백부장 율리오는 일단 작은 상선을 이용하여 지중해 동해안을 따라 북상하는 배를 탔다. 알렉산드리아로 가서 로마로 가는 큰 곡물 수송선을 타는 것이 가장 안전하고 편하지만 그 배도 일단은 지중해 동해안을 따라 항해하다가 서쪽으로 방향을 바꾸기 때문에 소아시아 연안의 항구에서 그 배로 갈아탈 계획이었다.

다음날 배는 가이사랴 북쪽의 해안 도시 시돈에 정박했다. 시돈은 페니키아의 중요한 항구 도시였다. 백부장 율리오는 바울에게 친절을 베풀어 시돈에 있는 친구들과 만날 수 있도록 허락하였다.

스데반의 순교 이후 그리스도인들은 여러 곳으로 흩어졌으며, 그들이 머문 곳마다 복음이 전해졌다. 시돈에도 교회가 세워져 있었다. 시돈의 교회는 바울 일행을 환대하였다.

다시 출항한 배는 바람 때문에 어려움을 겪으면서 간신히 북서쪽에 있는 항구 도시 무라로 갔다. 지금의 터키 남서쪽에 위치한 무라 항은 알렉산드리아에서 로마로 가는 대형 무역선들의 중요한 경유지였다. 당시 로마의 지배하에 있던 이집트의 알렉산드리아와 로마를 왕래하는 곡물 수송선은 국가가 관리할 만큼 중요하였다.

예정대로 무라 항에서 알렉산드리아를 출항한 곡물 수송선 이탈리아호를 만나 바울 일행이 승선하였다. 승선 인원만도 276명에 달하는 대형 선박이었으므로 웬만한 풍랑쯤은 헤쳐 나아갈 수 있는 배였다. 무라를 출항한 이탈리아호는 북서풍을 만나 많은 어려움을 겪었다. 순풍을 만나면 하룻길인 니도 항에 이르는 데에 여러 날이 소요되었다. 거기서 바람이 멎기를 기다리던 배는 계속되는 북서풍을 뚫고 항해를 계속하였다. 괴로운 항해였다. 배는 남서 방향을 잡고 고난의 항해를 계속하여 그리스의 남단 100km쯤에 있는 큰 섬 크레타의 동부를 지나 섬의 남쪽에 위치한 미항美港에 정박하였다. 미항은 풍광이 미려하여 붙여진 이름이다. 크레타 섬은 동서 250km에 남북 10-50km나 되는 바다 한복판의 큰 섬이어서, 지중해를 항해하는 선박에게 매우 중요한 섬이다.

이탈리아호의 원래 항로는 소아시아 남서에 있는 니도 항에서 크레타 섬의 북쪽 연안을 따라 서쪽 방향으로 운행하는 것이었다. 그런데 이렇게 섬의 동남쪽 해안을 따라 항해한 점으로 보아 이번 항해가 얼마나 힘들었는지 알 만하다.

미항에 정박해 있는 동안 속죄일을 맞이하였다. 유대인의 금식 기간이었다. 이제부터의 문제는 항해 불가능한 때가 왔다는 것이다. 지중해는 9월 14일부터 다음 해 3월까지는 바람 때문에 항해가 위험하다. 특히 11월 11일 이후의 항해는 자살행위나 마찬가지였다. 태풍의 계절이기 때문이었다. 그런데도 선장과 화물 주인은 출항을 준비하는 것이었다. 바울이 그들을 설득하였다.

"지금 출항하는 건 대단히 위험합니다. 배와 화물을 잃어버리기 쉬울 뿐 아니라 목숨마저 위험할 수 있습니다. 겨울 동안에는 여기에 머물렀다가 날씨가 완전히 좋아진 다음에 출항하는 것이 좋을 것 같습니다."

선장과 선주는 백부장 율리오를 설득하였다. 국가가 관리하는 곡물선이어서 결정권은 백부장에게 있었기 때문이다. 백부장은 그들의 말을 듣고 출항을 결행하였다. 미항은 겨울을 나기에는 불편하니, 이왕이면 뵈닉스 항에 가서 머물자고 한 것이다. 뵈닉스는 크레타 섬의 남부에 위치한 항구로 미항에서 서쪽으로 65km에 불과하다. 뵈닉스는 서남쪽과 서북쪽만 트여 있는 곳이어서 겨울을 나기에는 좋은 조건을 갖추고 있었다.

마침 남풍이 순하게 불어왔다.

"자, 이럴 때 출항하면 어렵지 않게 오늘 중으로 뵈닉스에 도착하겠군. 서두릅시다."

선장과 선주는 힘이 나서 백부장에게 말했다.

닻을 감았다. 여러 날 만의 항해였다. 이대로 남풍이 불어주기를 기대하며 해안을 끼고 서쪽을 향해 출항하였다. 그런데 어찌된 일인가. 얼마 못 가서 바울의 충고가 적중하고 말았다. 바람이 갑작스럽게 북동풍으로 바뀌었다. 더구나 거센 소용돌이를 일으키는 광풍이었다. 지중해의 태풍 유라굴로였다.

배는 바람에 밀려 제멋대로 표류하여 통제가 되지 않았다. 당장이라도 파선될 위기였다. 배가 가우다라는 조그마한 섬 뒤로 밀려들자, 선원들은 간신히 거룻배를 갑판 위로 끌어올려 밧줄로 동여맸다. 배가 파선되면 거룻배라도 타야 하기 때문이었다.

죽을 힘을 다한 태풍과의 한판 싸움이 벌어졌다. 주변 어딘가에 있을 바닷속 모래톱에 배가 걸리면 좌초되고 파선될 것이므로 배의 여러 가지 도구들을

바다에 던졌다. 가급적 최대한으로 선체의 중량을 줄여보려는 안간힘이었다.

선원들은 모든 수단과 방법을 다하였다. 하지만 풍랑은 더욱 기승을 부렸다. 다음날이 되자 선원들은 화물을 바다에 버렸다. 사흘째가 되자, 배 안의 여러 기구들마저 다 버렸다. 이제는 더 이상 할 일이 없었다. 낮인데도 먹구름이 뒤덮여 어두웠다. 속수무책으로 죽는 시간을 기다리는 신세가 되고 말았다. 배멀미가 심한 데다가 음식을 장만할 여건이 안 되어 선장을 비롯한 276명이 먹지도 마시지도 못하는 상황이어서 모두들 기진맥진하여 쓰러져 있었다.

위기 속의 위로 행 27:21–32

태양 없는 낮과 별 없는 밤이 계속되었다. 낮에는 태양을 보고 밤에는 별을 보고 항해하던 시절이었으니, 그들은 자신들이 지금 어디에서 표류하고 있는지조차 몰랐다. 거센 바람은 끝없이 휘몰아쳤다.

"여러분, 내 말을 듣고 미항에서 떠나지 않았더라면 이런 위험과 피해를 입지 않았을 것입니다. 그러나 이제 안심하십시오."

풍랑이 조금 덜한 틈을 타서 바울이 사람들 가운데 서서 말하였다.

"배는 못 쓰게 되어도 모두의 생명은 안전할 것입니다. 내가 믿는 하나님께서 어젯밤 천사를 보내어 내게 말씀해 주셨습니다. '두려워하지 말아라, 바울아. 너는 틀림없이 황제 앞에서 재판을 받게 될 것이다. 하나님께서는 은혜롭게도 너와 함께 항해하는 모든 사람의 생명을 너에게 맡겨 주셨다.' 그러니 여러분, 용기를 내십시오. 나는 하나님을 믿습니다. 하나님께서 일러주신 그대로 이루어질 것입니다. 우리는 어떻게든지 섬에 닿게 될 것이오."

표류한 지 14일째 되던 날 밤이었다. 선원들은 한밤중에 배가 육지와 가까워졌다는 것을 알아챘다. 밤이어서 육안으로는 확인되지 않았으나 오랜 경험으로 미루어 그 사실을 알 수 있었다. 선원들은 어둠 속에서 추를 내려 물의 깊이를 측정해 보았다. 해저가 36m쯤 되었다. 조금 지나서 다시 측정해 보니 27m였다. 조금 더 육지 쪽으로 밀려가면 암초에 걸릴 위험이 있었다. 배가 더 이상 움직이지 못하도록 닻을 네 개나 내려 고정시키는 작업을 서둘렀다.

그 틈을 타서 선원들 몇 사람이 거룻배를 내려 도망치려고 하였다. 그렇게 되면 다른 사람들은 육지에 상륙할 수단을 잃고 만다. 거룻배를 이용해 자기들만 살아남겠다는 얄팍한 의도였다. 바울이 이 사실을 알아차리고 백부장과 병사들에게 말했다.

"선원들이 배를 떠나면 당신들은 모두가 죽게 될 것이오."

그러자 병사들이 밧줄을 끊어서 거룻배를 떨어뜨렸다.

파선破船 행 27:33–44

먼 동이 트기 시작했다. 바울이 사람들에게 말했다.

"여러분은 긴장 속에서 마음을 졸이느라 음식을 입에 대지 않은 지가 열나흘이나 됩니다. 이제는 음식을 좀 드시도록 하십시오. 여러분은 머리카락 하나도 잃지 않을 것이오."

바울은 사람들 앞에서 빵을 들고 하나님께 감사의 기도를 올린 후 먹기 시작했다. 그제서야 마음이 놓였는지 모두들 음식을 먹었다. 힘을 얻은 그들은

곡물을 바다에 던졌다. 배가 가벼워져야만 상륙할 수 있기 때문이다. 선원들은 닻을 끊어 버리고 돛을 달아서, 바람을 타고 배가 해안으로 움직이게 하였다. 그러나 두 물길이 합류하는 곳에서 뱃머리가 모래톱에 얹혀 버리고 말았다. 배는 움직이지 않았다. 거센 물결로 배의 후미가 파선되었다.

"죄수들이 헤엄쳐 도망칠 것입니다. 어떻게 할까요? 아예 죽이는 게 좋지 않겠습니까?"

병사들이 제안했지만, 백부장 율리오는 그들의 계획을 만류했다. 바울을 살리고 싶었기 때문이었다.

"자, 이제부터 헤엄칠 수 있는 사람은 먼저 뭍으로 올라가라. 헤엄칠 자신이 없는 사람은 널빤지나 부서진 배 조각에라도 매달려서 어떻게든지 뭍에 올라가라."

그리하여 모두가 무사히 뭍으로 올라갔다.

로마에 간 바울과 그의 편지들

멜리데 섬에서 석 달 행 28:1–10

그들이 상륙한 섬은 멜리데였다. 사람들은 몹시 지쳐 있었다. 추위에 온몸이 오들오들 떨렸다. 더구나 비가 내리고 있었다. 다행스럽게도 섬의 원주민들이 친절하게 대해 주었다. 모닥불을 피워서 옷을 말리도록 도와주었다.

바울이 마른 나뭇가지를 한 아름 안아다가 불 속에 넣었다. 그런데 나뭇가지 속에 있던 독사 한 마리가 뜨거운 불기운에 놀라 튀어나오더니 바울의 손에 달라붙었다.

섬사람들은 독사가 바울에게 달라붙은 것을 보더니 수군거렸다.

"이 사람은 살인자가 틀림없어! 바다에서는 살아났지만 정의의 여신이 결코 살려 두지 않을 거야."

바울은 태연하게 독사를 손에서 떼어서 불 속으로 던졌다. 원주민들은 계속 바울을 주목하였다.

세계의 중심 로마!
로마에 복음의 씨앗이
떨어지면 그 확산 속도가
놀라울 거야. 바울이 바로
그렇게 생각했었지.

곧 몸이 부어오를 것이며, 독사의 독이 몸에 번져 죽을 것으로 여겼다. 그러나 시간이 흘러도 바울의 몸에서는 아무런 변화도 일어나지 않았다. 원주민들은 이해할 수 없는지 눈을 휘둥그렇게 떴다. 그도 그럴 것이 독사에 물리면 금방 죽는다는 것을 그들은 경험으로 알고 있었기 때문이다. 시간이 흘러도 독사에 물린 티도 안 나는 바울을 지켜보던 원주민들이 수군거리더니 이윽고 확신이라도 든 듯 큰 소리로 말했다.

"저 사람은 신이야. 신이 아니라면 벌써 죽었을 거야."

놀라움과 숭배의 시선이 바울에게 집중되었다.

원주민 추장 보블리오는 그 근처에 토지를 갖고 있었다. 그는 바울과 누가 등 일행을 초대하여 거처를 마련해 주었다. 추장의 부친은 열병에다 이질까지 겹쳐 몹시 신음하며 누워 있었다. 바울이 그 방에 들어가서 기도하고 안수하자 병이 씻은 듯이 나았다. 그러자 그 소문이 원주민들 사이에 빠르게 번졌다. 많은 환자들이 바울을 찾아오기 시작했다. 바울은 그들 모두를 기도와 안수로 고쳐 주었다. 덕분에 원주민들의 대우가 극진하였다.

마침내 로마에 행 28:11-31

섬에서 석 달을 지낸 후, 바울 일행은 알렉산드리아의 배인 디오스구로호를 타고 로마를 향해 떠났다. 추장을 비롯한 주민들은 작별을 아쉬워하며 여행에 필요한 온갖 물건을 배에 실어 주었다.

배는 수라구사에서 사흘, 레기온에서 하루를 묵은 후 이탈리아 반도의 나폴리 만에 있는 항구 보디올에 이르렀다. 거기에는 그리스도인들이 적지 않아서 바울 일행을 반갑게 맞아 주었다. 바울은 그곳에서 이레를 묵은 다음, 육로로 로마를 향했다. 로마까지는 갈 길이 멀었지만, 가는 곳곳마다 그리스도인들이 마중을 나와 바울의 마음을 흐뭇하게 해주었다.

로마가 가까워질수록 바울의 가슴은 뜨거워졌다. 당시, 로마는 세상의 중심지였다. "모든 길은 로마로 통한다."는 말이 있을 정도로 도로가 잘 발달되어 있었지만, 무엇보다도 로마가 지배한 세상에는 국경이 없었고, 여행이 자유로웠다. 사통팔달 통하지 않는 곳이 없는 로마에 복음의 씨앗이 떨어진다면 그 확산 속도는 놀라울 정도가 될 것이었다. 바울은 일찍부터 마음속으로 로마를 주목해 왔고, 로마에 갈 날을 손꼽아 기다려 왔다.

물론 로마에는 바울이 도착하기 전부터 그리스도교가 자리를 잡고 있었다. 오순절 성령 강림의 날 이후, 로마에 살고 있던 유대인들이 유월절에 명절을 지내러 예루살렘에 왔다가 복음을 생생하게 전해 듣고 세례를 받아 신자가 되었던 것이다. 그들이 씨가 되어 로마에 복음을 전했고, 마침내 교회가 탄생했던 것이다.

바울은 땅끝까지 복음을 전해야 한다는 강한 소망을 품고 있었고, 당시의 '땅끝'은 서바나, 곧 스페인이었다. 스페인까지 복음이 구석구석 미치게 하려면 로마 교회가 발판이 되어 주어야 했다. 바울은 세 번째 전도 여행의 끝 무렵, 소아시아의 에베소에서 3년 정도 전도하며 목회를 하다가 마케도니아를 거쳐 그리스의 고린도에서 3개월 정도 머물 당시에 로마 교회에 편지를 썼다. 오늘날 '로마서'로 알려져 있는 이 편지에는 그리스도교 사상의 핵심이 명확하고 체계적인 문장으로 명쾌하게 펼쳐진다.

'바울 복음'이라고 불려질 만큼 그리스도교 복음의 정수가 잘 소개된 이 편지에서 바울은 구원의 길은 "율법을 얼마나 잘 지키느냐에 달려 있는 것이 아니라 예수 그리스도를 믿는 믿음 안에서 하나님과 화목을 이루는 것"에 달려 있다고 설파하였다.

바울은 이 편지를 겐그레아 교회의 신실한 여성도인 뵈뵈를 통해 로마 교회에 전달하게 했지만, 아직껏 로마 교회를 방문하지 못하고 있었다. 그런데 이제 죄수의 신분으로 마침내 대제국의 심장부인 로마에 들어서게 된 것이다.

마침내 로마에 도착하자 죄수들은 모두 감옥에 갇혔다. 하지만 바울은 병사 한 명을 딸려 보내 따로 집을 얻어 지낼 수 있게 해주었다. 사람들을 만나는 것도 허락되었다.

로마에 도착한 지 사흘 후, 바울은 로마에 사는 유대인 사회의 지도자들을 불러 모았다. 그들이 모이자 바울이 말했다.

"나는 죄수의 신분으로 로마에 왔습니다. 내가 율법이나 우리 동족을 배척한 일이 없는데 예루살렘에서 동족들이 나를 총독에게 고소하였습니다. 총독이 나를 재판했지만 죄가 없으므로 석방하려 하였습니다. 하지만 동족들은 이 결정에 반대하고 나를 죽이려고 해서 하는 수 없이 황제에게 상소한 것입니다. 오늘 내가 여러분을 여기 오시라고 한 것은, 이런 사정을 여러분과 더불어 이야기하고 싶었기 때문입니다. 제가 이렇게 쇠사슬에 묶여 있는 것은 이스라엘의 소망 때문입니다."

유대 사회 지도자들은 예루살렘으로부터 바울에 대해 좋든 나쁘든 소식을 들은 게 없다고 하였다. 다만 어디를 가든 유대인이 반대하는 그리스도교에 대해서 알고 싶다고 하였다. 그래서 바울은 날짜를 정하여 자신이 기거하는 숙소로 다시 그들을 초대하였다. 그날이 되자 많은 사람이 바울의 집에 모였다. 바울은 그들에게 하나님 나라를 설명하고 모세의 율법과 예언자들의 글을 통해 언급된 예수에 대해 가르쳤다. 그의 설교는 아침에 시작하여 저녁까지 계속되었다.

일부는 복음을 받아들였지만, 외면하는 사람도 적지 않았다. 바울은 복음을 거부하는 사람들을 향하여 말하였다.

"성령이 선지자 이사야를 통해 말씀한 그대로군요. 이 백성이 듣기는 들어도 도무지 깨닫지 못하며 보기는 보아도 도무지 알지 못한다고 한 그대로입니다. 그러니 복음이 이방인에게 갈 수밖에 없습니다."

바울은 황제의 재판날을 기다리느라 그의 숙소에서 2년이나 기다렸다. 그 2년 동안 바울에게는 적지 않은 일들이 벌어졌다.

그리스도인의 용서와 사랑 몬 1장

어느 날 건강한 젊은이 한 사람이 바울을 찾아왔다.

"저는 오네시모라고 합니다. 선생님께 꼭 고백할 게 있어서 이렇게 찾아왔습니다."

오네시모는 골로새라는 도시에 사는 빌레몬의 노예였다. 어느 날 그는 자유를 찾아서 주인의 집에서 도망쳤다. 몸만 빠져나온 것이 아니라 돈까지 훔쳐서 달아난 것이다. 거대한 도시 로마에서 신분을 감추고 살아왔지만, 하루하루가 바늘방석에 앉은 듯 괴로웠다. 신분이 탄로나면 그는 살아남을 수가 없었다. 그는 로마의 이곳저곳을 떠돌다가 복음 전도자 바울이 로마에 연금되어 있다는 소식을 듣는 순간 광명을 찾은 듯 반가웠다. 왜냐하면 주인 빌레몬이 바울을 지극히 존경할 뿐만 아니라, 오네시모 자신 또한 바울을 늘 흠모하고 있었기 때문이었다. 더구나 빌레몬은 물론 오네시모도 예수 그리스도를 믿고 있었다.

오랜 도피 생활에 지친 그는 이제 새 출발의 기회를 찾기 위해 바울을 찾아온 것이다. 마음 한편에서는 바울이 자기를 빌레몬에게 돌려보낼 가능성을 완전히 배제하지는 못하였다. 하지만 그의 희망은 오직 하나, 바울 선생에게 달려 있었다.

"그랬군. 밖에 함부로 다니는 것은 매우 위험하니, 일단은 내 곁에 머물도록 하시오. 그대의 문제는 차차 풀어나가도록 합시다. 지금 당장 어떻게 해볼 방법이 없지만, 시간을 두고 생각해 봅시다. 내게 있는 동안 두려워하지는 마시오. 내가 당신을 도울 것이오."

오네시모의 사연을 들은 바울은 그를 가까이 두고 지켜보았다. 오네시모는 잘 보이기 위해서가 아니라 마음으로부터 감사하며 바울을 도왔다. 매사에 부지런하고 신실하였다. 주인의 돈을 훔쳐 달아난 쓸모없는 노예의 모습은 어디에서도 보이지 않았다. 그는 충심으로 예수 그리스도를 믿고 있었다.

사실 연금 상태에 있는 바울은 그의 도움이 많이 필요하였다. 그를 늘 곁에 두고 싶었다. 하지만 그럴 수는 없었다. 오네시모의 주인은 법적으로 엄연히 빌레몬이었기 때문에, 오네시모를 그에게 돌려보내는 것이 마땅했다.

다행스럽게도 빌레몬은 바울의 제자였다. 골로새의 부유하고 영향력 있는 인물인 빌레몬은 바울의 제3차 전도 여행 당시에 바울의 복음을 전해 듣고 기독교 신자가 된 사람이다. 바울은 한동안 오네시모를 관찰한 후 붓을 들어 오네시모의 문제로 빌레몬에게 편지를 썼다. 이 편지가 '빌레몬서'다.

> 늙은 몸으로 예수 그리스도를 위해서 감옥에 갇혀 있는 나 바울이 이렇게 그대에게 호소합니다. 내가 여기 쇠사슬에 묶여 있는 동안 나의 아들이 된 오네시모를 따뜻하게 맞아 주시오. 그가 전에는 그대에게 쓸모없는 사람이었지만, 이제는 그대에게나 나에게나 참으로 쓸모 있는 사람이 되었습니다. … 오네시모가 도망을 쳐서 그대를 잠시 떠났던 것은, 결국 그대로 하여금 그를 영원히 데리고 있도록 하기 위해서였을 것입니다. 그는 이제 더 이상 종이 아니라 종 이상입니다. 사랑하는 형제입니다. 그가 나에게 사랑하는 형제이니, 그대에게는 사람으로서나 주 안의 형제로서나 더욱 더 소중한 존재일 것입니다. 그대가 나를 동지라고 생각한다면, 나를 맞듯이 오네시모를 따뜻하게 맞아 주시오. 그가 그대에게 어떤 손해를 끼쳤거나 빚진 것이 있다면, 나에게 책임을 물어 주시오.
>
> (몬 1:9–18)

바울은 두기고 편에 편지를 보내면서 오네시모도 함께 빌레몬에게 보냈다. 빌레몬은 두기고에게서 전해 받은 바울의 편지를 떨리는 감격으로 읽었고, 바울이 부탁한 이상으로 오네시모를 흔쾌히 용서해 주었다. 그리고 그를 다시 옥중의 바울에게 보내어 바울의 시중을 들게 하였다.

옥중에서 써 보낸 4통의 편지 엡 1–6장

로마에 연금당한 채 재판을 기다리는 2년여 동안, 바울은 자신을 방문하는 사람들에게 부지런히 예수 그리스도의 복음을 전하였다. 뿐만 아니라 세 차례의 전도 여행을 통하여 자신이 세운 교회들에게 편지를 써 보냈다. 이때 바울이 교회에 써 보낸 4통의 편지가 이른바 '옥중 서신'으로 지칭되는 에베소서, 빌립보서, 골로새서, 그리고 빌레몬서이다.

에베소는 소아시아(오늘날 터키)의 서쪽 끝에 위치한 주요 항구 도시로, 당시 로마에서 동방으로 가는 바닷길인 에게 해의 중심지였다. 이런 점을 감안하여 바울은 그곳에 오래 머물면서 집중적으로 전도하며 목회하여 교회를 세우고 많은 신자를 얻었다.

바울은 에베소 교회에 보내는 편지에서 유대인이나 이방인이나 다같이 그리스도의 몸인 교회 안에서 하나가 되어야 한다는 것을 역설하였다. 이 편지는 비단 에베소 교회에만 보낸 것이 아니라 소아시아에 있는 여러 교회가 돌려가며 읽도록 쓴 편지라고 할 수 있다.

> 주님을 섬기다가 감옥에 갇히게 된 제가 여러분께 간청합니다. 여러분이 부름받은 소명에 합당한 삶을 살아가십시오. 겸손하고 온유한 사람이 되십시오, 사랑 안에서 서로를 받아들이시고, 많이 참으십시오. 평화의 띠를 매고 성령의 하나됨을 위해 모든 노력을 다하십시오.

> 여러분은 예전의 생활 방식과 낡은 자아를 벗어 버리십시오. 그것들은 기만적인 욕망에 의해 썩어지고 말 것들입니다. 이제 여러분은 태도와 생각을 새롭게 하여야 합니다. 새로운 자아의 옷을 입고, 참된 의와 거룩함으로 하나님을 닮은 새 사람이 되십시오.

여러분은 한때 어둠이었으나, 지금은 주 안에서 빛입니다. 그러니 빛의 자녀답게 사십시오. 빛의 열매는 선함과 의로움과 진리입니다.

주 안에서, 또 그분의 강한 능력으로 담대해지십시오. 진리의 허리띠를 띠고, 정의의 가슴판을 달고, 굳게 서십시오. 평화의 복음을 전할 수 있도록 빨리 달릴 수 있는 신을 신어야 합니다. 이 모든 것에 더하여, 믿음의 방패를 들도록 하십시오. 그것으로 악한 자가 쏘는 불화살을 막아 끌 수 있어야 합니다. 구원의 투구를 쓰고, 하나님의 말씀인 성령의 칼을 손에 쥐십시오. 어떤 경우에나 성령 안에서 간구하고 기도하십시오. 항상 깨어서 기도하면서 모든 성도를 위해 간구하기를 게을리 하지 마십시오.

(에베소서에서 발췌)

주 안에서 기뻐하라 빌 1-4장

빌립보는 그리스 북방 마케도니아 지역에서 제일 큰 도시로, 로마와 아시아를 잇는 주요 군사 도로상에 위치하고 있었다. 이처럼 빌립보는 동서를 연결하는 요충지였기에, 선교 전략상 매우 중요한 곳이었다. 바울은 제2차 전도 여행 당시 빌립보를 방문하여 교회를 세웠는데, 이는 유럽에 그리스도의 복음을 전한 이래 최초로 세운 교회였다. 그만큼 바울의 애정과 노력이 깃든 교회였다.

다른 편지들과는 달리, 바울은 이 편지에서는 교리적인 문제를 다루지 않고, 자기 개인의 옥중 신앙 고백을 썼다. 이 편지에서 바울은 '기쁨'이라는 단어를 16회 이상 사용하여 그리스도 안에서 성도가 누리는 참된 기쁨을 표현하였다.

"주 안에서 항상 기뻐하라. 내가 다시 말하노니 기뻐하라."

옥중의 바울은 이 편지를 통해 그리스도 안에서 고난을 기쁨으로 승화시킬 수 있는 위대한 능력의 비결을 확신에 찬 메시지로 전하였다.

여러분을 생각할 때마다 나는 하나님께 감사를 드립니다. 항상 여러분 모두를 위해 기쁨에 넘쳐 기도를 올립니다. 형제들이여, 나에게 일어난 일들이 복음의 전파를 위해 큰 도움이 되었다는 것을 알아주시기 바랍니다. 그리스도의 일로 인해 내가 갇혀 있다는 것이 경비대 전체와 그밖의 모든 사람들이 밝히 알게 되었습니다. 내가 갇혀 있는 것 때문에, 주 안에 있는 대다수 형제들이 용기를 갖고 더욱 더 담대하고 두려움 없이 하나님의 말씀을 전하게 되었습니다.

(빌립보서에서 발췌)

석방과 제4차 전도 여행 딤 1–3장

"바울, 당신에게 반가운 소식을 전하게 되어 나도 기쁘오."

비록 재판을 기다리는 죄수에 준하는 신분이긴 했지만 찾아오는 손님들과 비교적 자유롭게 대화하며 2년여를 지내던 바울은 자신을 지키던 책임자로부터 뜻밖에 기쁜 소식을 듣게 되었다.

"석방이오. 황제께서는 당신을 재판하지 않고 그냥 석방하기로 결정하였소."

2년 가깝도록 지켜보면서 내심 바울을 존경하게 된 간수가 자기 일처럼 기뻐하였다.

유대인들의 고소로 체포되어 가이사랴에서 2년 동안 감옥 생활을 하고, 로마에 호송된 후로는 셋집에 연금되어 또 2년을 지낸 다음 마침내 자유의 몸이 된 것이다. 바울을 고소한 유대인들이 재판에 출석하지 않았기 때문에 그들의 고소가 자동적으로 취하된 것이다.

"사도님, 정말 고생하셨습니다. 이제 몸도 추스릴 겸 편히 쉬십시오. 저희들이 열심히 복음을 전하겠습니다."

오랜 연금 생활로 수척해진 바울의 건강을 염려해서 제자들이 말했다.

"아니다. 아직도 내가 돌보아야 할 교회들이 도처에 있다. 자유의 몸이 되었으니, 다시금 지체없이 전도 여행을 떠나야겠다. 내 마음이 급하다."

바울은 가까운 제자들과 함께 자신의 마지막 전도 여행이 된 이른바 제4차 전도 여행 길에 올랐다. 디모데, 디도, 에라스도, 드로비모 등의 제자들이 바울의 마지막 전도 여행에 동참하였다.

바울 일행은 먼저 마케도니아를 거쳐 드로아로 건너간 후 남쪽으로 방향을 바꾸어 에베소로 갔다. 거기서 자신을 대신해서 에베소 교회를 돌보도록 디모데를 남겨두었다. 그리고 나머지 일행들과 계속해서 남쪽으로 내려가서 밀레도를 거쳐 배를 타고 크레타 섬으로 향했다. 바울이 로마로 호송될 때 경유했던 큰 섬이다. 그곳에서 전도 활동을 한 후 바울은 크레타 교회를 돌보도록 디도를 그곳에 남겨두었다. 이후 남은 일행과 고린도로 향했다.

고린도에 도착한 이후 오랫동안 돌보지 못했던 교회를 가꾸면서 틈틈이 에베소와 크레타 섬에서 교회를 돌보고 있던 디모데와 디도에게 편지를 썼다. 그들의 목회에 요긴하게 도움이 될 여러 지침들과 교훈을 써 보냈다. 이 편지가 목회 서신으로 불리게 된 '디모데전서'와 '디도서'이다.

목회자 지침서 딤전 1–6장

디모데는 바울이 제1차 전도 여행 당시 루스드라에서 제자로 삼은 뒤 줄곧 자신의 전도 여행에 데리고 다니면서 철저하게 신앙훈련을 시킨 믿음의 아들이요 복음의 동역자였다.

디모데는 신앙과 인격과 학식에 있어서는 목회자로서 부족하지 않다고 바울은 판단했다. 단지 나이가 젊은 데다가 다소 소극적인 성격이고 몸이 그다

지 건강하지 못한 것이 흠이었다. 디모데에게 에베소 교회를 맡겨놓은 후에도 바울은 그에 대한 염려가 마음에서 떠나지 않았다. 그래서 디모데에게 편지를 보내어 디모데를 격려하고 그에게 올바른 목회 지침을 제시해 준 것이다.

> 디모데여, 그대는 하나님의 사람이니 모든 악을 피하여 옳고 선한 일에만 힘쓰시오. 의와 경건과 믿음과 사랑과 인내와 온유함을 추구하시오. 믿음을 위해 선한 싸움을 하시오. 하나님께서 그대에게 주신 영원한 생명을 굳게 간직하시오. 하나님께서는 이 영원한 생명을 위해 그대를 부르셨고, 그대는 많은 증인들 앞에서 훌륭하게 믿음을 고백하였습니다. 나는 만물에 생명을 주신 하나님 앞에서, 또 본디오 빌라도에게 조금도 두려움 없이 증언하신 그리스도 예수 앞에서, 그대에게 명합니다. 우리 주 예수 그리스도께서 다시 오실 때까지, 한 점 흠도 없이 이 명을 지키도록 하시오.
>
> (딤전 3:11-16)

신앙의 대선배가 젊은 목회 사역자에게 주는 격려와 충고의 편지인 디모데전서에서 바울은 마치 아버지가 아들에게 하듯이 따스한 관심과 애정으로 목회자로서의 바른 길을 일러주고 있다.

최후의 편지 딤후 1-4장

바울이 로마에서 2년 동안 연금 생활을 한 이후의 여정에 대해서는 성경에 나와 있지 않다. 구금에서 풀려난 후 제4차 전도 여행에 나선 바울은 당시 땅끝으로 알려진 스페인에까지 갔다가 드로아에서 다시 로마 당국에 의해 체포된 것으로 알려져 있다.

A.D. 64년 6월, 로마 시에 큰 불이 일어났다. 7주간 동안 화재가 계속되어 로마의 14개 구역 중 10개 구역이 불에 탈 정도로 엄청난 화재였다. 평소 기독교인들을 눈엣가시처럼 여기고 있던 네로 황제는 기독교인들에게 방화 혐의

를 뒤집어 씌우고 기독교인들을 핍박하기 시작했다. 기독교인들을 붙잡아 기름을 뒤집어 씌워 화형시키는 등, 끔찍한 박해가 행해졌다. 바울은 이 무렵 체포되어 감옥에 갇혔다. 지난번과는 달리, 이번에는 쇠사슬에 묶인 채 어두컴컴한 지하의 토굴 감옥에서 심한 고초를 겪어야 했다.

바울은 그곳에서 평소 사랑하는 믿음의 아들 디모데에게 편지를 썼다. 이것이 '디모데후서'로, 바울이 쓴 보낸 13개의 편지 중 최후의 편지이다.

바울은 편지에서 순교를 목전에 두고 인생을 마감하는 한 인간으로서의 회고를 기록하였다. 그는 역경과 고난 가운데서도 흔들림 없이 복음 사역에 매진할 것이며, 나아가 인내와 경건의 사람으로 복음과 함께 고난 받을 것을 권면하였다.

나는 이미 제물처럼 바쳐질 때가 되었습니다. 세상을 떠날 때가 되었습니다. 나는 선한 싸움을 싸웠고, 달려갈 길을 다 끝냈습니다. 나는 믿음을 굳게 지켜왔습니다. 이제는 의의 월계관이 나를 기다리고 있습니다. 정의의 재판장이신 주께서 그날 나에게 그 월계관을 씌워 주실 것입니다. 나에게만이 아니라, 다시 오실 주님을 열망해 온 모든 사람에게 주실 것입니다.

(딤후 4:6–8)

그리고 얼마 후, 네로의 칼날이 바울의 생명을 앗아갔다. 로마 교외의 오스티안 도로 위에서 참수형을 당한 것이다. 그러나 복음을 위해 생명을 주님께 드린 바울은, 지금도 영원한 생명으로 우리 곁에서 우리와 함께 숨쉬고 있다.

사도 요한이 본 놀라운 환상

주 예수여, 오소서 계 1-7장

거친 바람과 크고 작은 파도가 쉼 없이 밀려와 바위에 부딪혀 산산조각나는 외로운 밧모 섬. 에베소에서 목회를 하며 그 지역 교회들을 감독하던 사도 요한은 그곳에서 남서쪽으로 90km 가량 떨어진 외딴 밧모 섬에 유배를 당했다. 그곳은 로마 정부의 죄수들이 유배되는 유형의 섬이었다.

로마 황제 도미티아누스는 황제 숭배를 강요하는 황제 우상화 정책을 폈고, 우상숭배를 거부하는 그리스도인들은 당연히 로마 제국의 권력과 충돌할 수밖에 없었다. 에게 해 동부 연안 지역의 교회 지도자인 사도 요한은 체포되었고, 곧바로 밧모 섬으로 유배되었다.

어느 주일 아침, 사도 요한이 기도를 하는 중이었다. 갑자기 나팔 소리 같은 큰 소리가 나서 돌아보니, 일곱 개의 금촛대가 요한의 눈에 들어왔다. 일곱 촛대에는 불이 환하게 밝혀져 있었고, 불꽃 가운데에는 사람의 형상을 한 분이 서 있었다. 그분은 발까지 내려오는 긴 옷을 입고 가슴에는 금띠를 두르고 계셨다. 머리는 눈처럼 희고, 눈은 타오르는 불꽃 같았다. 발은 닦아서 광을 낸 놋쇠같이 빛났고, 음성은 파도처럼 우렁찼다. 오른손에는 일곱별을 쥐고, 입에서는 날카로운 양날 칼을 내뿜고 있었으며, 해처럼 빛나는 얼굴을 하고 있었다. 요한은 너무나 놀랍고 두려워 벌벌 떨며 그 사람의 발 앞에서 죽은 듯 엎드려 있었다. 예수 그리스도, 바로 그분임에 틀림없다고 요한은 생각했다.

예수께서는 오른손을 내밀어 요한의 머리에 얹었다.

"두려워하지 말아라. 나는 처음이자 마지막이다. 나는 살아 있는 자다. 내가 죽었으나, 보라, 나는 영원토록 살아 있다. 나는 사망과 지옥의 열쇠를 갖고 있다. 그러므로 너는 네가 본 것과 지금 일어나고 있는 일과 또 앞으로 일어날 일을 기록하여라."

요한은 예수 그리스도가 직접 말씀하시거나 환상으로 보여주신 내용들을 낱낱이 기록하였다. 그가 듣거나 본 것, 그것은 주님의 명령대로 소아시아의 일곱 교회에게 회람용 편지로 보내졌다. 그것이 성경 66권의 마지막 책인 '요한계시록'이다.

요한은 환상 중에 하늘나라에 올라가는 통로를 보았고, 성령에 의해 하늘나라로 인도되었다. 하늘나라의 중앙에 있는 크고 화려한 보좌에는 다이아몬드나 루비처럼 찬란한 빛나는 분이 앉아 계셨고, 보좌 주위로는 에메랄드처럼 빛나는 무지개가 에워싸고 있었다. 요한은 하얀 옷을 입은 스물네 장로가 보좌에 앉으신 분 앞에 엎드려 경배를 드리는 모습을 보았다.

"우리 주 하나님이시여, 주께서는 영광과 존귀와 권능을 받으시기에 합당하신 분이십니다. 주께서 만물을 창조하시고, 만물은 당신의 뜻에 따라 창조되어 존재하게 되었기 때문입니다."

어린 양이 두루마리를 펼쳐감에 따라 장차 인류가 겪어야 할 무서운 고난의 모습이 보였다. 큰 지진이 일어나서 태양은 검은 천처럼 시커멓게 변하고, 달은 핏빛으로 변했다. 하늘에 떠 있던 별들이 설익은 무화과 열매가 거센 바람에 흔들려 떨어질 때처럼 산산이 땅으로 흩어졌다.

하지만 14만 4천 명에 달하는 믿음의 증인들은 어떠한 고난에도 전혀 흔들림이 없었다. 그들은 흰옷을 입고 종려나무 가지를 손에 든 채 보좌와 어린 양 앞에 서서 큰 소리로 외쳤다.

"구원은 보좌에 앉으신 하나님과 어린 양께 달려 있습니다."

그러자 장로 중의 한 사람이 말했다.

"이 사람들은 심한 박해를 당한 뒤에 어린 양의 피로 자기들의 옷을 빨아서 희게 만든 사람들입니다. 그래서 그들은 이렇게 하나님의 보좌 앞에 오게 되었고, 성전에서 밤낮으로 하나님을 섬기고 있습니다. 보좌에 앉으신 분께서는 장막을 넓게 펴서 그들을 보호해 주실 것입니다. 그들은 다시는 주리거나 목마르는 일이 없을 것입니다. 보좌 한가운데에 계시는 어린 양께서 그들의 목자가 되어 그들을 생명수의 샘으로 인도하여 주실 것이기 때문입니다. 하나님께서는 그들의 눈에서 눈물을 씻어 주실 것입니다."

마지막 심판과 새 예루살렘 계 20-22장

요한의 눈앞에는 마지막 심판의 모습이 펼쳐졌다. 죽은 자들이 높은 자나 낮은 자나 할것없이 하나님 앞에 서 있었는데, '생명의 책'이 펼쳐지고, 죽은 자들이 그 책에 기록된 대로 심판을 받았다. 생명책에 이름이 기록되어 있지 않은 사람은 모두 불못에 던져졌다.

그런 다음에는 새 하늘과 새 땅이 나타났다. 요한은 거룩한 도시 새 예루살렘이 하나님께서 계시는 하늘에서 내려오는 것을 보았다. 새 예루살렘은 남편을 위해 단장한 신부처럼 내려왔다.

그때 보좌에서 큰 음성이 들려왔다.

"이제 하나님의 집은 사람들 세상에 있게 된다. 하나님께서 사람들과 함께 계실 것이다. 그들은 하나님의 백성이 될 것이고, 하나님께서는 그들과 함께 지내시며 그들의 하나님이 될 것이다. 하나님께서는 그들의 눈에서 모든 눈물을 닦아 주실 것이다. 이제 다시는 죽음도 슬픔도 울부짖음도 고통도 없을 것이다. 옛 질서는 다 사라져버렸기 때문이다."

보좌에 앉으신 분이 말씀하셨다. "이제 다 이루었다. 나는 알파와 오메가요, 처음과 마지막이다. 목마른 자에게는 아무런 대가도 받지 않고 생명의 샘물을 거저 마시게 하리라. 이겨낸 사람은 이 모든 것을 다 받을 것이다. 나는 그의 하나님이 될 것이고 그는 내 아들이 될 것이다. 그러나 비겁한 자, 믿지 않은 자, 타락한 자, 살인자, 음란한 자, 마술을 행하는 자, 우상 숭배자, 거짓말하는 자 들이 갈 곳은 유황불이 타오르는 연못이다. 이것이 두 번째 사망이다."

요한은 천사에게 이끌려 높은 산으로 올라가서 거룩한 도시 예루살렘을 내려다보았다. 예루살렘은 하나님의 영광에 싸여 보석처럼 빛나고, 벽옥처럼 맑고 투명했다. 그 도시는 수정처럼 투명한 순금으로 만들어져 있었다. 벽옥으로 쌓아 올린 성벽은 각종 보석들로 꾸며진 열두 주춧돌 위에 세워져 있었다. 열두 성문은 각기 한 개의 커다란 진주로 만들어져 있었고, 도시의 큰길은 투명한 유리 같은 순금이었다.

도시에는 태양이나 달도 필요하지 않았다. 하나님의 영광이 그 빛이요, 어린 양이 그 등불이기 때문이었다. 모든 민족들이 그 빛의 인도함을 따라 걷고, 세상의 왕들이 자신들의 영광을 그 도시에 들여올 것이다. 성문은 닫히는 일이 없이 온종일 열려 있을 것이다. 거기에는 밤이 없을 것이기 때문이다.

그런 다음 천사는 생명수가 흐르는 강을 요한에게 보여주었다. 수정처럼 맑은 그 강은 하나님과 어린 양의 보좌에서 흘러 나와서 그 도시의 큰 거리 가운데로 흘러갔다. 강의 양쪽 언덕에는 열두 종류의 열매를 맺는 생명나무가 서 있었는데, 매달마다 열매를 맺었다. 그 나뭇잎은 온 세계의 민족들을 치료하는 약으로 사용되었다.

그곳에서는 더 이상 밤이 존재하지 않았다. 그래서 등불이나 태양빛이 필요하지 않았다. 하나님께서 그들에게 빛이 되어 주시기 때문이다.

그때 주께서 요한에게 말했다.

"보라, 내가 속히 가리라! 나는 모든 사람에게 각기 행한 대로 보상해 주리

라. 나는 알파와 오메가요, 처음과 마지막이요, 시작과 끝이다. 생명나무에 이를 수 있는 권리를 가질 수 있도록, 또 성문을 거쳐 그 도시로 들어갈 수 있도록, 자기 옷을 깨끗이 빤 사람은 복이 있다. 나 예수는 이 모든 것을 교회를 위해 증언할 나의 천사를 너희에게 보냈다. 나는 다윗의 뿌리이자 자손이며, 빛나는 새벽 별이다."

속히 가리라! 예수 그리스도는 세 번이나 연거푸 반복하신다. 아멘! 주 예수여, 속히 오시옵소서.

3일 만에 읽고, 평생 가슴에 남는

재밌는 성경 3

초판 1쇄 발행 2016년 6월 1일

지은이 김영진
그린이 김천정
펴낸이 김영진
펴낸곳 (유)성서원

주소 경기도 고양시 덕양구 덕은로 60-12 우)412-170
주문 및 문의 전화 02-765-0011~7
팩스 02-743-6811
성서원 북카페 http://cafe.naver.com/biblehouse1972
온라인 서점 www.bibleeshop.com(T.02-597-1599)
홈페이지 www.biblehouse.co.kr
출판 등록일 1997년 7월 8일(제300-1997-79호)

ISBN 978-89-360-2061-3
ISBN 978-89-360-2062-0 (세트)

●잘못된 책은 바꾸어 드립니다.
●책값은 뒤표지에 있습니다.